MEURTRES EN BLOUSE BLANCHE

P.-D. James

MEURTRES EN BLOUSE BLANCHE

roman

traduit de l'anglais par
MICHÈLE HECHTER

FRANCE LOISIRS
123, boulevard de Grenelle, Paris

Édition du Club France Loisirs, Paris,
avec l'autorisation de la Librairie Arthème Fayard.

Cet ouvrage est la traduction intégrale, publiée pour la première fois en France, du livre de langue anglaise :

SHROUD FOR A NIGHTINGALE
édité par Faber and Faber Ltd.

ISBN : 2-7242-4485-0

Pour J. M. C.

CHAPITRE PREMIER

Un exercice de travaux pratiques

I

Le matin du premier meurtre, Miss Muriel Beale, déléguée à la formation des infirmières auprès de la Direction des Affaires Sanitaires et Sociales, s'éveilla un peu après six heures et se souvint, dans les brumes de son esprit engourdi, qu'on était le lundi 12 janvier, date de son inspection à l'hôpital John Carpendar. Son cerveau avait déjà à moitié enregistré les premiers bruits familiers : la sonnerie du réveil d'Angela qui s'était tue presque avant qu'elle n'ait eu conscience de l'entendre ; Angela elle-même, qui s'agitait en soufflant dans l'appartement comme un bon gros chien pataud ; l'agréable cliquetis de la vaisselle, anticipant le plaisir de la première tasse de thé. Elle s'obligea à ouvrir les paupières, luttant contre le besoin insidieux de s'abandonner à la chaleur ouatée du lit et de se laisser à nouveau glisser dans une douce torpeur. Qu'est-ce qui lui avait pris de dire à la directrice, Mary Taylor, qu'elle arriverait vers neuf heures pour assister au premier cours des élèves de troisième année ? C'était ridiculement, inutilement tôt ! L'hôpital se trouvait à Heatheringfield, à la limite du Sussex et du Hampshire, à quelque soixante-dix kilomètres, et elle devrait faire une bonne partie du chemin avant le lever du jour ! En outre, il pleuvait, comme il avait sinistrement plu toute la semaine. Elle entendait le léger crissement des pneus sur Cromwell

Road et, par moments, une rafale de pluie battre les carreaux. Heureusement, elle avait pensé à consulter un plan de Heatheringfield pour situer exactement l'hôpital ! Ce genre de bourg en expansion pouvait devenir un vrai labyrinthe pour l'automobiliste perdu dans les embouteillages d'un lundi matin pluvieux. Elle avait l'intuition que la journée n'allait pas être facile et s'étira sous les couvertures comme pour s'armer de courage. Remuant ses doigts engourdis, elle savoura presque l'élancement aigu de ses jointures douloureuses. Un peu d'arthrite. Ce n'était pas étonnant. Après tout elle avait quarante-neuf ans. Il fallait commencer à prendre la vie un peu plus doucement. Mais comment diable avait-elle pu imaginer qu'elle arriverait à Heatheringfield avant neuf heures et demie ?

La porte s'ouvrit, laissant pénétrer un rai de lumière du couloir. Miss Angela Burrows tira les rideaux d'un geste sec, scruta le ciel sombre de janvier, la vitre dégouttante de pluie, puis les referma. « Il pleut », annonça-t-elle avec la satisfaction morose des prophètes que l'on n'a pas écoutés. Miss Beale se souleva sur un coude, alluma la lampe de chevet et attendit. Quelques minutes plus tard, son amie revenait avec le plateau du thé. Il était couvert d'un frais napperon brodé ; les tasses fleuries se faisaient face, leurs anses bien parallèles ; quatre biscuits, deux de chaque sorte, étaient disposés symétriquement sur une assiette assortie et la théière exhalait l'arôme délicat d'un Darjeeling en train d'infuser. Les deux femmes avaient un grand amour du confort et la passion de l'ordre et de la tenue. Les règles qu'elles avaient imposées dans les services des hôpitaux où elles avaient enseigné étaient devenues celles qui régissaient leur propre intérieur, de sorte que la vie dans l'appartement n'était pas très différente de celle qu'on aurait pu mener dans une clinique libérale et très chère.

Miss Beale et Miss Burrows habitaient ensemble depuis qu'elles avaient toutes deux obtenu leur diplôme de fin d'études, vingt-cinq ans plus tôt, dans la même école. Miss Angela Burrows était monitrice principale dans un centre hospitalier universitaire londonien. Elle représentait un véritable parangon pour Miss Beale qui, dans toutes ses inspections, se référait inconsciemment aux nombreuses prises de position pédagogiques de son amie. Miss Burrows, de son côté, se demandait comment la Direction des Affaires Sanitaires et Sociales pourrait poursuivre ses activités lorsque Miss Beale prendrait sa retraite. Les mariages les plus heureux se fondent sur de telles illusions et la relation, essentiellement innocente, qui unissait les deux demoiselles n'échappait pas à cette règle. Excepté leur propension à s'admirer mutuellement, quoique en silence, elles ne se ressemblaient pas du tout. Miss Burrows était une femme robuste, ossue, à l'aspect redoutable, cachant une sensibilité très vulnérable sous un brutal bon sens. Miss Beale avait l'air d'un petit oiseau, précise dans ses paroles et dans ses gestes, avec quelque chose d'affecté et de démodé dans ses manières qui lui faisait parfois frôler le ridicule. Leurs habitudes physiologiques étaient, elles aussi, différentes. La lourde Miss Burrows se réveillait instantanément à la première sonnerie de son réveil, déployait une grande énergie jusqu'à l'heure du thé, puis s'enfonçait dans une léthargie progressive au fur et à mesure que la journée avançait. Miss Beale avait chaque matin beaucoup de mal à ouvrir ses paupières collées de sommeil, se mettait à ses premières tâches avec la plus grande difficulté, mais gagnait en entrain et en bonne humeur avec chaque heure qui passait. Elles s'étaient arrangées pour concilier ces incompatibilités. Miss Burrows se faisait un plaisir de préparer le thé du matin et Miss Beale lavait la vaisselle après le dîner et s'occupait du chocolat du soir.

Miss Burrows remplit les deux tasses de thé, mit deux morceaux de sucre dans celle de son amie et alla s'installer dans le fauteuil, près de la fenêtre, avec la sienne. De par sa formation professionnelle, il lui était impossible de s'asseoir sur un lit. « Tu dois partir tôt, aujourd'hui, dit-elle. Je vais te faire couler ton bain. A quelle heure commences-tu ? »

Miss Beale marmotta faiblement qu'elle avait promis à la

directrice d'arriver aussitôt que possible après neuf heures. Le thé était divinement bon et revigorant. Certes, elle avait eu tort de s'engager, mais elle commençait à penser qu'elle pourrait malgré tout y être pour neuf heures et quart.

« C'est Mary Taylor, n'est-ce pas ? Elle a une excellente réputation pour quelqu'un qui ne dirige au fond qu'une école de province. Bizarre qu'elle n'ait jamais voulu venir à Londres. Elle n'a même pas posé sa candidature quand Miss Montrose a pris sa retraite. » Miss Beale émit quelques marmonnements incompréhensibles que son amie, dans la mesure où elles avaient déjà abordé le sujet, interpréta correctement comme une protestation : tout le monde n'avait pas envie de vivre à Londres et les gens avaient trop tendance à penser que la province ne donnait jamais rien de bien.

« C'est vrai, concéda Miss Burrows, et l'hôpital John Carpendar se trouve dans une région charmante. J'adore ces paysages en bordure du Hampshire. Quel dommage pour toi que ce ne soit pas l'été ! Mais quand même, pour Mary Taylor, ce n'est pas la même chose que d'avoir la responsabilité de la formation dans un grand centre hospitalier ! Cela lui aurait été facile, avec ses capacités ; elle aurait même pu faire partie du Haut Conseil d'Enseignement. » Durant leurs études, les deux amies avaient durement souffert entre les mains d'une directrice d'école, digne représentante du Haut Conseil d'Enseignement, et pourtant elles ne cessaient de se lamenter sur la disparition de cette race terrifiante.

« Au fait, je te conseille de ne pas partir à la dernière minute. Il y a des travaux juste avant l'embranchement de Guilford. »

Miss Beale ne lui demanda pas comment elle le savait, car c'était le genre de choses que son amie savait toujours. Miss Burrows poursuivit de sa voix forte :

« J'ai vu Hilda Rolfe, leur monitrice principale, à la bibliothèque de Westminster, cette semaine. Quelle femme extraordinaire ! Intelligente, bien entendu, et qui a la réputation d'être une enseignante hors pair. Mais j'imagine qu'elle doit terrifier ses élèves. »

Miss Burrows était quelqu'un qui terrifiait ses propres élèves, pour ne pas parler de ses collègues, mais qui aurait été fort surprise de se l'entendre dire.

« A-t-elle parlé de l'inspection ? demanda Miss Beale.

— Juste en passant. Elle devait rendre un livre et était pressée, de sorte que nous avons à peine échangé quelques mots. Apparemment, il y a eu une épidémie de mauvaise grippe à l'école, et la moitié de son équipe est en congé de maladie. »

Miss Beale s'étonna qu'une monitrice principale trouvât le temps de venir à Londres rendre un livre de bibliothèque alors qu'elle avait tant de problèmes de personnel, mais elle garda le silence. Avant le petit déjeuner, elle réservait ordinairement toute son énergie à ses pensées et non à ses paroles. Son amie s'approcha du lit pour lui verser une seconde tasse de thé.

« Eh bien, avec ce temps et une équipe de monitrices décimée, tu risques de passer une journée bien morne. »

Comme les deux amies ne cessèrent de le répéter dans les années qui suivirent, avec cette prédilection pour le rabâchage qui est le délicieux privilège des intimités de longue date, elle n'aurait pu se tromper davantage. Pourtant, ce matin-là, Miss Beale n'escomptait rien de pire qu'une route pénible, une inspection fastidieuse et une possible prise de bec avec les membres du Conseil de Formation qui daigneraient assister à la séance. Elle jeta son peignoir sur ses épaules, enfila ses pantoufles et se dirigea vers la salle de bains en traînant les pieds. Elle avait fait les premiers pas qui la conduiraient à être le témoin d'un meurtre.

II

Malgré la pluie, la route fut moins difficile que Miss Beale ne l'avait craint. Elle roula rapidement et arriva à Heatheringfield un peu avant neuf heures, avec la dernière vague des gens qui se rendaient au travail. High Street, la large rue d'époque georgienne, était très encombrée. Des femmes conduisaient leur mari à la gare ou leurs enfants à l'école, des camions en livraison stationnaient partout, des bus chargeaient et déchargeaient leurs flots de passagers. Aux trois feux, une foule de piétons traversait l'avenue, parapluies dressés pour se protéger de la bruine. Les adolescents avaient l'allure stricte et les uniformes tirés à quatre épingles des collèges privés ; les hommes arboraient pour la plupart chapeaux melon et attaché-cases ; les femmes portaient avec désinvolture ces tenues qui allient avec succès l'élégance citadine et le confortable laisser-aller campagnard, si caractéristique de leur classe. Concentrant toute son attention sur les feux de circulation, les passages piétonniers et les panneaux indicateurs, Miss Beale ne put qu'entrevoir l'élégant hôtel de ville du XVIIIe siècle, l'alignement des façades à frontons de bois soigneusement entretenues et la splendide flèche gothique de l'église de la Sainte Trinité, mais la ville lui donna l'impression d'être une communauté prospère, soucieuse de préserver son héritage architectural, même si l'alignement des grands magasins au bout de la grand-rue faisait regretter que cette préoccupation n'eût pas pris naissance trente ans plus tôt.

Elle vit enfin la pancarte indiquant l'hôpital John Carpendar. Il fallait emprunter, à partir de High Street, une large avenue bordée d'arbres. A gauche se dressait un haut mur de pierre derrière lequel s'étendait le parc de l'hôpital.

Miss Beale avait fait ses devoirs. Sa serviette rebondie, sur la banquette arrière, contenait un exposé complet sur l'histoire de l'hôpital, la copie du dernier rapport d'inspection de la D.A.S.S. et les commentaires du comité de gestion de John Carpendar expliquant jusqu'à quel point il avait été possible d'appliquer les recommandations optimistes de l'inspectrice. D'après ses recherches, l'hôpital avait une longue histoire. Il avait été fondé en 1791 par un opulent marchand natif de la ville, qui l'avait aussitôt délaissé pour aller chercher fortune à Londres puis était revenu, à l'âge de la retraite, jouir de son mécénat et impressionner ses voisins.

Il aurait pu s'assurer la gloire et le salut en secourant les veuves et les orphelins, ou en restaurant l'église, mais l'âge de la science et de la raison avait succédé à celui de la foi ; construire des hôpitaux pour les malades déshérités était devenu à la mode. C'est ainsi qu'après la réunion quasi obligatoire dans un café du coin était né l'hôpital John Carpendar. Le bâtiment originel, qui offrait quelque intérêt architectural, avait depuis longtemps été remplacé, d'abord par une solide bâtisse victorienne à la piété ostentatoire, puis par la fonctionnalité sans grâce du XXe siècle.

L'hôpital avait toujours été prospère. La communauté locale — en majeure partie, une moyenne bourgeoisie aisée — devait avoir un sens de la charité très développé et peu d'objets pour l'exercer. Juste avant la Seconde Guerre mondiale, une aile bien équipée avait été rajoutée à l'intention de la clientèle privée. Aussi bien avant qu'après la naissance de l'assistance publique, elle avait attiré de riches patients et, par conséquent, d'éminents médecins de Londres et même de plus loin. Angela pouvait toujours parler du prestige des centres londoniens ! songea Miss Beale. John Carpendar avait sa propre réputation. Pour une femme intelligente, il y avait bien pis que de se retrouver directrice d'un hôpital général en pleine expansion, bien vu par la communauté qu'il servait, agréablement situé et fort de ses propres traditions locales.

Elle était arrivée à l'entrée principale. A gauche se trouvait la loge du portier, une maisonnette en brique de style orné, vestige de l'hôpital victorien, et, à droite, le parking réservé aux médecins. Le tiers des emplacements était déjà occupé par les Daimlers et les Rolls. La pluie avait cessé et l'aube cédait la place à la grisaille d'un banal jour de janvier. Devant elle, l'édifice, toutes lumières allumées, évoquait un immense navire à l'ancre, plein de puissance et d'énergie latente. A gauche s'étendait une rangée de bâtiments bas aux façades vitrées, abritant le récent service des consultations externes. Déjà, un morne courant de malades s'écoulait vers la porte.

Miss Beale passa devant le guichet des renseignements de

la loge, baissa la vitre de la voiture et se présenta. Le portier, lourd et guindé dans le sentiment de son importance, daigna venir à sa rencontre.

« Ah, vous êtes de la Direction des Affaires Sanitaires et Sociales ! répéta-t-il d'un ton pompeux. Il ne fallait pas entrer par là. L'école d'infirmières est dans Nightingale House, juste à cent mètres de la porte qui donne sur Winchester Road. Nous passons toujours par-derrière pour Nightingale House. »

Il parlait avec une réprobation résignée, comme s'il déplorait un manque de jugement qui allait lui coûter cher en travail supplémentaire.

« Mais je suppose qu'il est possible d'y arriver par là ? »

Miss Beale n'avait pas le cœur d'affronter à nouveau la confusion de High Street ni de tourner autour de l'hôpital à la recherche d'une improbable entrée secondaire.

« C'est possible, oui. » Son ton impliquait que seul quelqu'un d'étrangement entêté s'y risquerait, et il s'appuya contre la portière de la voiture comme pour se lancer dans une explication aussi confidentielle que complexe. C'était pourtant très simple. Nightingale House se trouvait juste derrière le nouveau service des consultations externes.

« Prenez cette route à gauche, mademoiselle, et suivez-la tout droit ; après la morgue vous arriverez devant la résidence des médecins. Tournez alors à droite. Il y a un panneau à l'embranchement. Vous ne pouvez pas le manquer. »

Pour une fois, cette affirmation de mauvais augure se révéla justifiée. Le parc de John Carpendar était immense et bien boisé : un mélange de jardins entretenus, de pelouses et de bosquets sauvages qui lui rappelait les anciens asiles d'aliénés. Il était rare qu'un hôpital général fût doté de tant d'espace. Mais les routes étaient bien signalisées et une seule, à gauche, menait vers l'aile des consultations externes. La morgue était facile à reconnaître ; un petit édifice trapu, très laid, habilement caché parmi les arbres mais que son tragique isolement rendait encore plus sinistre. Quant à la résidence des médecins, toute neuve, elle était aisément repérable.

Miss Beale se mit une fois de plus à fulminer contre les comités de gestion des centres hospitaliers qui, selon elle, accordaient toujours plus volontiers des crédits pour loger leurs médecins que pour former leurs infirmières. Elle aperçut alors la pancarte qu'elle cherchait : « Nightingale House. École d'infirmières. »

Elle changea de vitesse et tourna précautionneusement. Sur les bas-côtés du chemin, étroit et sinueux, s'élevaient de hauts amoncellements de feuilles détrempées, de sorte qu'il y avait à peine la place pour le passage d'une voiture. Tout respirait l'humidité et la désolation. Les branches des arbres se rejoignaient en un sombre berceau d'épais rameaux noirs. Parfois, une rafale de vent faisait tomber quelques gouttes d'eau sur le toit de la voiture ou écrasait une feuille sur le pare-brise. Les talus herbeux étaient coupés de massifs de fleurs rectangulaires piqués de buissons rabougris qui faisaient penser à des tombes. Le tunnel d'arbres était si sombre que Miss Beale alluma ses codes. La route miroita devant elle comme un ruban d'huile. Sa vitre était toujours baissée et, malgré l'inévitable odeur d'essence et de caoutchouc chaud, elle fut assaillie par de fades relents fongiques de décomposition. Au milieu de cette obscurité et de ce silence, un curieux sentiment d'isolement la saisit, puis elle sentit soudain monter en elle une angoisse irrationnelle, l'étrange impression d'évoluer, hors du temps, dans une nouvelle dimension qui la portait vers une horreur inéluctable. Cela ne dura qu'une seconde ; elle chassa aussitôt cette vision et se raccrocha au souvenir de la joyeuse animation de High Street, à moins d'un kilomètre de là. Mais ç'avait été une sensation troublante. Furieuse de s'être abandonnée à ces égarements morbides, elle remonta la vitre et appuya sur l'accélérateur. La petite voiture bondit en avant.

Un dernier tournant et elle se retrouva soudain devant Nightingale House. Elle écrasa les freins de surprise. C'était une bâtisse extraordinaire, énorme édifice victorien en brique rouge crénelé, attestant d'une véritable folie ornementale, et que couronnaient quatre grandes tourelles. Brillamment éclairé dans la sombre lumière de janvier, elle eut l'impression, après la nuit du tunnel, de voir apparaître un étincelant château de contes de fées. A droite se déployait une immense serre qui aurait davantage convenu aux Kew Gardens, pensa Miss Beale, qu'à ce qui avait manifestement été, autrefois, une propriété privée. A travers les vitres, elle reconnut les feuilles vertes et luisantes des aspidistras, les rouges violents des poinsettias et les taches cuivrées des chrysanthèmes.

L'étonnement provoqué par ce spectacle lui fit instantanément oublier son moment de panique sous les arbres. Malgré la confiance qu'elle avait dans son propre goût, Miss Beale n'était pas complètement immunisée contre les capricieux diktats de la mode et elle se demanda avec inquiétude si dans certains cercles il n'eût pas été bienséant de s'extasier. D'autre part, elle avait pris l'habitude d'examiner tout monument avec un œil professionnel, et de s'intéresser surtout à ses qualités fonctionnelles (lors d'un voyage à Paris, elle s'était surprise avec horreur à décréter que le palais de l'Élysée ne valait pas même une visite) ; or, de ce point de vue, Nightingale House était évidemment impossible. Il suffisait d'un regard pour que les objections fusent. La plupart des pièces devaient être beaucoup trop grandes. Où aurait-on pu installer, par exemple, de confortables petits bureaux pour les monitrices et le secrétaire ? En outre, la bâtisse était sans doute très difficile à chauffer convenablement ; les fenêtres en encorbellement, certes pittoresques pour les amateurs, devaient laisser entrer bien peu de lumière. Pis : l'édifice avait quelque chose de rébarbatif, voire de menaçant. Alors que la Profession (Miss Beale, craignant toujours une malheureuse ambiguïté, la gratifiait toujours d'un P majuscule) tentait difficilement d'entrer dans le XXe siècle en abattant, pierre à pierre, les attitudes et les méthodes dépassées — Miss Beale faisait de nombreuses conférences et certaines de ses expressions favorites restaient définitivement gravées dans son esprit —, il était vraiment malheureux de loger les jeunes infirmières dans ce fatras victorien ! Il ne serait pas inutile de glisser dans son rapport une note sur la nécessité d'envisager de nouveaux locaux. Bref, avant même qu'elle y eût mis les pieds, Nightingale House avait perdu toutes ses chances.

Toutefois, il n'y avait rien à redire à l'accueil qu'on lui réserva. Lorsqu'elle atteignit la dernière marche du perron, la lourde porte s'ouvrit, laissant passer une bouffée d'air chaud et une odeur de café frais. Une fille en blouse s'effaça avec déférence devant elle ; en haut de l'imposant escalier de chêne, resplendissante contre les lambris sombres telle un portrait Renaissance tout de gris et d'ors, apparut la silhouette de la directrice, Mary Taylor, qui vint à sa rencontre, main tendue. Miss Beale afficha son éclatant sourire professionnel, à la fois rassurant et stimulant, et s'avança vers elle. La fatale inspection de l'école d'infirmières de John Carpendar avait commencé.

III

Un quart d'heure plus tard, quatre personnes descendaient le grand escalier pour assister à la première classe de la journée qui devait se dérouler salle de travaux pratiques au rez-de-chaussée. On avait servi le café dans le salon de Mary Taylor, situé dans l'une des tourelles. Miss Beale y avait été présentée à la monitrice principale, Hilda Rolfe, et au docteur Stephen Courtney-Briggs. Elle les connaissait tous deux de réputation. Il était normal que Miss Rolfe soit présente, mais le fait que le professeur daignât suivre son inspection l'étonna quelque peu. C'était le vice-président du conseil de formation et elle s'était attendue à le rencontrer avec les autres membres, lors de la réunion de fin de journée. Rares étaient les grands patrons qui assistaient aux cours des infirmières et cette marque d'intérêt toucha beaucoup Miss Beale.

Le corridor lambrissé de bois était assez large pour que trois personnes y marchent de front. La frêle Miss Beale se retrouva encadrée — comme une délinquante, se surprit-elle à penser — par les hautes silhouettes de la directrice et du docteur Courtney-Briggs. Elle avait, à sa gauche, le chirurgien, très impressionnant dans son pantalon rayé de médecin consultant. Il sentait une lotion d'après-rasage, un parfum surprenant mais pas désagréable, discernable malgré l'odeur envahissante de désinfectant, de café et de cire. La directrice, la plus grande des trois, observait, à sa droite, un silence tranquille. Sa stricte robe de gabardine grise, boutonnée très haut, s'ornait d'un col et de poignets blancs. Sa chevelure d'un blond pâle, presque de la même couleur que sa peau, était coiffée en arrière, dégageant son grand front, et retenue derrière la tête par un immense triangle de mousseline qui lui descendait presque jusqu'au creux des reins. Ce voile rappela à Miss Beale celui des infirmières militaires de la dernière guerre. Elle n'en avait revu que très rarement depuis, mais cette simplicité seyait parfaitement à Mary Taylor. Son visage aux pommettes larges et hautes, aux yeux saillants, qu'irrévérencieusement Miss Beale compara à des groseilles à maquereau nervurées, aurait été grotesque sous une coiffure plus traditionnelle. Derrière eux se faisait sentir la présence gênante de Miss Rolfe, qui les talonnait de trop près.

« Cette épidémie de grippe, disait le docteur Courtney-Briggs, a été un vrai désastre. Nous avons dû ajourner la session suivante et nous avons même cru que celle-ci sauterait. Il s'en est fallu de peu. »

« Évidemment ! » pensa Miss Beale. A chaque fois qu'il y avait un problème dans un hôpital, on commençait toujours par sacrifier les élèves infirmières. Un trou dans leur programme n'était jamais considéré comme une catastrophe ! C'était un point très douloureux pour elle, mais elle jugea que ce n'était pas vraiment le moment de protester. Elle grommela un vague acquiescement. Ils descendirent un dernier escalier tandis que Courtney-Briggs poursuivait son monologue.

« Certaines monitrices ont aussi été touchées. Les travaux pratiques, ce matin, seront dirigés par la monitrice-surveillante, Mavis Gearing. Nous avons dû la faire venir ici car d'habitude, naturellement, elle ne travaille qu'en salle. C'est une idée relativement neuve que d'avoir recours à une surveillante pour apprendre aux élèves leur métier en utilisant les malades comme un matériau clinique. Les infirmières n'ont plus le temps, de nos jours. Bien entendu, toute l'idée d'un système autonome de formation est relativement neuve. Quand j'étais étudiant, les stagiaires, comme on les appelait alors, étaient entièrement formées sur le tas et n'avaient droit qu'à quelques conférences occasionnelles données par les médecins entre deux consultations. Il y avait très peu de cours à proprement parler et elles n'avaient certainement pas la possibilité de quitter leur service pour une session théorique annuelle. Le concept même de formation a été complètement modifié. »

Miss Beale était bien la dernière personne à avoir besoin d'explications sur le rôle d'une monitrice-surveillante ou sur l'évolution des méthodes d'enseignement. Elle se demanda si le docteur Courtney-Briggs avait pu oublier à qui il s'adressait. Il aurait mieux fait de réserver ces quelques remarques élémentaires aux nouveaux membres du comité de gestion, pour la plupart aussi ignorants de la question que de toute autre touchant à la vie des hôpitaux. Miss Beale eut l'impression que le chirurgien avait quelque chose derrière la tête. Ou était-ce le vain bavardage d'un vaniteux incapable de s'intéresser à son interlocuteur et qui n'aurait pas supporté de passer ne fût-ce qu'une minute sans l'écho réconfortant de sa propre voix ? Dans ce cas, plus tôt il retournerait à ses consultations ou à sa tournée, mieux cela vaudrait. L'inspection se déroulerait tout aussi bien sans sa précieuse personne.

La petite procession traversa le damier du hall en direction d'une pièce située sur le devant du bâtiment. Miss Rolfe avança pour ouvrir la porte et s'effaça derrière le trio. Courtney-Briggs céda le passage à Miss Beale. Immédiatement, elle se sentit chez elle. Malgré les anomalies de structure — les deux grandes fenêtres éclaboussées de petits vitraux de couleur, l'immense cheminée de marbre sculpté et ses caryatides drapées supportant le manteau, le haut plafond moulé profané par trois tubes de néon — la pièce lui rappela l'heureux temps où elle était elle-même étudiante, un monde totalement familier. Ici se trouvaient tous les accessoires de sa profession : l'alignement des casiers métalliques à portes vitrées exhibant leurs instruments rangés avec une étincelante précision ; les cartes représentant, en couleurs contrastées, la circulation du sang et l'étonnant processus de la digestion ; le grand tableau noir mural barbouillé des traces d'anciennes leçons imparfaitement effacées ; les chariots et leurs plateaux recouverts d'un linge ; les deux lits de travaux pratiques sur l'un desquels, appuyé contre les oreillers, était étendu un mannequin grandeur nature ; l'inévitable squelette pendu à son gibet, dans une pitoyable décrépitude. Et surtout, l'odeur puissamment astringente de désinfectant que Miss Beale respira avec l'avidité d'une droguée. Malgré les défauts qu'elle décèlerait plus tard dans la salle elle-même, l'équipement, l'éclairage ou le mobilier, elle se sentait parfaitement chez elle dans cette atmosphère un peu effrayante.

Elle gratifia monitrices et élèves de son rapide sourire d'encouragement et prit place sur l'une des quatre chaises disposées dans un coin. Mary Taylor et Hilda Rolfe, une de chaque côté, s'assirent aussi silencieusement que possible eu égard à la galanterie affichée du docteur Courtney-Briggs, qui tint absolument à avancer les sièges de ces dames. L'arrivée, pourtant relativement discrète, du petit groupe parut déconcerter un instant la monitrice. Certes, une inspection n'était pas une situation pédagogique normale, mais il était toujours intéressant de voir combien de temps il lui fallait pour rétablir le *contact* avec sa classe. Une bonne enseignante — Miss Beale le savait d'expérience — était capable de soutenir l'intérêt des élèves en plein bombardement, *a fortiori* pendant la visite d'un représentant de la Direction des Affaires Sanitaires et Sociales ! Mais elle n'avait pas l'impression que Mavis Gearing appartenait à cette race rare de monitrices passionnées par leur métier. Cette fille —

cette femme plutôt — manquait d'autorité. Elle avait un air de victime propitiatoire et devait être du genre minaudier ; beaucoup trop maquillée pour quelqu'un censé s'adonner à des arts moins éphémères. Mais ce n'était après tout qu'une surveillante et non une monitrice qualifiée. Elle faisait le cours au pied levé, pour dépanner. Miss Beale se promit de ne pas la juger trop sévèrement.

La classe devait s'exercer à nourrir un patient par sonde gastrique. L'élève jouant le rôle du malade était déjà allongée sur un des lits de travaux pratiques, la tête appuyée contre les oreillers, sa robe à carreaux protégée par un tablier de caoutchouc. Elle n'était pas belle et avait une expression dure, obstinée, étrangement mûre ; ses cheveux ternes, tirés sans grâce en arrière, dégageaient un grand front noble. Immobile sous la lumière crue, elle avait l'air un peu ridicule et pourtant étrangement majestueux, comme concentrée sur quelque univers intérieur et déterminée à se dissocier de la scène. L'idée que la fille pût avoir peur traversa brusquement l'esprit de Miss Beale, pensée absurde qu'elle ne réussit toutefois pas à chasser. Irritée par les caprices d'une sensibilité excessive, Miss Beale détourna les yeux de ce visage résolu et se concentra sur la monitrice.

Miss Gearing lança un regard interrogateur à la directrice, qui lui répondit par un signe de tête affirmatif. Elle commença alors la séance.

« Ce matin, c'est Heather Pearce qui joue le rôle de la patiente, Mrs. Stokes. Nous étions en train de voir les grandes lignes de son histoire. C'est une mère de quatre enfants, âgée de cinquante ans, et femme du préposé municipal au ramassage des ordures. Elle a subi une laryngotomie à cause d'un cancer. »

Elle se tourna vers une étudiante assise à sa droite.

« Miss Dakers, pouvez-vous nous parler du traitement de Mrs. Stokes ? »

La fille, pâle et maigre, s'exécuta en rougissant. On l'entendait mal, mais elle connaissait son sujet et savait le présenter. Consciencieuse, nota Miss Beale ; pas très intelligente, certes, mais fiable et travaillant dur. Dommage qu'on n'ait rien tenté contre son acné. Sans se départir de son air de vif intérêt professionnel, Miss Beale écouta Miss Dakers exposer le cas médical de la fictive Mrs. Stokes, tout en observant les autres élèves avec attention.

L'épidémie de grippe avait visiblement fait des ravages. Il y avait en tout et pour tout sept filles dans la salle. Les deux qui se tenaient debout de chaque côté du lit attiraient immédiatement le regard. C'étaient de vraies jumelles, fortes, éclatantes de santé, avec une frange épaisse de cheveux cuivrés retombant sur leurs remarquables yeux bleus. Leur coiffe plissée, aussi plate qu'une soucoupe sur le dessus, était posée bien en avant sur la tête tandis que retombaient les deux grandes ailes de toile blanche par-derrière. Miss Beale n'ignorait pas, depuis l'époque où elle était elle-même étudiante, ce que l'on pouvait faire avec une paire d'épingles, mais elle s'étonna pourtant de l'art avec lequel elles avaient su fixer si fermement un édifice aussi peu substantiel sur une telle masse de cheveux. Elle remarqua avec intérêt le côté archaïque de l'uniforme de John Carpendar. Presque toutes les écoles avaient aujourd'hui remplacé ces anciennes coiffes à longs pans par le modèle américain, beaucoup plus petit, plus facile à porter, plus économique à l'achat et d'entretien. Certains établissements, au grand regret de Miss Beale, fournissaient même des coiffes en papier jetables. Mais la plupart protégeaient toujours jalousement leurs uniformes et n'en changeaient qu'avec réticence ; John Carpendar était visiblement très attaché aux traditions. Même les robes étaient légèrement démodées. Les bras dodus des jumelles, parsemés de taches de rousseur, saillaient de manches en guingan rose à carreaux tout à fait semblables à celles que Miss Beale avait connues de son temps. La longueur des jupes ne faisait aucune concession à la mode. Les deux filles étaient solidement chaussées de souliers noirs lacés à talon plat.

Miss Beale jeta un rapide coup d'œil sur le reste de la classe et remarqua une élève à lunettes avec un visage calme et intelligent. Ce devait être une infirmière parfaite en salle, se dit-elle. A côté, était assise une fille brune, trop maquillée, à l'air maussade, qui affichait un air de désintérêt total. Miss Beale la trouva plutôt commune. Elle affectionnait ce genre d'adjectifs démodés, ce qui ne manquait pas d'embarrasser parfois ses supérieurs, et en usait sans vergogne tout en sachant très précisément le sens qu'elle leur accordait. Sa sentence, « à bonne directrice, bonnes élèves », signifiait que ces dernières devaient appartenir à de respectables familles de la classe moyenne, avoir suivi leurs études au lycée, s'habiller au genou, ou plus bas, et être conscientes des privilèges et des responsabilités attachés à leur condition d'élèves infirmières. La dernière étudiante, une jolie blonde, arborait un minois effronté et moderne surmonté d'une longue frange. C'était un visage assez séduisant pour figurer sur une affiche de recrutement, mais bizarrement, ce n'est surtout pas elle que Miss Beale aurait choisie. Elle était en train de se demander pourquoi lorsque Miss Dakers termina son exposé.

« Bien, dit Miss Gearing. Nous sommes donc confrontées au problème d'une malade qui vient de subir une intervention chirurgicale, déjà sérieusement sous-alimentée, et incapable de se nourrir par la bouche. Qu'est-ce que cela signifie ? Oui, mademoiselle, je vous écoute.

— Alimentation par sonde gastrique ou rectale. »

C'etait la fille brune à l'air maussade qui venait de répondre, sa voix réprimant soigneusement toute nuance d'enthousiasme, voire de simple intérêt. Une petite personne antipathique, songea Miss Beale.

Un murmure parcourut la classe et Miss Gearing leva un sourcil interrogateur.

« Non, mademoiselle, pas rectale, corrigea l'élève à lunettes. Ce serait insuffisant. Sonde gastrique par la bouche ou le nez.

— Oui, et c'est exactement ce que le chirurgien a prescrit à Mrs. Stokes. Vous pouvez y aller, mesdemoiselles, poursuivit-elle en se tournant vers les jumelles, et dites-nous bien ce que vous faites à chaque étape de votre intervention. »

L'une des deux sœurs avança le chariot et expliqua la fonction des instruments disposés sur le plateau : un petit pot de bicarbonate de soude pour nettoyer la bouche ou les narines ; un entonnoir en polyéthylène, vingt centimètres de sonde, un raccord, du lubrifiant, un haricot avec abaisse-langue, pince et ouvre-bouche. Elle prit la sonde œsophagienne qui se tortilla comme un obscène serpent jaune dans sa main pleine de taches de son.

« Très bien. Maintenant, qu'allez-vous lui donner comme aliment ?

— Juste du lait tiède, mademoiselle.

— Mais si vous aviez affaire à une vraie malade ? »

Les jumelles hésitèrent et l'élève à lunettes répondit avec une calme assurance :

« Nous pourrions ajouter des protéines solubles, des œufs, des vitamines et du sucre.

— Oui. Si l'alimentation artificielle dure plus de quarante-huit heures, nous devons assurer un juste apport en calories, en protéines et en vitamines. Quelle va être la température du lait ?

— Celle du corps, 38 °C.

— Juste. Dans la mesure où notre patiente est consciente et capable d'avaler, nous allons l'intuber par la bouche. N'oubliez pas de la rassurer et de lui expliquer simplement ce que vous allez faire et pourquoi. N'oubliez jamais cela : lorsque vous soignez quelqu'un, dites-lui toujours ce qu'il va lui arriver. »

C'étaient des étudiantes de troisième année. Elles auraient toutes dû le savoir, pensa Miss Beale, mais la jumelle, qui se serait certainement très bien débrouillée avec un vrai patient, devait trouver difficile et gênant d'expliquer ses gestes à une camarade. Étouffant un petit rire nerveux, elle murmura quelques mots à la silhouette rigide allongée sur le lit et lui donna — ou plutôt, lui lança presque — la sonde. Heather Pearce, le regard toujours fixe, l'attrapa de sa main gauche pour la guider dans sa bouche, puis, les yeux fermés, elle avala. Elle eut un spasme des muscles du gosier, fit une pause pour reprendre sa respiration et déglutit à nouveau. La partie visible de la sonde se raccourcissait à vue d'œil. La salle de travaux pratiques était plongée dans un silence total. Miss Beale se sentit bizarrement mal à l'aise. S'exercer à une intubation gastrique sur une élève était certes inhabituel mais pas du tout extraordinaire. Généralement, les médecins se chargeaient de poser les sondes, mais une infirmière pouvait tout aussi bien en prendre la responsabilité. Il valait mieux qu'elles apprennent entre elles plutôt qu'aux dépens d'un véritable malade ; quant au mannequin, il ne pouvait remplacer de manière satisfaisante un sujet vivant. Elle-même s'était autrefois, dans ses années d'école, soumise à l'expérience. Face aux convulsions qui agitaient la gorge d'Heather Pearce, Miss Beale se surprit à déglutir, en une sorte de sympathie inconsciente ; trente ans plus tard, elle se souvenait fort bien du frisson brutal, au moment où la sonde glisse sur la voûte délicate du palais, et du léger étonnement éprouvé devant la facilité de l'opération. Mais il y avait quelque chose de pathétique dans cette silhouette au visage pâle et figé, les yeux obstinément fermés, étendue sur le lit avec sa bavette de bébé et le mince tube de caoutchouc pendouillant et se tortillant comme un ver au coin de sa bouche. Miss Beale eut l'impression d'assister à une torture gratuite et la séance lui parut soudain n'être qu'un outrage à la personne humaine. L'espace d'une seconde, elle lutta contre l'envie de protester.

Une des jumelles était maintenant en train de fixer une seringue de vingt ml à l'extrémité de la sonde, s'apprêtant à aspirer quelques sucs gastriques pour vérifier si elle avait bien atteint l'estomac. Ses gestes étaient fermes et précis. Miss Beale trouvait qu'il régnait dans la pièce un silence presque surnaturel, mais sans doute n'était-ce qu'un effet de son imagination. Elle jeta un coup d'œil à Mary Taylor. La directrice avait les yeux fixés sur Heather Pearce, les sourcils légèrement froncés. Elle remua les lèvres et s'agita sur sa chaise. Miss Beale crut qu'elle allait faire quelque observation mais aucun son ne sortit de sa bouche. Le docteur Courtney-Briggs était penché en avant, les mains sur les genoux. Il regardait intensément non Heather Pearce mais le goutte-à-goutte, comme hypnotisé par la douce ondulation du tube. Miss Beale pouvait entendre sa lourde respiration. Hilda Rolfe se tenait droite comme un *i* sur sa chaise, les mains négligemment croisées sur les genoux, ses yeux noirs, vides de toute expression, posés non pas sur la prétendue malade mais sur la jolie élève blonde.

La jumelle, apparemment certaine que la sonde était maintenant bien en place, souleva l'entonnoir bien au-dessus de la tête de Heather Pearce et commença lentement à verser le breuvage. On aurait dit que tout le monde retenait son souffle. Puis la chose se produisit. Il y eut un cri strident, haut perché, atrocement inhumain, et Heather Pearce se précipita hors du lit comme poussée par une force irrésistible. En une seconde, la forme immobile, gisant contre les oreillers, se retrouva arquée sur ses jambes chancelantes, dans une parodie de ballet, battant vainement l'air de ses bras comme si elle cherchait frénétiquement à attraper la sonde, hurlant, hurlant sans cesse, d'un horrible sifflement de sirène. Miss Beale, abasourdie, eut à peine le temps d'enregistrer le visage contorsionné et les lèvres écumantes avant que la fille ne s'effondre, front contre terre, pliée en deux tel un hameçon, le corps secoué par les spasmes de la douleur.

Une élève cria. D'abord, personne ne bougea, puis tout le monde se précipita. Miss Gearing tira sur le tube, l'arrachant de la bouche de Heather Pearce. Le docteur Courtney-Briggs s'avança résolument, bras tendus, dans la mêlée. La directrice et Miss Rolfe se penchèrent sur le corps convulsé, le dérobant à la vue. Puis Mary Taylor se redressa et chercha Miss Beale du regard.

« Les élèves… Pourriez-vous vous en occuper, s'il vous plaît ? Il y a une pièce à côté. Qu'elles restent ensemble. »

Malgré son effort pour garder son calme, sa voix était montée dans les aigus. « Vite, je vous prie. »

Miss Beale fit un signe de tête et Mary Taylor se pencha à nouveau vers la fille qui se tortillait à terre. Les cris avaient cessé maintenant. Un pitoyable gémissement leur succéda, puis le terrible staccato des talons martelant le sol. Le docteur Courtney-Briggs jeta sa veste dans un coin et commença à retrousser ses manches de chemise.

IV

En marmonnant quelques vagues paroles de réconfort, Miss Beale fit traverser le hall au petit groupe d'élèves. L'une d'elles — elle ne savait pas exactement laquelle — demanda d'une voix stridente : « Que lui est-il arrivé ? Qu'est-ce qui s'est passé ? » mais personne ne lui répondit. Hébétées, elles entrèrent dans la pièce voisine, à l'arrière du bâtiment. De forme bizarre, celle-ci avait dû faire autrefois partie du grand salon original, très haut de plafond, mais servait maintenant de bureau à la monitrice principale. Miss Beale nota aussitôt la table de travail, les meubles de classement en métal vert, un tableau mural bourré d'indications, un petit panneau garni de crochets auxquels étaient pendues plusieurs clés et un planning couvrant un mur entier qui indiquait les programmes d'étude et les progrès de chaque élève. La cloison de séparation avait coupé en deux la fenêtre à meneaux de sorte que la pièce, déjà peu harmonieuse dans ses proportions, était aussi très sombre. Une des filles pressa l'interrupteur et le tube au néon central se mit à clignoter. Vraiment, pensa Miss Beale, dont l'esprit s'accrochait désespérément à ses rassurantes préoccupations habituelles, ce n'est pas du tout un bureau convenable pour une monitrice, principale ou non.

Ce souvenir de ce qui avait été le but de sa visite la rasséréna une seconde, mais l'affreuse réalité reprit aussitôt ses droits. Les élèves — petit groupe pathétique et désorganisé — s'étaient assemblées au milieu de la pièce, incapables de toute initiative. Miss Beale s'aperçut immédiatement qu'il n'y avait que trois chaises. Elle se sentit aussi confuse et désemparée qu'une hôtesse qui se demande comment elle va installer tous ses invités. Mais le problème avait son importance. Il fallait faire en sorte que les élèves soient à l'aise pour qu'elles puissent se détendre et oublier, dans la mesure du possible, ce qui se passait à côté. Il se pourrait qu'elles restent enfermées là-dedans un bon bout de temps.

« Allons ! dit-elle avec entrain. Poussons le bureau contre le mur et ainsi quatre d'entre vous pourront s'y asseoir. Je prendrai la chaise de Miss Rolfe et il nous reste les deux fauteuils. »

Au moins, cela leur donnait quelque chose à faire. Miss Beale remarqua que la fille blonde et mince tremblait de tout son corps. Elle la guida vers l'un des fauteuils tandis que la brune à l'air maussade s'empressait de prendre l'autre. Elle ne perd pas le nord ! pensa Miss Beale. Elle s'occupa ensuite de débarrasser et de déplacer le bureau avec les autres élèves. Si seulement elle avait pu en envoyer une faire du thé ! Tout en approuvant intellectuellement les méthodes plus modernes de lutte contre les traumatismes psychiques, Miss Beale continuait à croire aux vertus d'une bonne tasse de thé bien fort. Mais il ne fallait pas y songer ; impossible d'alerter le personnel des cuisines.

« Eh bien, je propose que nous nous présentions, suggéra-t-elle d'une voix encourageante. Je m'appelle Muriel Beale. Inutile de vous dire que je suis inspectrice de la D.A.S.S. Je connais à peu près vos noms mais je vous confonds encore. »

Elle vit se lever cinq paires d'yeux ébahis, mais l'élève efficace — Miss Beale n'avait pas changé d'avis sur ce point — entreprit calmement de présenter ses camarades.

« Les jumelles sont Maureen et Shirley Burt. Maureen est l'aînée, de deux minutes environ ; c'est celle qui a le plus de taches de rousseur. A part cela, il est difficile de les distinguer. A côté de Maureen, se trouve Julia Pardoe. Christine Dakers est assise dans un des fauteuils ; Diane Harper dans l'autre. Je suis Madeleine Goodale. »

Miss Beale, qui avait toujours du mal à mémoriser les noms, récapitula mentalement. Les jumelles Burt. Avenantes et rebondies. Leur nom serait facile à retenir, bien qu'elle doutât de pouvoir jamais faire la différence entre l'une et l'autre. Julia Pardoe. Un joli nom pour une jolie fille, si du moins l'on aimait ce type de blondes félines aux yeux d'un bleu-violet plutôt froid. Elle lui sourit, tout en se disant qu'au fond pas mal de gens — et pas seulement des hommes — devaient l'apprécier. Madeleine Goodale. Un nom raisonnable pour une fille raisonnable. Elle s'en souviendrait sans mal. Christine Dakers. Celle-là n'allait pas bien du tout. Elle paraissait déjà malade tout à l'heure, pendant la brève séance de travaux pratiques, mais maintenant elle semblait sur le point de s'évanouir. Elle avait une peau très malsaine pour une infirmière ; pâle comme elle l'était, ses boutons rouges autour de la bouche et sur le front faisaient penser à une éruption inflammatoire. Pelotonnée au fond de son fauteuil, elle lissait et époussetait sa blouse de ses mains maigres. Christine Dakers était sans aucun doute la plus affectée du groupe. Peut-être avait-elle été une amie de Heather Pearce ? « Était-elle », corrigea mentalement Miss Beale dans un élan de superstition. Si seulement elle avait pu lui faire boire une bonne tasse de thé !

Diane Harper, dont le rouge à lèvres et l'ombre à paupières juraient de manière criarde avec sa peau blanche, dit soudain :

« Il devait y avoir quelque chose dans cette mixture. »

Ensemble, les jumelles se tournèrent vers elle :

« Évidemment ! Du lait, s'écria Maureen.

— Quelque chose d'autre, je veux dire... » Elle hésita. « Du poison.

— Mais c'est impossible. Shirley et moi avons sorti une bouteille de lait frais, ce matin, du réfrigérateur de la cuisine. Miss Collins était là ; elle nous a vues. Nous l'avons laissée dans la salle de T.P. et ne l'avons versée dans le gobelet gradué qu'au dernier moment. N'est-ce pas, Shirley ?

— Oui. C'était une bouteille pleine. Nous l'avons prise vers sept heures.

— Et vous n'auriez rien ajouté, par erreur ?

— Quoi ? Bien sûr que non ! »

Les jumelles parlaient à l'unisson, avec assurance. Elles

savaient exactement ce qu'elles avaient fait, et quand. Personne, se dit Miss Beale, ne pourrait ébranler leurs certitudes. Ce n'était pas le genre de filles à se tourmenter pour de vains scrupules ou à se laisser envahir par ces doutes irrationnels qui assaillent les tempéraments moins sereins ou plus imaginatifs. Miss Beale avait l'impression de très bien les comprendre.

« Quelqu'un d'autre a peut-être tripoté la bouteille, remarqua Julia Pardoe en lançant, sous ses paupières baissées, un regard provocateur, vaguement amusé.

— Pour quoi faire ? » demanda simplement Madeleine Goodale.

Julia Pardoe haussa les épaules tandis que sa bouche esquissait une sorte de sourire intérieur. « Par erreur. Ou pour faire une blague. A moins qu'on ne l'ait fait exprès.

— Mais ce serait une tentative de meurtre ! » s'exclama Diane Harper d'une voix incrédule.

Maureen Burt rit.

« Ne sois pas ridicule, Julia ! Qui aurait voulu assassiner Heather ? »

Tout le monde se tut. L'argument était apparemment irréfutable. Personne, manifestement, ne pouvait imaginer qu'on ait voulu assassiner Heather Pearce. Ce devait être, pensa Miss Beale, quelqu'un d'inoffensif, ou alors une personnalité trop incolore pour inspirer à quiconque les tourments meurtriers de la haine.

« Heather ne faisait pas exactement l'unanimité », remarqua sèchement Madeleine Goodale.

Miss Beale lui lança un regard surpris. Remarque curieuse de sa part, un peu cruelle et déplacée en la circonstance. Elle releva aussi l'emploi du passé. Voilà quelqu'un qui ne s'attendait pas à revoir sa camarade vivante.

« C'est idiot de penser à un meurtre, répéta Diane Harper avec conviction. Personne n'aurait tué Heather. » Julia Pardoe eut un autre haussement d'épaules. « Peut-être n'était-ce pas à elle qu'on en voulait. C'est bien Jo Fallon qui devait tenir le rôle de la patiente aujourd'hui, n'est-ce pas ?

Heather suivait Jo sur la liste. Si Jo n'avait pas été malade la nuit dernière, c'est elle qui se serait trouvée sur le lit de T.P. ce matin. »

Il y eut un silence. Madeleine Goodale se tourna vers Miss Beale.

« Elle a raison. Nous nous prêtons à l'expérience à tour de rôle et ce n'était pas le jour de Heather. Mais Jo Fallon a été emmenée à l'infirmerie cette nuit ; vous êtes sans doute au courant de notre épidémie de grippe. Heather l'a remplacée puisqu'elle était inscrite juste derrière elle. »

Miss Beale se sentit brusquement désemparée. Il fallait mettre un terme à cette conversation ; leur faire penser à autre chose qu'à l'accident — il ne pouvait s'agir que d'un accident —, mais elle ne voyait pas comment s'y prendre. Par ailleurs, les faits avaient toujours exercé sur elle une étrange fascination. Au fond, peut-être valait-il mieux qu'elles se posent froidement ces questions plutôt que de rester là, à faire semblant de parler de tout et de rien. Le choc, songea-t-elle, cédait déjà la place à cette excitation à demi honteuse qui suit souvent les tragédies — pour peu, bien entendu, que l'on n'en soit pas la victime.

Julia Pardoe reprit, de sa voix calme, un peu enfantine : « Si Jo était visée, cela nous innocente toutes puisque chacune de nous savait qu'elle ne tiendrait pas le rôle de la malade ce matin.

— C'est vrai, approuva Madeleine Goodale. Tout le monde à Nightingale House, en tout cas. On en a assez parlé au petit déjeuner. »

Il y eut un autre silence, comme si elles réfléchissaient à ce nouvel élément. Mais personne ne s'était écrié qu'il était impossible qu'ont ait voulu tuer Fallon, nota Miss Beale avec intérêt.

« Jo ne doit pas être si malade que ça, déclara Maureen Burt. Elle est revenue à Nightingale House ce matin vers neuf heures moins le quart. Shelley et moi l'avons vue sortir par la porte latérale, juste avant d'entrer en salle de T.P., après le petit déjeuner.

— Comment était-elle habillée ? » demanda vivement Madeleine Goodale.

Maureen ne parut pas s'étonner de l'apparente incongruité de la question.

« En pantalons. Elle avait son manteau et son foulard rouge. Pourquoi ? »

Madeleine Goodale tenta de cacher sa surprise. « C'est ce qu'elle portait quand nous l'avons conduite à l'infirmerie. Je suppose qu'elle est revenue prendre quelque chose qu'elle avait oublié dans sa chambre. Mais elle n'aurait pas dû quitter son lit ; c'était stupide avec 40° de fièvre. Heureusement pour elle que Miss Brumfett n'a rien vu !

— Bizarre, non ? » lança Julia Pardoe malicieusement. Personne ne répliqua. Bizarre, en effet, pensa Miss Beale. Elle se souvint du long trajet humide qu'elle avait fait depuis l'hôpital jusqu'à l'école de Nightingale. C'était une route sinueuse ; il y avait certainement un raccourci qui coupait par les bois. Malgré tout, cela représentait un bon bout de chemin pour une malade, par un froid petit matin de janvier. Quelque chose d'important avait dû la pousser à revenir à Nightingale House. Si elle avait oublié quoi que ce soit dans sa chambre, elle aurait pu demander qu'on le lui apporte. N'importe laquelle de ses camarades lui aurait volontiers rendu ce service. C'était donc elle, en tout cas, qui aurait dû logiquement se retrouver par terre dans la pièce voisine, dans un enchevêtrement de linges et de tubes de caoutchouc.

« Une seule personne savait que Jo ne se prêterait pas à l'expérience aujourd'hui : Jo elle-même », lança Julia Pardoe. Blême, Madeleine Goodale la regarda droit dans les yeux : « Libre à toi d'être stupidement méchante ! Mais à ta place, j'arrêterais immédiatement ce genre de calomnie. »

Julia Pardoe n'eut pas le moins du monde l'air gêné, au contraire, elle paraissait presque contente. Devant son petit sourire de satisfaction rusée, Miss Beale décida qu'il était temps de faire cesser ce bavardage. Elle cherchait un moyen de détourner la conversation lorsque Christine Dakers murmura, faiblement, du fond de son fauteuil : « Je ne me sens pas bien. »

Tout le monde se mit à s'agiter. Seule Diane Harper ne fit pas un geste. Les autres l'entourèrent, heureuses d'avoir quelque chose à faire. « Je l'emmène en bas, aux toilettes », déclara Madeleine Goodale.

Elle soutint sa camarade jusqu'à la porte. Miss Beale fut fort surprise de voir Julia Pardoe se lever pour les accompagner comme si elle avait complètement oublié sa querelle avec Goodale une seconde plus tôt. Elle se retrouva avec les jumelles et Diane Harper. Personne ne dit mot, mais Miss Beale avait compris la leçon. Elle avait été impardonnable. Plus question de parler de mort ou de meurtre ! Puisqu'elles étaient là, sous sa responsabilité, autant qu'elles travaillent. D'un air sévère, elle regarda Diane Harper et la pria de lui décrire les symptômes et le traitement de l'embolie pulmonaire.

Dix minutes plus tard, les trois autres revinrent. Christine Dakers, toujours pâle, semblait plus calme. Par contre, Madeleine Goodale avait l'air soucieux.

« La bouteille de désinfectant... vous savez, celle qui est toujours sur la petite étagère des toilettes... eh bien, elle n'y est plus ! Julia et moi n'avons pu la trouver », dit-elle rapidement, comme incapable de garder pour elle ce qui la tracassait.

Diane Harper l'interrompit. « Tu parles de cette bouteille pleine d'un liquide blanc qui ressemble à du lait ? Elle y était encore après le dîner hier soir.

— C'est loin. Quelqu'un a-t-il utilisé ces cabinets ce matin ? »

Personne ne répondit et elles se regardèrent en silence.

C'est alors que la directrice entra calmement et ferma la porte derrière elle. Les jumelles se laissèrent glisser du bureau dans un bruissement de coton amidonné et s'immobilisèrent, attentives. Diane Harper se leva sans grâce de sa chaise. Tous les visages s'étaient tournés vers Mary Taylor.

« Mes enfants..., dit-elle avec une douceur qui leur apprit la vérité avant même qu'elle ne l'ait exprimée, mes enfants,

Heather Pearce est morte il y a quelques minutes. Nous ignorons encore comment et pourquoi, mais face à un événement aussi inexplicable, nous sommes obligés d'appeler la police. Le secrétaire s'en occupe. Essayez d'être courageuses et raisonnables, comme vous savez l'être. Je pense qu'il est préférable de ne pas parler de tout cela jusqu'à l'arrivée de la police. Reprenez vos manuels, puis vous irez attendre dans mon salon particulier ; Madeleine Goodale vous y conduira. Je vais vous faire porter du bon café bien chaud. C'est compris ? »

Il y eut un murmure approbateur : « Oui, madame la directrice. »

Mary Taylor se tourna vers Miss Beale.

« Je suis désolée, mais cela signifie que vous devez rester aussi.

— Naturellement. Je comprends très bien. »

Elles échangèrent au-dessus de la tête des élèves, un regard plein de sympathie tacite et de conjectures éperdues.

Plus tard, Miss Beale fut rétrospectivement horrifiée par le souvenir de sa première réaction, d'une banalité totalement hors de propos : « Ce doit être l'inspection la plus brève qu'on ait jamais vue. Que vais-je bien pouvoir dire à la D.A.S.S. ? » se demanda-t-elle.

V

Dans la salle de travaux pratiques, quelques minutes plus tôt, les trois femmes et le chirurgien s'étaient relevés, blêmes, totalement épuisés, et s'étaient regardés en silence. Heather Pearce était morte. Selon tous les critères médico-légaux, elle avait cessé de vivre. Ils le savaient depuis déjà cinq minutes, mais ils s'étaient acharnés, comme s'il existait encore une chance que son cœur flasque se remette à battre. Le professeur avait enlevé sa veste au moment de se mettre au travail de sorte que le devant de son gilet était complètement maculé de sang. Il regardait les taches qui séchaient, sourcils froncés, narines dédaigneusement pincées, comme quelque chose qui ne le concernait pas. Le massage cardiaque avait été aussi sanglant qu'inefficace — curieusement sanglant pour le docteur Courtney-Briggs, avait pensé la directrice. La tentative était sans doute justifiée. On n'avait pas eu le temps de la transporter en salle d'opération. Comme il était regrettable que Gearing ait retiré la sonde ! Réaction naturelle, mais qui avait peut-être coûté la vie à Heather Pearce. Encore intubée, ils auraient pu tenter de lui faire immédiatement un lavage d'estomac. Ils avaient essayé de glisser une autre sonde gastrique par les narines, mais les convulsions de la malheureuse les en avaient empêchés et, lorsqu'elles s'étaient calmées, c'était déjà trop tard. Courtney-Briggs avait été obligé d'ouvrir la cage thoracique et de tenter la seule chose qui lui restât à faire. Incontestablement, ses efforts avaient été héroïques. On pouvait simplement regretter qu'il ait laissé un corps si pathétiquement mutilé et une salle de travaux pratiques empestant comme un abattoir. Ce genre de choses se passaient toujours beaucoup mieux en salle d'opération où les accessoires du rituel chirurgical conféraient à toute l'affaire une sorte de dignité.

Il fut le premier à parler.

« Ce n'est pas une mort naturelle. Il y avait autre chose que du lait dans cette bouteille. C'est évident pour tout le monde, me semble-t-il. Nous ferions mieux d'appeler la police. Je vais prévenir Scotland Yard. Il se trouve que j'y connais quelqu'un. Un des divisionnaires. »

Il faut toujours qu'il connaisse quelqu'un, pensa Mary Taylor. Elle éprouvait soudain le besoin de le contredire. Le choc avait déclenché chez elle une irritabilité qui se dirigeait sans raison contre lui.

« C'est la police locale que nous devons appeler et c'est au secrétaire de le faire. Je vais parler à Mr. Hudson. L'inspecteur préviendra Scotland Yard s'il le juge nécessaire, mais je ne vois pas pourquoi ce le serait. De toute manière, cette décision lui revient. »

Elle s'approcha du téléphone mural, contournant la silhouette accroupie de Miss Rolfe. La monitrice était toujours à genoux. Mary Taylor trouva qu'elle ressemblait tout à fait à un personnage de mélodrame victorien avec ses yeux embrasés dans son visage mortellement pâle, ses cheveux bruns dépeignés sous les ruchés de la coiffe, et ses mains souillées qu'elle tordait en regardant la masse sanglante avec un intérêt détaché comme si elle non plus n'arrivait pas à y croire.

« Si l'on soupçonne quelque malveillance, je suppose qu'il vaut mieux ne pas déplacer le corps ? dit-elle.

— Je n'avais nullement l'intention de le faire » rétorqua sèchement Courtney-Briggs.

— Mais nous ne pouvons pas la laisser ici ! Pas comme ça ! » protesta Mavis Gearing presque en pleurs. Le chirurgien leva les yeux sur elle.

« Ma chère, elle est morte ! Bien morte ! Quelle importance maintenant ? Elle ne peut plus rien sentir. Bon Dieu, vous n'allez pas vous mettre à faire du sentiment ! Le scandale est dans la mort, non dans ce qui arrive à notre dépouille. »

Il fit une brusque volte-face et alla à la fenêtre. Mavis Gearing esquissa un mouvement, comme pour le suivre, mais s'effondra sur la chaise la plus proche et se mit à sangloter doucement ; on aurait dit un animal en train de renifler. Personne ne lui prêta la moindre attention. Miss Rolfe se leva avec raideur. Les deux mains en l'air, comme le font les infirmières de chirurgie, elle se dirigea vers un évier dans un coin de la pièce, ouvrit le robinet d'un coup de coude et commença à se laver. La directrice, elle, composait un numéro de cinq chiffres sur le cadran. Sa voix calme résonna dans la pièce :

« Le secrétariat ? Puis-je parler à Mr. Hudson ? Ici Mary Taylor. » Il y eut un silence. « Bonjour, monsieur Hudson. Je suis en salle de travaux pratiques à Nightingale House. Pourriez-vous venir immédiatement ? Oui, c'est très urgent. Il s'est passé quelque chose d'horrible et j'aimerais que vous appeliez la police. Non, je préfère ne pas en parler au téléphone. Merci. » Elle raccrocha et ajouta posément : « Il arrive tout de suite. Il est regrettable que Sir Marcus soit en Israël. Il va falloir mettre le vice-président au courant, mais la première chose à faire est de prévenir la police. Maintenant, il faut que j'aille avertir les élèves. »

Mavis Gearing fit un effort pour se ressaisir. Elle souffla bruyamment dans son mouchoir, le remit dans la poche de son uniforme puis leva un visage congestionné.

« Excusez-moi... Le choc, je suppose. Tout cela est tellement effroyable ! Et au moment où je faisais mon premier cours ! Vous tous qui étiez là... et les élèves... un accident si horrible !

— Un accident ? » Courtney-Briggs se retourna et fonça vers elle, tête baissée, comme un taureau. Sa voix était dure, méprisante. Il lui cracha au visage : « Un accident, Miss Gearing ! Croyez-vous vraiment qu'un poison corrosif se soit retrouvé dans le breuvage par accident ? Ou qu'une fille avec toute sa raison ait décidé de se supprimer de cette manière abominable ? Allons, allons, mademoiselle, pourquoi ne pas être honnête, pour une fois ? Nous venons simplement d'assister à un meurtre ! »

CHAPITRE DEUX

Aux alentours de minuit

I

Tard dans la soirée du mercredi 28 janvier, seize jours après la mort de Heather Pearce, Christine Dakers, dans le salon des élèves au premier étage de Nightingale House, écrivait sa lettre hebdomadaire à sa mère. D'ordinaire, elle réussissait toujours à la terminer pour qu'elle parte à la dernière levée, le mercredi soir, mais cette semaine, elle n'avait eu ni l'envie ni l'énergie de s'y mettre. A ses pieds, la corbeille à papiers contenait déjà deux brouillons froissés. Elle en était à son troisième essai.

Elle était assise à l'un des doubles bureaux, face à la fenêtre, et son épaule gauche frôlait presque les lourds rideaux qui faisaient écran à la froide obscurité de la nuit. De son avant-bras recourbé, elle protégeait son bloc de papier à lettre. En face d'elle, la lumière de la lampe luisait sur la tête baissée de Madeleine Goodale ; elles étaient si proches que Christine Dakers voyait le cuir chevelu blanc sous la raie bien nette et sentait l'odeur presque imperceptible du shampoing antiseptique. Deux manuels ouverts devant elle, Madeleine Goodale prenait des notes. Rien ne pouvait l'atteindre, elle, se dit Christine Dakers avec amertume ; rien, ici ou ailleurs, ne pouvait troubler sa paisible concentration. L'admirable, la sereine Madeleine continuait à faire ce qu'il fallait pour que la médaille d'or de John Carpendar vienne décorer sa blouse immaculée.

Honteuse de ce brusque mouvement de jalousie et craignant que sa camarade n'en ressente la vivacité, Christine Dakers cessa de fixer la tête courbée pour jeter un coup d'œil autour d'elle. La pièce lui était devenue si familière, après trois ans d'études, qu'elle remarquait d'ordinaire à peine les détails de son architecture ou de son ameublement. Mais ce soir tout lui apparaissait avec une extraordinaire clarté, comme si elle la voyait pour la première fois. Trop grande pour être confortable, elle semblait s'être accommodée, au fil des ans, des objets hétéroclites qu'on y avait accumulés. Cela avait dû être autrefois un élégant salon, mais il n'y avait plus depuis longtemps de papier aux murs, à présent enduits d'une mauvaise couche de peinture en attendant, disait-on, que les crédits permettent d'envisager une nouvelle décoration. La belle cheminée de marbre sculpté, encadrée de chêne, abritait un énorme poêle à gaz vieux et laid, mais remarquablement efficace, qui soufflait de fortes brassées d'air chaud jusque dans les coins les plus reculés. Contre le mur, l'élégante table d'acajou, avec son entassement de revues, avait dû être léguée par John Carpendar lui-même. Elle s'était rayée et ternie ; la poussière s'y accumulait régulièrement, mais on prenait rarement la peine de cirer son plateau couvert d'entailles et d'auréoles. A gauche de la cheminée, dans un contraste incongru, trônait un immense poste de télévision moderne, présent de l'Amicale John Carpendar. En face, un grand canapé recouvert de cretonne, aux ressorts affaissés, avec son unique fauteuil assorti. Quant aux chaises, c'étaient celles de l'hôpital, mais trop vieilles et trop fatiguées pour servir aux malades. Les accoudoirs en bois clair étaient crasseux ; le fond en vinyl de couleur, fatigué et bosselé, dégageait maintenant, sous l'effet de la chaleur du poêle, une odeur désagréable. Heather Pearce prenait toujours la rouge. Méprisant le confort du sofa, elle s'asseyait un peu à l'écart des autres élèves groupées autour de la télévision, et regardait l'écran avec un désintérêt affiché, pour bien montrer qu'elle pouvait se passer sans difficulté de ce genre de plaisir. Parfois, elle baissait les yeux sur le livre ouvert sur ses genoux, comme incapable de supporter davantage de telles stupidités. Sa présence, pensa Christine Dakers, avait toujours été un peu oppressante. L'ambiance dans le grand salon, était plus légère et plus détendue sans sa silhouette rigide et ses airs de censeur. Mais cette chaise vide, toute cabossée, était pire encore. Christine Dakers aurait aimé avoir le courage d'aller la ranger avec les autres, autour de la télévision, et de s'installer sur son assise défoncée, exorcisant ainsi, une fois pour toutes, ce fantôme tyrannique. Les autres élèves réagissaient-elles de la même manière ? Elle ne pouvait pas le leur demander. Les jumelles, réunies dans la profondeur du sofa, étaient-elles vraiment si absorbées par ce vieux film de gangsters ? Toutes deux tricotaient un de ces gros pulls qu'elles portaient invariablement en hiver ; les yeux fixés sur l'écran, leurs doigts cliquetaient sans relâche. Derrière, Josephine Fallon, en pantalon, était affalée dans son fauteuil, une jambe nonchalemment jetée par-dessus l'accoudoir. Elle était revenue le matin même, après ses six jours de maladie, mais restait pâle et les traits tirés. Les aventures du héros aux cheveux lisses coiffé d'un immense et ridicule feutre ceint d'un large ruban, aux épaules rembourrées, dont la voix rauque entre les coups de feu emplissait la pièce, l'intéressaient-elles tant que ça ? Ou était-elle aussi morbidement consciente de cette chaise vide, rouge et bosselée, dont les bras arrondis avaient été polis par les mains de Heather Pearce ?

Christine Dakers frissonna. La pendule marquait neuf heures et demie passées. Dehors, le vent se levait. La nuit serait rude. Dans les rares moments de silence à la télévision, elle entendait les arbres craquer et soupirer, et imaginait le tournoiement des dernières feuilles venant se poser doucement sur les pelouses et les chemins, isolant Nightingale dans un croupissement morose. Elle s'obligea à reprendre son stylo. Il fallait qu'elle termine. Il serait bientôt l'heure d'aller se coucher et, l'une après l'autre, les élèves se diraient bonsoir et dispraîtraient, la laissant affronter seule le sombre escalier et le couloir. Bien entendu, Jo Fallon serait la dernière à partir. Elle attendait toujours la fin des programmes puis montait se préparer un citron pressé chaud au whisky. Tout le monde connaissait son invariable rituel. Mais Christine Dakers n'aurait pu supporter de se trouver en tête à tête avec Jo. C'était la dernière personne avec laquelle elle avait envie de parler, fût-ce pour ne pas faire seule le long trajet obscur qui menait du salon jusqu'à sa chambre.

Elle se remit à écrire.

« Ma chère maman, je t'en prie, cesse de te tracasser pour ce meurtre. »

La phrase, à peine jetée sur le papier, lui parut impossible. Il fallait qu'elle se débrouille pour éviter d'employer ce mot trop suggestif et par trop sanglant. Elle recommença : « Maman, ne t'inquiète surtout pas à propos de ce que tu as lu dans les journaux. C'est vraiment inutile. Je suis heureuse et en parfaite santé ; personne ici ne pense que Heather Pearce a été tué délibérément. »

C'était faux, évidemment. Certains devaient bien le penser, sinon pourquoi aurait-on appelé la police ? Il était ridicule de croire que le poison ait pu être versé accidentellement dans la bouteille ou que la consciencieuse, la terne Heather Pearce, si respectueuse de la religion, eût choisi de se tuer de cette manière atroce et spectaculaire. Elle écrivit : « Les policiers sont toujours sur l'affaire, mais on les voit moins. Ils ont été très gentils avec les élèves et je ne crois pas qu'ils soupçonnent quelqu'un. La pauvre Heather n'était pas très aimée, mais il est grotesque d'imaginer qu'on ait voulu lui faire du mal. »

Les policiers avaient-ils été si gentils que ça ? Certes, il s'étaient montrés très corrects, très polis. Ils avaient sorti toutes les banalités habituelles sur l'importance de coopérer avec eux afin d'éclaircir l'affreuse tragédie et les avaient engagées à dire la vérité, toute la vérité, aussi banale et dénuée d'importance qu'elle pût leur paraître. Aucun d'eux n'avait élevé la voix ; aucun n'avait été agressif, aucun n'avait tenté de les intimider. Mais tous avaient été effrayants. Leur seule présence assurée et virile dans Nightingale House, suffisait à leur rappeler, comme la porte fermée à clé de la salle de travaux pratiques, l'horreur du drame. Pour Christine Dakers, l'inspecteur Bailey était le plus effrayant de tous. C'était un homme gigantesque, au visage rouge et lunaire, avec des petits yeux froids de cochon qui contrastaient de manière irritante avec sa voix encourageante et ses manières avunculaires. L'interrogatoire avait été interminable. Elle se souvenait clairement des efforts qu'elle avait dû faire pour soutenir son regard perçant.

« On m'a dit que vous avez été très bouleversée par la mort de Heather Pearce. Était-elle une de vos amies ?

— Non, pas particulièrement. Je la connaissais à peine.

— C'est curieux, après avoir fait presque trois ans d'études côte à côte ! Vivant et travaillant ensemble, vous devez toutes bien vous connaître. »

Elle avait eu du mal à s'expliquer.

« En un certain sens, oui. Nous connaissons nos habitudes. Mais j'ignorais tout d'elle, en tant que personne je veux dire. » Quelle réponse idiote ! Comment pouvait-on connaître quelqu'un, sinon en tant que personne ? En plus, c'était faux. Elle connaissait Heather Pearce. Très bien, même.

« Mais vous vous entendiez bien ? Vous ne vous étiez pas querellées ? Pas de dissension entre vous ? »

« Dissension », un drôle de mot ! Elle avait revu le corps grotesque, titubant, battant vainement l'air de ses bras tandis que le mince tube pendouillait de sa bouche comme un vers. Non, il n'y avait pas eu de dissension.

« Et les autres élèves ? S'entendaient-elles bien avec Heather Pearce ? Pas d'incompatibilité dont vous ayez eu connaissance ? »

Incompatibilité. Quelle expression stupide ! Quel était son contraire ? Compatibilité, comptabilité ? Oui, c'est ça. Il y avait eu de la comptabilité.

« Je ne lui connaissais aucun ennemi, avait-elle répondu. Et même, on ne l'aurait pas tuée pour autant.

— C'est ce que vous me dites toutes. Pourtant, on l'a bien tuée, n'est-ce pas ? A moins que le poison n'ait été destiné à quelqu'un d'autre. Ce n'est pas elle qui devait se trouver sur le lit de travaux pratiques. Saviez-vous que Jo Fallon était tombée malade cette nuit-là ? »

Et cela avait continué. Des questions sur les dernières minutes de cette terrible séance. Des questions sur le désinfectant des toilettes. La bouteille vide, qui ne portait aucune empreinte, avait rapidement été retrouvée par la police dans un buisson derrière la maison. N'importe qui avait pu la jeter d'une chambre ou de la salle de bains dans l'obscurité propice de ce petit matin de janvier. Des questions sur tous ses mouvements à partir du moment où elle avait ouvert les yeux. Et toujours le même refrain comminatoire : ne rien cacher, ne rien dissimuler !

Elle se demanda si les autres élèves avaient été aussi effrayées qu'elle. Les jumelles avaient pris un air ennuyé et résigné, obéissant aux injonctions sporadiques de l'inspecteur avec des haussements d'épaules et des soupirs las : « Oh, non ! Ça suffit ! ». Madeleine Goodale n'avait rien dit, ni avant ni après l'interrogatoire. Josephine Fallon s'était également montrée très discrète. On savait que l'inspecteur Bailey était allé l'interroger à l'infirmerie dès qu'elle avait été un peu remise, mais pas davantage. Selon la rumeur, elle aurait admis être allée à Nightingale House, tôt le matin du crime, mais aurait refusé de dire pourquoi. Cela lui ressemblait bien. Maintenant elle avait réintégré l'école. Jusqu'à présent, elle n'avait pas fait la moindre allusion à la mort de Heather. Christine Dakers était curieuse de savoir si elle en parlerait, et quand. Elle s'obligea à reprendre sa lettre, avec une sensibilité maladive pour le sens caché de chacun de ses mots : « Nous ne nous sommes pas resservies de la salle de travaux pratiques, mais à part cela, le travail se poursuit normalement. Seule une élève a quitté l'école : Diane Harper. Son père est venu la chercher deux jours après la mort de Heather et la police ne s'est pas opposée à son départ. Toutes, nous trouvons que c'est stupide de laisser tomber si près des derniers examens, mais son père a toujours vu d'un mauvais œil qu'elle fasse des études d'infirmière. De toute manière, elle est fiancée et doit se marier bientôt. Je suppose que cela n'a donc pas grande importance. Personne d'autre ne songe à partir et il n'y a vraiment pas le moindre danger. Ainsi, ma chère maman, cesse de te faire du souci, je t'en supplie. Maintenant, je vais te raconter mon emploi du temps de demain. »

Elle n'avait plus besoin de brouillon ; le reste coulerait tout seul. Elle relut le début et jugea que cela pouvait aller. Arrachant une nouvelle feuille de son bloc, elle entreprit la rédaction définitive. Avec un peu de chance, elle aurait fini avant que le film se termine et que les jumelles abandonnent leur tricot pour aller se coucher.

Une demi-heure plus tard, sa lettre achevée, elle s'aperçut avec satisfaction que sur l'écran c'était le moment de l'ultime tuerie et du baiser final. Madeleine Goodale retira ses lunettes, leva les yeux de son travail et ferma son livre. La porte s'ouvrit alors sur Julia Pardoe.

« Je viens de rentrer, annonça-t-elle en bâillant. Cet Antonioni était nul. Quelqu'un va-t-il faire du thé ? » Elle n'obtint pas de réponse mais les jumelles plantèrent leurs aiguilles dans leurs pelotes de laine et la rejoignirent sur le seuil, éteignant le poste de télévision au passage. Julia n'était pas du genre à faire le thé si elle pouvait trouver quelqu'un pour le préparer à sa place, et les jumelles étaient toujours disposées à rendre ce type de service. Christine Dakers les suivit après avoir jeté un regard à Jo Fallon, immobile et silencieuse, qui restait seule avec Madeleine Goodale. Elle eut soudain envie de lui dire quelque chose de gentil. Lui demander comment elle allait, ou simplement lui souhaiter bonne nuit. Mais les mots ne sortirent pas. La dernière chose qu'elle vit en fermant la porte fut le visage pâle et si particulier de Fallon, qui continuait à fixer l'écran de télévision vide.

II

Dans un hôpital, le temps même est archivé ; les secondes se mesurent au rythme du pouls, au goutte à goutte des perfusions de sang ou de plasma ; les minutes, à l'arrêt d'un cœur ; les heures, aux courbes des feuilles de température ou à la durée de l'opération. Lorsqu'on enregistra les événements du 28-29 janvier, rares étaient les protagonistes qui ne savaient pas ce qu'ils faisaient, et où ils étaient, à tel ou tel moment précis. Sans doute pouvaient-ils refuser de dire la vérité, mais il était impossible qu'elle leur ait échappé.

Dans la nuit, un orage violent et fantasque éclata. D'une heure sur l'autre le vent changeait de force et même de direction. A dix heures, ce n'était que quelques sanglots de violons dans les arbres ; à onze heures, un crescendo furieux. Les grands ormes autour de Nightingale House gémissaient et craquaient sous l'assaut tandis que les hurlements du vent se déchaînaient en ricanements diaboliques. Le long des sentiers déserts, les monceaux de feuilles mortes, lourds de pluie, s'agitaient de courants paresseux avant de s'éparpiller en longues traînées noirâtres qui s'élevèrent comme des tourbillons d'insectes affolés, pour venir s'agglutiner sur l'écorce brune des arbres. Dans le bloc opératoire situé au dernier étage de l'hôpital, le docteur Courtney-Briggs, fit preuve de son impassibilité bien connue en lançant un laconique « Quelle nuit ! » à son interne avant de se replonger dans l'observation du difficile problème chirurgical qui palpitait entre les lèvres rétractées de la plaie. En dessous, dans les salles sombres et silencieuses, les patients marmonnaient et s'agitaient dans leur sommeil, comme s'ils étaient conscients du tumulte extérieur. La radiologue appelée d'urgence à John Carpendar — le docteur Courtney-Briggs avait eu besoin de quelques clichés pour son intervention — referma son appareil et éteignit les lumières en se demandant si sa petite voiture tiendrait la route. Les infirmières de nuit s'agitaient sans bruit au milieu des malades, vérifiant que les fenêtres étaient bien fermées, et tiraient soigneusement les rideaux comme pour barrer l'entrée à quelque force menaçante. Le portier, dans sa loge, s'agita sur sa chaise, puis se leva avec une crampe au pied pour aller jeter quelques pelletées de charbon dans le poêle. Dans son isolement, il éprouvait le besoin d'un peu plus de confort et de chaleur. La petite maison semblait vaciller à chaque rafale de vent.

Mais un peu avant minuit, l'orage parut se calmer, comme sensible à l'approche de cette heure morte de la nuit où le pouls des hommes se met à battre plus lentement, où les mourants se laissent glisser dans leur dernier sommeil. Il y eut un silence étrange, pendant près de cinq minutes, suivi d'une série de légers gémissements tandis que le vent tombait en soupirant parmi les arbres, épuisé par son propre déchaînement. Une fois l'opération terminée, le docteur Courtney-Briggs retira ses gants et se dirigea vers le vestiaire des chirurgiens. Après s'être changé, il composa le numéro de Miss Brumfett à Nightingale House, et lui demanda — elle avait la charge de sa clientèle privée à John Carpendar — de revenir surveiller son malade pendant l'heure critique qui suivait l'intervention. Il remarqua avec soulagement que la tourmente s'était apaisée. Elle pourrait donc traverser le parc comme elle l'avait déjà fait d'innombrables fois et il ne serait pas obligé d'aller la chercher en voiture.

Un peu moins de cinq minutes plus tard, Ethel Brumfett s'enfonçait résolument dans les bois, son manteau enroulé autour d'elle comme un drapeau autour d'une hampe, le capuchon relevé sur les ruchés de sa coiffe d'infirmière. Tout semblait étrangement paisible durant cette brève accalmie. Elle avançait sans bruit sur l'herbe détrempée et sentait, à travers ses épaisses semelles, la lourdeur de la terre mouillée ; de temps en temps, un rameau arraché par l'orage et ne tenant plus que par un dernier fil d'écorce venait tomber doucement, comme par inadvertance, à ses pieds. Lorsqu'elle retrouva la sérénité de l'hôpital et qu'elle se mit à préparer avec l'aide d'une élève de troisième année, le lit de l'opéré et ses perfusions, le vent recommença à souffler.

Mais, absorbée par son travail, Miss Brumfett ne le remarqua même pas.

Un peu après minuit et demie, Alberg Colgate, le portier de l'entrée principale, qui piquait du nez sur son journal du soir, fut réveillé par la lumière de deux phares balayant la pièce depuis la fenêtre, et par le vrombissement d'un moteur. Ce doit être la Daimler du docteur Courtney-Briggs, se dit-il. Il avait donc fini d'opérer. Contre toute attente, la voiture, au lieu de franchir la grille, s'arrêta. Deux coups de klaxon préremptoires se firent entendre. Bougonnant, le portier enfila son manteau pour affronter le froid. Le docteur Courtney-Briggs baissa la vitre de sa voiture et cria :

« Je voulais sortir par la porte de Winchester mais un arbre est tombé. Il barre le passage. Il m'a semblé préférable de le signaler. Veillez à ce que l'on s'en occupe dès que ce sera possible. »

Le gardien passa la tête à travers la fenêtre et fut aussitôt assailli par un parfum de luxueux cigare, d'after-shave et de cuir. Face à cette intrusion, le docteur Courtney-Briggs recula légèrement.

« C'est sûrement un des vieux ormes. Je le signalerai demain matin à la première heure. Avec l'orage, je ne peux rien faire maintenant. »

Le docteur Courtney-Briggs remonta la vitre et la tête de Colgate opéra une brusque retraite.

« Il est, en effet, inutile, de tenter quoi que ce soit ce soir. J'ai noué mon foulard blanc à l'une des branches mais personne ne risque de passer par là avant demain matin. Dans le cas contraire, on verra le foulard. Prévenez quand même ceux qui voudraient s'y aventurer. Bonne nuit, Colgate. »

La grosse voiture franchit la grille en ronronnant et Colgate regagna sa loge. Méticuleusement, il jeta un coup d'œil à la pendule au-dessus du poêle et nota dans son registre : « O h 32 : le docteur Courtney-Briggs signale la chute d'un arbre barrant la route de Winchester. »

Il s'était déjà rassis et avait déplié son journal, quand l'idée que le docteur Courtney-Briggs eût essayé de passer par Winchester lui parut soudain curieuse. Ce n'était pas le chemin le plus court pour rentrer chez lui, et il le prenait rarement. Le professeur empruntait invariablement l'entrée principale. Il doit quand même avoir la clé de la porte de Winchester, se dit Colgate. Le docteur Courtney-Briggs a les clés de presque tout l'hôpital. Mais tout de même, c'est curieux.

Un peu avant deux heures du matin, au deuxième étage de Nightingale House, Maureen Burt s'agita dans son sommeil, marmonna quelques mots incohérents entre ses lèvres humides et se réveilla avec la pénible impression d'avoir bu deux tasses de thé en trop sur les trois qu'elle avait prises avant de se coucher. Elle resta un moment étendue sans bouger, vaguement consciente du grondement de l'orage, se demandant si elle ne ferait pas mieux de se rendormir. Mais l'envie était trop pressante. Elle tâtonna pour trouver la poire de sa lampe de chevet. La brusque décharge de lumière la réveilla sans ménagement. Elle glissa ses pieds dans ses pantoufles, jeta sa robe de chambre sur ses épaules et sortit dans le couloir. Comme elle refermait doucement la porte derrière elle, une rafale de vent souleva les rideaux de la fenêtre au bout du corridor. Elle s'y précipita. A travers l'entrelacs des branchages dont les ombres bondissaient sur la vitre, elle vit l'hôpital affrontant la tempête comme un grand navire à l'ancre ; les salles des malades paraissaient à peine éclairées à côté des nets rectangles de lumière masquant les bureaux des infirmières et les cuisines. Elle repoussa soigneusement les battants et, titubante de sommeil, se dirigea vers les toilettes. Moins d'une minute plus tard, elle en ressortit, puis s'immobilisa un moment afin de s'habituer à la demi-obscurité. Dans la confusion des formes grises en haut de l'escalier se détacha soudain une ombre plus dense que les autres. Elle avançait. Maureen Burt distingua bientôt une silhouette encapuchonnée, drapée dans un manteau.

Maureen n'était pas du genre nerveux ; dans sa somnolence, elle s'étonna seulement que quelqu'un pût être réveillé et traînât dans les couloirs à cette heure-ci. Elle vit tout de suite que c'était Miss Brumfett. Deux yeux perçants derrière leurs lunettes la dévisageaient dans la pénombre. Miss Brumfett demanda d'une voix étrangement aiguë :

« Vous êtes une des jumelles, n'est-ce pas ? Que faites-vous ici ? Êtes-vous la seule à être levée ?

— Oui, mademoiselle, du moins je le crois. Je suis juste allée aux lavabos.

— Ah, bon ! Du moment que tout le monde va bien... Je craignais que l'orage ne vous ait toutes dérangées. Je reviens de l'hôpital. Un des patients du docteur Courtney-Briggs a eu une rechute et a dû être opéré d'urgence.

— Oui, mademoiselle », répondit Maureen, se demandant si l'on attendait d'elle autre chose. Elle trouvait surprenant qu'une surveillante prenne la peine d'expliquer sa présence à une simple élève et, un peu déconcertée, regarda Miss Brumfett serrer son manteau autour d'elle et traverser vivement le couloir en direction de l'escalier. La surveillante logeait dans une chambre à l'étage au-dessus, tout à côté de l'appartement de la directrice. Elle avait à peine monté une marche qu'elle se retourna comme pour dire quelque chose. Mais la porte de Shirley Burt s'ouvrit alors, laissant apparaître une tignasse rousse et ébouriffée.

« Que se passe-t-il ? » demanda-t-elle d'une voix endormie.

Miss Brumfett s'approcha.

« Rien. Je rentrais me coucher. J'ai eu une urgence. Et Maureen s'est levée pour aller aux toilettes. Il n'y a pas de quoi s'inquiéter. Tout va bien. »

Shirley n'avait pas du tout l'air inquiet. Elle sortit sur le palier en s'enveloppant dans sa robe de chambre : « Chaque fois que Maureen se réveille, moi aussi, dit-elle avec une sorte de résignation satisfaite. C'est comme ça depuis que nous sommes bébés. Demandez à maman ! » Encore toute ensommeillée, mais assez fière de voir que la théurgie familiale fonctionnait encore, elle ferma la porte de sa chambre derrière elle avec la détermination de celle qui, une fois réveillée, n'a nullement l'intention de se remettre au lit.

« Inutile d'essayer de dormir avec ce vent. Je vais me faire un chocolat chaud. Voulez-vous que je vous en monte une tasse, mademoiselle ? On s'endort bien mieux, après.

— Non merci. Je ne crois pas que j'aurai du mal à m'endormir. Faites attention à ne pas réveiller les autres et n'attrapez pas froid ! »

Elle se remit à gravir l'escalier.

« Jo est réveillée ; sa lampe de chevet est allumée, en tout cas », remarqua Maureen. Toutes trois regardèrent au bout du couloir où un rayon de lumière, à travers le trou de serrure de sa porte, perçait l'obscurité, projetant une petite ombre sur les lambris à volutes du mur d'en face.

« Nous allons lui en apporter une tasse. Elle doit être en train de lire. Viens, Maureen. Bonne nuit, mademoiselle. »

Traînant les pieds, toutes deux se dirigèrent vers le petit office au bout du couloir. Ethel Brumfett les observa un moment, les traits figés, sans expression, puis se tourna et monta vers sa chambre.

Exactement une heure plus tard, une des minces vitres de la serre, qui avait vibré par intermittence tout au long de la nuit, tomba et éclata sur le sol dallé. Personne, à Nightingale House, ne l'entendit. Le vent s'engouffra alors comme un animal affamé, faisant frémir de son souffle glacial les pages des magazines posés sur les tables en osier, soulevant les feuilles de palmier, agitant les fougères ondoyantes. Il finit par venir frapper le long buffet blanc logé sous une étagère. Le visiteur pressé qui, plus tôt dans la soirée, avait fouillé dans ses profondeurs, en avait laissé la porte ouverte. Elle se mit à battre doucement puis, comme lassée du jeu, se referma avec un claquement sec.

Sous le toit de Nightingale House, tout était endormi.

III

Christine Dakers fut réveillée par le bourbonnement de son réveille-matin. Le cadran luminescent indiquait 6 h 15.

Malgré les rideaux ouverts, la pièce était encore totalement sombre. La faible lumière qui dessinait une tache sur son mur ne provenait pas du couloir, mais de l'hôpital, plus loin, où les infirmières de nuit se rassemblaient déjà autour de leur première tasse de thé. Elle resta un moment immobile, se laissant flotter dans les limbes de l'éveil, sortant de prudentes antennes pour humer le jour qui s'annonçait. Elle avait bien dormi malgré l'orage, dont elle avait eu à peine conscience. Avec une joie soudaine, elle s'aperçut qu'elle se sentait capable d'affronter sereinement la journée. Les tourments et appréhensions de la veille et de toutes ces dernières semaines semblaient s'être effacés. Elle avait l'impression de sortir enfin d'une longue période de grande fatigue ou de dépression. Depuis la mort de Heather Pearce, elle avait traversé un tunnel rempli de souffrances et d'angoisses mais, ce matin, elle retrouvait miraculeusement la lumière. C'était comme le matin de Noël quand on est enfant, comme le début des vacances scolaires. C'était comme se réveiller sans fièvre après une longue maladie, avec maman là tout près, tellement rassurante, et la douce perspective de la convalescence. C'était la paix familiale restaurée.

Le ciel de son quotidien s'était subitement dégagé. Elle passa en revue ses promesses et ses plaisirs. Dans la matinée, il y aurait le cours de pharmacologie. C'était important. Elle avait toujours été faible en drogues et dosages. Puis, après la pause-café, le docteur Courtney-Briggs ferait son séminaire de chirurgie pour les troisième année. Qu'un professeur de cette importance daignât enseigner à des élèves infirmières était un véritable privilège. Elle avait un peu peur de lui, surtout du staccato cinglant de ses questions. Mais aujourd'hui, elle serait courageuse et répondrait avec assurance. Puis, l'après-midi, le bus de l'hôpital les conduirait à la maternité et au service de pédiatrie de la clinique locale pour qu'elles puissent voir le personnel soignant à l'œuvre. Cela aussi était important pour quelqu'un qui espérait un jour devenir une infirmière à domicile. Elle resta à savourer ce programme prometteur, puis sortit du lit, enfila ses pantoufles, sa robe de chambre bon marché, et se dirigea vers l'office des élèves.

Les infirmières de Nightingale étaient réveillées à sept heures chaque matin par une des femmes de charge, mais la plupart, habituées à se lever tôt quand elles étaient de garde en salles, faisaient sonner leur réveil à 6 h 30 pour se donner le temps de bavarder autour d'une première tasse de thé. Les plus matinales étaient déjà là. La petite pièce bien éclairée, agréablement familiale, sentait comme à l'ordinaire le thé, le lait bouilli et le détergent. La scène avait quelque chose de rassurant. Il y avait, bien sûr, les jumelles, le visage encore tout bouffi de sommeil, engoncées dans leur robe de chambre rouge vif. Maureen, son transistor à la main, choisit Radio 2 et se mit à onduler doucement des hanches et des épaules, au rythme syncopé des premiers programmes musicaux de la BBC. Sa sœur, après avoir disposé leurs deux grandes tasses sur un plateau, alla farfouiller dans une boîte de biscuits. Il y avait aussi Madeleine Goodale, vêtue d'une vieille robe de chambre écossaise. La théière à la main, elle surveillait la bouilloire, attendant le premier jet de vapeur. Christine Dakers les aurait bien toutes embrassées tant elle se sentait soulagée et de bonne humeur.

« Où est Jo ? » demanda Maureen Burt avec indifférence.

Jo Fallon était connue pour ne pas être une lève-tôt, et pourtant, c'était une des premières à venir faire son thé. En général, elle l'emportait dans sa chambre pour le boire au lit, où elle traînait le plus longtemps possible avant le petit déjeuner. Mais ce matin, sa théière avec la tasse et la soucoupe assorties étaient toujours à leur place sur l'étagère du buffet, à côté de la boîte remplie de thé de Chine que Fallon préférait au fort breuvage brun dont les autres élèves ne pouvaient se passer avant d'affronter la journée.

« Je vais l'appeler », proposa Christine Dakers, heureuse le se rendre utile et ravie, après la tension de ces dernières emaines, de célébrer le retour à la normale par une bligeance généralisée.

« Attends une seconde, comme ça tu pourras lui apporter une tasse, dit Maureen.

— Elle n'aime pas le thé de Ceylan. Je vais voir si elle est réveillée et lui dire que l'eau est en train de bouillir. »

Christine Dakers songea bien un instant à préparer le thé de Jo Fallon, puis y renonça. Non que Jo fût d'un caractère particulièrement capricieux ou imprévisible, mais jamais les autres ne se mêlaient de ses affaires et l'on n'attendait pas non plus d'elle qu'elle partageât quoi que ce fût. Jo n'avait pas grand-chose, pourtant elle ne possédait que des objets chers, élégants, soigneusement choisis, qui semblaient tant faire partie de sa personne qu'ils en devenaient presque sacro-saints.

Christine Dakers courut jusqu'à sa chambre. La porte n'était pas fermée à clé, ce qui ne la surprit pas. Depuis que, il y avait plusieurs années de cela, une élève, tombée malade en pleine nuit, n'avait pas eu la force de ramper jusqu'à sa porte pour la déverrouiller, le règlement leur interdisait de s'enfermer. Après la mort de Pearce, quelques-unes avaient décidé d'enfreindre la règle et si les monitrices en avaient eu le soupçon, elles avaient, en tout cas, laissé faire. Elles aussi, peut-être, préféraient maintenant dormir derrière des portes fermées à clé. Jo, elle, n'avait visiblement peur de rien.

Les rideaux étaient soigneusement tirés, la lampe de chevet allumée ; mais l'abat-jour mobile était incliné de manière à projeter un quartier de lune pâle sur le mur opposé tout en laissant le lit dans l'ombre. Sur l'oreiller s'étalait une chevelure emmêlée. Christine Dakers chercha l'interrupteur d'une main tâtonnante. Elle appuya aussi doucement que possible pour éviter à Fallon un réveil trop brutal. La pièce s'illumina. Éblouie, elle cligna des paupières, puis s'approcha du lit sans bruit. Elle ne cria pas. Elle ne s'évanouit pas. Elle resta debout, dans une immobilité absolue, à regarder le corps de Jo, une sorte de sourire surpris aux lèvres. Jo était morte, il n'y avait aucun doute. Ses yeux grands ouverts étaient froids et opaques comme ceux d'un poisson frit. Christine Dakers se pencha et s'abîma dans ces yeux sans vie, comme pour leur redonner leur clarté ou y chercher, en vain, son propre reflet. Puis elle fit demi-tour, sortit, éteignit la lumière et ferma la porte derrière elle. Dans le couloir, elle avança comme une somnambule en prenant appui de ses mains contre le mur.

D'abord, personne ne lui prêta attention, mais, bientôt, les trois autres se figèrent, perplexes, et trois visages se tournèrent vers elle, étonnés. Christine Dakers s'adossa contre le chambranle de la porte et ouvrit la bouche sans proférer un son. Rien ne sortait. Quelque chose n'allait plus avec sa gorge. Sa mâchoire tremblait affreusement et sa langue semblait collée au palais. Son regard, lui, implorait. Muettes, les autres assistèrent à cette lutte pendant un temps qui leur sembla interminable. Quand les mots sortirent enfin, ce fut sur un ton calme, légèrement surpris.

« C'est Jo. Elle est morte. »

Elle sourit, comme au sortir d'un rêve, et expliqua patiemment : « On l'a assassinée. »

La pièce se vida. Toutes s'étaient précipitées dans le couloir, mais Christine Dakers ne s'aperçut de rien. Elle était seule. La bouilloire sifflait maintenant, le couvercle tressautant légèrement sous la poussée de la vapeur. Elle éteignit le gaz soigneusement, avec concentration, en fronçant les sourcils. Très lentement, comme une enfant chargée d'une tâche importante, elle prit la boîte à thé, l'élégante théière, la tasse et la soucoupe, puis, en fredonnant, se mit à préparer le thé matinal de Jo.

CHAPITRE TROIS

L'invasion

I

« Le médecin légiste est là, commissaire. »

Un policier passa la tête par la porte de la chambre et souleva un sourcil interrogateur.

Le commissaire Adam Dalgliesh abandonna l'examen des vêtements de Jo Fallon. Avec son mètre quatre-vingt-sept, il paraissait à l'étroit entre le pied du lit et la penderie. Il regarda sa montre. Dix heures huit. Miles Honeyman, comme d'habitude, avait fait vite.

« Parfait, Fenning. Demandez-lui de bien vouloir attendre un instant. Nous avons presque fini ici. On va lui faire un peu de place. »

La tête disparut. Dalgliesh ferma le placard. Une quatrième personne aurait, en effet, eu du mal à entrer dans la petite pièce. Le corps massif de l'homme chargé des empreintes occupait tout l'espace entre la table de chevet et la fenêtre ; presque courbé en deux, il saupoudrait de charbon la bouteille de whisky en la faisant soigneusement tourner par le bouchon. A côté se trouvait une assiette en verre portant les empreintes de la morte ; les sillons et les crêtes en étaient parfaitement visibles.

« Alors ? » demanda Dalgliesh.

L'homme cessa sa manœuvre pour examiner les résultats.

« Bonne récolte, commissaire, mais toutes les empreintes

sont à elle. Il n'y a rien d'autre. Le type qui lui a vendu cette bouteille lui a donné l'habituel petit coup de torchon avant de l'envelopper. Je suis curieux de voir ce que nous pourrons tirer du gobelet. »

Il jeta un regard de possession jalouse sur l'objet qui était resté posé en équilibre sur un pli de la courtepointe, exactement comme il était tombé des mains de Fallon. Il n'aurait le droit d'y toucher qu'après la dernière photographie.

Il se pencha à nouveau sur la bouteille. Derrière lui, le photographe de Scotland Yard déplaça le trépied de sa caméra — c'était une nouvelle Cambo monorail, nota Dalgliesh — à main droite du pied du lit. Il y eut un déclic, un éclair lumineux et l'image de la morte, suspendue en l'air, emplit soudain la pièce avant de se consumer dans la rétine de Dalgliesh. En cette vision brève et cruelle, les formes et les couleurs s'étaient intensifiées. Sur la blancheur de l'oreiller, la longue chevelure brune évoquait un postiche emmêlé ; les yeux, des billes menaçantes, exophtalmiques, comme si la raideur cadavérique les avait repoussés de leurs orbites ; la peau, très lisse et très pâle, donnait une impression tactile répulsive ; on aurait dit une sorte de membrane artificielle en vinyl, solide et imperméable. Dalgliesh cligna des paupières et l'image de la grotesque poupée jetée sur le lit comme un fétiche de sorcière s'évanouit. Une seconde plus tard, c'était redevenue une morte, ni plus ni moins. Deux fois encore, quand le photographe prit avec son polaroïd les deux instantanés qu'il exigeait toujours, il fut à nouveau saisi par cette vision pétrifiée. Ce fut tout. « J'ai fini, commissaire. Je vais faire entrer Sir Miles maintenant. » Il passa la tête à travers la porte entrebâillée, tandis que l'homme des empreintes, avec un grognement de satisfaction, soulevait amoureusement le gobelet à l'aide d'une pince et le posait à côté de la bouteille de whisky.

Sir Miles devait attendre sur le palier, car il entra aussitôt de son pas alerte. C'était un homme aux formes arrondies, avec une grosse tête surmontée de cheveux noirs frisés et des yeux vifs et avides. Il dégageait une sorte de bonhommie de music-hall et une légère odeur aigre de transpiration. Il ne semblait pas leur en vouloir de leur retard. Mais Sir Miles, dieu de la médecine légale ou charlatan, selon les points de vue, ne s'offusquait pas facilement. Il s'était acquis une bonne partie de sa réputation, ainsi que, peut-être son récent anoblissement, en défendant le principe que l'on n'offense jamais personne à dessein, fût-ce le plus humble. Il salua le photographe et l'homme des empreintes comme de vieux amis et Dalgliesh par son prénom. Mais il ne s'attarda pas en mondanités. Sa passion le précédait comme un miasme tandis qu'il se faufilait vers le lit.

Dalgliesh ne voyait en lui qu'un méprisable vampire ; motif d'antipathie assez peu rationnel, il le reconnaissait volontiers. Si l'organisation du monde avait été parfaite, les fétichistes du pied seraient tous pédicures, les fétichistes de la chevelure, coiffeurs et les vampires, anatomo-pathologistes. On pouvait même s'étonner que si peu se consacrent à ce métier. Mais, pour Sir Miles, l'implication était évidente. Il approchait chaque nouveau cadavre avec avidité, presque avec joie. Ses blagues macabres avaient fait le tour de la moitié des clubs londoniens ; c'était un expert de la mort et il adorait son travail. En sa présence, Dalgliesh était gêné par l'aversion qu'il lui inspirait. Il avait l'impression qu'elle exsudait par tous les pores de sa peau, bien que Sir Miles n'y prêtât aucune attention. Il s'aimait trop pour concevoir qu'on ne pût le trouver aimable, et cette douce naïveté lui donnait un certain charme. Même ceux de ses collègues qui n'appréciaient ni sa suffisance, ni son goût de la publicité personnelle, ni ses déclarations publiques, souvent irresponsables, n'arrivaient pas à le détester autant qu'ils l'auraient voulu. On disait qu'il avait du succès auprès des femmes. Peut-être éprouvaient-elles pour lui une sorte d'attraction morbide. Mais il avait assurément la bonne humeur contagieuse de ceux qui trouvent ce monde agréable puisqu'ils en font partie.

Il sifflotait toujours en examinant les corps et c'est en

sifflotant qu'il tira le drap avec un geste curieusement mignard de ses doigts grassouillets. Dalgliesh alla à la fenêtre et regarda, à travers la ramure nue, l'hôpital illuminé au loin comme un féerique palais suspendu dans les airs. Il entendait les froissements du tissu. Sir Miles ne se livrerait qu'à un examen préliminaire mais la seule pensée de ces doigts dodus s'insinuant dans les tendres orifices du corps vous faisait souhaiter une paisible mort naturelle dans votre lit. Le vrai travail viendrait plus tard, sur la table mortuaire, cet évier en aluminium plein de tuyaux et de pulvérisateurs sur lequel le corps de Josephine Fallon serait systématiquement découpé pour la cause de la justice, de la science, de la curiosité ou de ce que l'on voudrait. Ensuite, l'assistant de Sir Miles gagnerait sa guinée en recousant le tout de manière à lui redonner un semblant d'humanité afin que la famille puisse le voir sans être traumatisée à jamais. S'il y avait une famille... Dalgliesh se demanda quels seraient ceux qui la pleureraient. Il n'y avait rien ici — ni photographie ni lettre — qui indiquât un lien quelconque avec âme qui vive.

Pendant que Sir Miles, couvert de sueur, marmonnait tout seul, il fit une deuxième fois le tour de la pièce en évitant soigneusement de regarder le médecin légiste, délicatesse ridicule dont il eut un peu honte. Les autopsies ne le troublaient pas, mais il ne pouvait supporter cette palpation impersonnelle d'un corps de femme encore chaud. A peine quelques heures plus tôt, elle aurait eu droit à plus d'égards, aurait pu choisir son médecin et repousser ces doigts avides d'une blancheur répugnante. A peine quelques heures plus tôt, Fallon avait été un être humain. Maintenant, elle n'était plus qu'un tas de chair.

La jeune femme n'était pas de celles qui aiment à s'encombrer. Sa chambre contenait quelques objets de première nécessité et un ou deux ornements soigneusement choisis, comme si, après avoir exactement déterminé ses besoins, elle les avait satisfaits en y mettant le prix, mais avec précision et sans extravagance. L'épais tapis au pied du lit ne lui avait certainement pas été fourni par le comité de gestion de l'hôpital. Au mur, un seul tableau, mais c'était une aquarelle originale, un délicieux paysage de Robert Hills accroché à l'endroit où la lumière extérieure pouvait le mieux le mettre en valeur. Sur l'appui de la fenêtre se dressait l'unique objet décoratif, une terre cuite du Staffordshire, représentant John Wesley prêchant en chaire. Dalgliesh tourna la statuette entre ses mains. Elle était parfaite ; une pièce de collectionneur. En revanche il ne trouva aucun de ces menus objets ordinaires dont s'entourent ceux qui vivent en communauté pour garantir leur confort ou pour se rassurer.

Il s'approcha de la bibliothèque, à côté du lit, et examina une nouvelle fois les livres. Eux aussi semblaient obéir à un choix véritable et non aux aléas du caprice. Il y avait une sélection de poésie contemporaine comportant le dernier volume de ses propres œuvres, les écrits de Jane Austen, usés mais reliés en cuir et imprimés sur papier japon, quelques ouvrages de philosophie qui se partageaient harmonieusement entre l'érudition et la vulgarisation, environ deux douzaines de romans modernes en collections de poche : Greene, Waugh, Compton Burnett, Hartley, Powell, Cary. Mais surtout, de la poésie. « Nous avions les mêmes goûts, songea-t-il. Si nous nous étions rencontrés, nous aurions eu au moins quelque chose à nous dire. » « La mort de tout homme me diminue. » Certes, monsieur Donne. La citation était devenue une scie dans un monde surpeuplé où l'indifférence était pourtant une nécessité sociale. Mais certaines morts avaient le pouvoir de diminuer plus que d'autres. Pour la première fois depuis des années, il eut le sentiment d'un gâchis, l'impression irrationnelle d'avoir perdu quelqu'un de cher.

Il revint au pied du lit. La penderie se prolongeait en une sorte de commode, dispositif bâtard en bois blanc, conçu — si l'on pouvait parler de conception dans le cas d'un objet aussi laid — pour contenir le plus dans le moins de place possible. Le dessus de la commode faisait office de coiffeuse et s'agrémentait d'un petit miroir. Devant, son peigne et sa brosse ; rien de plus.

Le tiroir de gauche qu'il ouvrit, contenait ses cosmétiques, pots et tubes méticuleusement rangés sur un petit plateau en papier mâché. Il y avait beaucoup plus de choses qu'il ne l'aurait pensé : une crème à démaquiller, une boîte de mouchoirs en papier, du fond de teint, une poudre compacte, une boîte d'ombre à paupières et du mascara. Elle devait se maquiller avec soin. Mais il n'y avait qu'un article de chaque espèce. Pas d'essais, pas d'achats impulsifs, pas de tubes à demi utilisés avec leur bouchon collé plein de produit séché. Tout disait : « Voici ce qui me va. Voici ce dont j'ai besoin. Ni plus, ni moins. »

Le tiroir de droite contenait un classeur à soufflets, chaque compartiment soigneusement étiqueté. Il trouva un certificat de naissance, un certificat de baptême, un livre de caisse d'épargne, le nom et l'adresse de son notaire. Aucune lettre personnelle. Il prit le classeur sous son bras.

Puis il alla examiner à nouveau les vêtements dans la penderie. Trois pantalons; des chandails en cachemire; un manteau d'hiver en tweed rouge vif; quatre robes bien coupées en lainage. Uniquement des pièces de qualité. C'était une garde-robe fort chère pour une élève infirmière.

Dalgliesh entendit Sir Miles pousser un grognement de satisfaction et se retourna. Le médecin légiste se redressait tout en enlevant ses gants de caoutchouc si fins qu'ils semblaient lui coller à la peau.

« Elle est morte il y a environ dix heures. C'est ce que je déduis de sa température rectale et de la raideur des membres inférieurs. Mais il ne s'agit, bien sûr, que d'une approximation, rien de plus. Vous savez, cher ami, comme toute affirmation est risquée en ce domaine. Nous examinerons le contenu de l'estomac; cela nous donnera peut-être un indice. Pour le moment, d'après les signes cliniques, je dirais que ça s'est passé autour de minuit, à une heure près. Le simple bon sens indique que la mort s'est produite lors de l'absorption de la boisson. »

L'homme des empreintes, qui travaillait maintenant sur

la poignée de la porte, avait laissé la bouteille de whisky et le gobelet sur la table. Sir Miles s'en approcha et se pencha pour le renifler, sans y toucher.

« Whisky, oui, mais quoi d'autre ? C'est bien le problème, n'est-ce pas, cher ami ? C'est bien le problème... En tout cas, cette fois-ci il ne s'agit pas d'un corrosif. Pas d'acide carbonique. A propos, ce n'est pas moi qui ait fait l'autopsie de l'autre fille. Rikki Blake s'est chargé de ce petit travail. Sale affaire. Je suppose que vous cherchez un lien entre les deux décès ? »

« Possible, répondit Dalgliesh.

— Peut-être, peut-être... Cela ne ressemble pas à une mort naturelle, mais il faut attendre les résultats de toxicologie. Je ne vois pas de signe de strangulation ni de suffocation. Pas de trace de violence externe. Au fait, elle était enceinte. Plus de trois mois, dirais-je. J'ai ici un joli petit *ballottement**. Je n'avais pas revu ce symptôme depuis mes études. L'autopsie confirmera, bien entendu. »

Il parcourut la pièce de ses petits yeux vifs. « Pas de récipient qui aurait pu contenir le poison — si c'est du poison, évidemment ? Pas de confession ?

— Ce ne serait pas une preuve décisive, dit Dalgliesh.

— Je sais, je sais. Mais d'habitude, elles laissent un *billet doux**. Elles aiment bien raconter leur histoire, cher ami. Eh oui, elles aiment ça. A propos, le fourgon mortuaire est arrivé. Si vous en avez fini avec elle, je l'emporte.

— J'ai fini. »

Il resta à regarder les brancardiers manœuvrer dans la pièce et charger le corps avec une incroyable rapidité. Sir Miles s'agitait à leurs côtés, nerveux comme un expert qui vient de découvrir un spécimen particulièrement intéressant et veut à tout prix s'assurer que le transport se fera dans de bonnes conditions. Curieusement, une fois débarrassée de cette masse inerte d'os et de muscles raidis, la pièce parut

* Tous les mots en italique suivis d'un astérisque sont en français dans le texte original. (N.d.T.)

soudain vide et désolée. Comme une scène de théâtre désertée, avec son décor et ses accessoires absurdes. Ceux qui viennent de mourir possèdent un mystérieux charisme. Ce n'est pas sans raison que l'on chuchote en leur présence. Mais puisqu'elle n'était plus là, il n'avait plus rien à faire dans sa chambre. Dalgliesh laissa l'homme des empreintes achever son travail et sortit.

II

Il était plus de onze heures, mais le couloir était toujours très sombre ; au bout, le jour qui filtrait à travers les rideaux de l'unique fenêtre avait l'air d'une vague tache de brouillard. Dalgliesh put à peine discerner les trois seaux rouges, pleins de sable, et le cône de l'extincteur d'incendie brillant contre les lambris de chêne sculptés. Ils étaient fixés par des crochets métalliques, brutalement enfoncés dans le bois, qui contrastaient de manière incongrue avec les élégantes volutes de cuivre jaillissant du centre des quatre-feuilles. Les supports métalliques avaient été conçus à l'origine pour des lampes à gaz mais grossièrement adaptés à l'électricité, sans imagination ni habileté. Le cuivre n'était pas nettoyé et la plupart des abat-jour en verre, aux formes de corolles, manquaient ou étaient cassés. Dans chacun de ces bouquets défleuris, une douille solitaire supportait maintenant, tel un monstrueux bourgeon, une ampoule crasseuse de faible puissance dont la lumière diffuse projetait sur le sol des ombres qui ne faisaient qu'accentuer l'obscurité ambiante. Excepté l'ouverture au bout du couloir, il n'y avait, pour ainsi dire, pas d'autre source de lumière naturelle car l'immense fenêtre au-dessus de la cage d'escalier — un vitrail préraphaélite représentant l'expulsion du paradis — était tout sauf fonctionnelle.

Dalgliesh jeta un coup d'œil dans les chambres qui entouraient celle de Fallon. L'une était inoccupée ; la porte entrebâillée de la penderie et les tiroirs, tous tirés et tapissés de papier journal, semblaient vouloir prouver sa vacance. L'autre avait apparemment été désertée en toute hâte. L'édredon était grossièrement remonté et la descente de lit chiffonnée. Il y avait une petite pile de manuels sur la table de chevet ; il feuilleta le premier et vit, inscrit sur la page de garde, « Christine Dakers ». C'était donc là qu'habitait celle qui avait découvert le corps. Il examina la cloison séparant les deux pièces : une mince plaque d'isorel peinte qui trembla et résonna sourdement quand il lui donna un coup. Christine Dakers aurait-elle entendu quelque chose ? se demanda-t-il. A moins que Josephine Fallon ne soit morte instantanément et sans bruit, quelque témoignage de sa détresse avait bien dû parvenir aux oreilles de sa voisine. Il était impatient de l'interroger. On lui avait dit qu'elle était à l'infirmerie, toujours en état de choc. Vrai ou faux, il lui fallait attendre. Christine Dakers était pour l'instant protégée par ses médecins de tout interrogatoire policier.

Dalgliesh poursuivit un peu plus loin son exploration. Face aux chambres des infirmières se trouvait une enfilade de cabinets de toilettes avec W.-C. débouchant sur une grande salle carrée équipée de quatre lavabos, chacun étant isolé par un rideau de douche. Tous les cabinets de toilettes étaient pourvus d'une petite fenêtre à guillotine, à vitre opaque, mal placée mais facile à ouvrir. Elles donnaient sur l'arrière du bâtiment : se greffant bizarrement sur l'édifice principal, deux petites galeries en brique couraient au-dessus d'un cloître. On avait l'impression que l'architecte, lassé des possibilités offertes par le néo-gothique et le baroque, avait décidé d'introduire une note plus contemplative et ecclésiastique. Le sol du cloître était une jungle de buissons de lauriers et d'arbres non taillés poussant si près de la maison que certaines branches venaient presque égratigner les fenêtres du rez-de-chaussée. Dalgliesh vit plusieurs silhouettes s'agiter dans cette broussaille et entendit des chuchotements. C'était là que l'on avait retrouvé la bouteille du désinfectant qui avait tué Heather Pearce ; il était possible que le second récipient, au contenu tout aussi meurtrier, eût été jeté en pleine nuit de la même fenêtre. Dalgliesh remarqua une brosse à ongles sur la tablette du lavabo ; d'un mouvement ample, il la lança dans les buissons. Il ne la vit ni ne l'entendit tomber mais un visage souriant apparut soudain entre les feuilles, une main lui adressa un salut, et les deux policiers s'enfouirent à nouveau dans la végétation touffue pour reprendre leurs recherches.

Dalgliesh se dirigea alors vers l'office, au bout du couloir. L'inspecteur Masterson et Miss Rolfe étaient penchés sur une série d'objets disposés devant eux, comme absorbés par un jeu de construction. Il y avait deux citrons pressés, un bol de sucre en poudre, plusieurs tasses remplies de thé froid à la surface duquel s'était déposée une pellicule grisâtre, toute mouchetée, ainsi qu'une délicieuse théière de Worcester avec la tasse, la soucoupe et le pot à lait assortis. Il y avait également un bout de papier chiffon blanc, froissé, sur lequel on pouvait lire « Scunthorpe, Vins et Liqueurs, 149, High Street, Heatheringfield » et un reçu griffonné, maintenu à plat à l'aide de deux boîtes à thé.

« Elle a acheté le whisky hier matin, commissaire, dit Masterson. Heureusement pour nous, Mr. Scunthorpe est un homme méticuleux. Voici le reçu et le papier d'emballage. Il semble qu'elle ait entamé la bouteille avant de se coucher, hier soir.

— Où la gardait-elle ? demanda Dalgliesh.

— Jo Fallon avait toujours son whisky dans sa chambre, répondit Miss Rolfe.

— Pas étonnant, s'exclama en riant Masterson. Un truc qui vaut au moins trois livres !

Miss Rolfe lui lança un regard de mépris.

— C'était bien le dernier souci de Fallon. Elle n'était pas le genre de fille à mettre son nom sur sa bouteille !

— Généreuse ? s'enquit Dalgliesh.

— Non ; plutôt indifférente. Si elle laissait son whisky dans sa chambre, c'est que la directrice le lui avait demandé. »

Et ça aura été son dernier verre... pensa Dalgliesh en remuant doucement le sucre avec son index.

« Habitude parfaitement innocente, reprit Hilda Rolfe. Les élèves m'ont dit qu'elles en mettaient toutes quelques gouttes dans leur thé, le matin. Les sœurs Burt ont aussi la leur.

— Nous l'enverrons au labo avec les citrons », dit Dalgliesh.

Il souleva le couvercle de la théière et regarda à l'intérieur. Miss Rolfe prévint sa question.

« Christine Dakers s'en est servie. Personne d'autre que Fallon, ici, n'utilisait du Worcester d'époque.

— A-t-elle préparé du thé pour Fallon avant de savoir qu'elle était morte ?

— Non, après. Réaction purement machinale, j'imagine. Elle devait être sous le choc. Elle venait de voir le corps de sa camarade et pouvait difficilement espérer le ranimer avec une tasse de thé, fût-il de la meilleure qualité. Je suppose que vous avez hâte de voir Miss Dakers mais il vous faudra attendre. Pour le moment, elle est malade. Vous devez être au courant. On l'a mise à l'infirmerie, dans le service privé de l'hôpital et Miss Brumfett s'occupe d'elle. Voici pourquoi je suis ici. Notre profession est aussi hiérarchisée que la vôtre, commissaire ; lorsque la directrice s'absente de Nightingale House, Ethel Brumfett prend la relève. Normalement, c'est elle qui devrait être aux petits soins pour vous en ce moment, pas moi. Vous savez certainement que Miss Taylor avait une conférence à Amsterdam. Elle a dû remplacer au pied levé le président du conseil de formation. Heureusement pour elle ; cela fait au moins quelqu'un, parmi nous, qui a un alibi. »

Oui, Dalgliesh était au courant. On le lui avait dit plus d'une fois. Tous ceux qu'il avait rencontrés s'étaient sentis obligés de mentionner, d'expliquer ou de déplorer l'absence de la directrice, ne fût-ce que par quelques mots. Mais Hilda Rolfe était la première à laisser entendre insidieusement que cela lui donnait un alibi, du moins pour la mort de Fallon.

« Et les autres élèves ?

— Elles sont dans la petite salle de cours au rez-de-chaussée. Miss Gearing, notre monitrice, les fait répéter. Je doute qu'elles lisent beaucoup. Il aurait mieux valu leur trouver une occupation plus active, mais ce n'était pas facile, vu les circonstances. Voulez-vous les voir maintenant ?

— Non, plus tard. Et je voudrais que cela se passe dans la salle où est morte Heather Pearce. »

Elle lui jeta un bref coup d'œil mais Dalgliesh eut le temps de percevoir dans son regard une lueur de surprise désapprobatrice. Sans doute aurait-elle souhaité qu'il fasse preuve de plus de tact et d'égards. Personne n'avait remis les pieds dans la salle de travaux pratiques depuis le fatal accident. Mais interroger les élèves là-bas, juste après l'horreur de cette seconde tragédie, raviverait leur mémoire. Peut-être réussirait-il ainsi à faire perdre son sang-froid à l'une ou l'autre. Il n'avait pas hésité une seconde : l'interrogatoire aurait lieu en salle de travaux pratiques et nulle part ailleurs. Hilda Rolfe était comme tout le monde ; elle voulait qu'on découvre les assassins mais en restant courtois et raffiné ; qu'on les châtie mais en respectant les sensibilités !

« Comment fermez-vous les bâtiments, la nuit ? demanda-t-il.

— Miss Brumfett, Miss Gearing et moi-même en avons la responsabilité, chaque semaine, à tour de rôle. Cette semaine, c'est le tour de Miss Gearing. Nous sommes les seules monitrices à résider ici. Nous fermons à clé et verrouillons la porte principale et celle de la cuisine à vingt-trois heures précises. Il y a une petite porte latérale munie d'une serrure de sécurité et d'un verrou intérieur. Si une élève ou un membre du personnel doit rentrer tard le soir, nous leur en prêtons la clé. Nous en avons chacune une. Il n'existe qu'une seule autre porte ; elle conduit à l'appartement de la directrice au troisième étage. C'est son escalier privé et, bien entendu, elle en a la clé. Il y a aussi les sorties de secours, mais elles sont toutes verrouillées de l'intérieur. S'introduire ici par effraction ne doit pas être difficile ; c'est le cas de la plupart des institutions de ce genre, je suppose, quoique, jusqu'à présent, nous n'ayons eu aucun vol. A propos, une vitre a été cassée dans la serre. Alderman Kealy, notre vice-président, pense que le meurtrier de Fallon est entré par là. Il est très doué pour trouver des explications rassurantes à tous les problèmes embarrassants. J'ai plutôt l'impression que la vitre a été soufflée par le vent, mais vous vous ferez sans doute votre propre opinion. »

Elle parle trop, pensa-t-il. La volubilité était une réaction banale après un choc, fort utile d'ailleurs au cours des premiers interrogatoires. Demain, elle se mépriserait pour en avoir trop dit et se montrerait de plus en plus rétive, de moins en moins coopérative. Mais pour le moment, elle lui en apprenait bien plus qu'elle ne le supposait.

Il faudrait, bien entendu, examiner cette vitre ainsi que le châssis. Mais il jugeait improbable que Fallon ait été tuée par un intrus.

« Combien de personnes ont dormi ici, cette nuit ? demanda-t-il.

— Brumfett, Gearing et moi-même. Brumfett a été absente une bonne partie de la nuit. Je crois qu'elle a été appelée à l'hôpital par Mr. Courtney-Briggs. Miss Collins, l'intendante, était là aussi. Enfin il y avait cinq élèves : Christine Dakers, les deux sœurs Burt, Madeleine Goodale, Julia Pardoe. Et bien sûr, Josephine Fallon... en admettant qu'elle ait dormi ! Sa lampe de chevet est restée allumée toute la nuit. Les jumelles se sont levées pour se faire du chocolat vers deux heures du matin et elles ont failli lui en apporter une tasse. Si elles l'avaient fait, vous auriez pu cerner plus précisément l'heure de sa mort. Mais au dernier moment, elles se sont dit qu'elle s'était peut-être endormie avec la lumière et qu'elle n'apprécierait pas d'être réveillée, fût-ce par l'arôme d'un bon chocolat. La nourriture et la boisson représentent, pour les jumelles, un puissant réconfort dans la vie, mais l'expérience leur a appris que tout le monde ne partage pas cette manie.

— Je les verrai. Et le parc ? Reste-t-il ouvert la nuit ?

— Il y a toujours un portier en service dans la loge de

l'entrée principale. On ne ferme pas la grille à cause des urgences et des ambulances, mais il surveille toutes les allées et venues. Nightingale House est plus proche de l'autre entrée, à l'arrière du parc, mais nous n'y allons à pied que très rarement car le chemin est mal éclairé et pas très rassurant. De plus, elle donne sur Winchester Road, qui vous mène à trois kilomètres du centre ville. Un des gardiens s'occupe de fermer cette grille au crépuscule, été comme hiver. Toutes les monitrices, ainsi que la directrice, en ont la clé.

— Et les élèves, quand elles rentrent tard ?

— Elles sont censées passer par l'entrée principale et emprunter le chemin qui longe l'hôpital. Il existe un raccourci à travers les bois que l'on prend souvent le jour — il ne fait pas plus de deux cents mètres — mais peu s'y risquent la nuit. Je pense que Mr. Hudson, le secrétaire de l'hôpital, pourrait vous procurer un plan du parc et de Nightingale House. A propos, il vous attend, avec le vice-président, dans la bibliothèque. Le président, Sir Marcus Cohen, est en Israël. Cela n'empêche que c'est un vrai comité d'accueil. Mr. Courtney-Briggs a retardé ses consultations pour recevoir Scotland Yard à Nightingale House.

— En ce cas, auriez-vous l'amabilité de les prévenir que j'arrive ? »

C'était lui donner son congé. « Miss Rolfe nous a été d'une aide précieuse », dit alors l'inspecteur Masterson, comme pour en adoucir la brutalité.

La femme émit un grognement dédaigneux.

« Aider la police ! Ne trouvez-vous pas une sinistre connotation à cette formule ? De toute manière, je ne crois pas pouvoir vous être d'un grand secours. Je n'ai tué ni l'une ni l'autre. La nuit dernière j'étais au ciné-club. Il y a un cycle Antonioni en ce moment. Cette semaine, c'est *L'Avventura*. Je ne suis rentrée qu'un peu avant onze heures du soir et suis allée immédiatement me coucher. Je n'ai même pas vu Fallon. »

Dalgliesh enregistra avec résignation ce premier mensonge

et se demanda combien il devrait en entendre, gros ou petits, avant la fin de l'enquête. Mais ce n'était pas encore le moment d'interroger Hilda Rolfe. Elle ne ferait pas un témoin facile. Certes, elle avait longuement répondu à ses questions, mais sans cacher son animosité. Il se demanda si c'était lui ou sa fonction qu'elle détestait tant ; à moins que tout homme ne provoquât chez elle ce ton de mépris hargneux. Son visage reflétait une personnalité revêche, sur la défensive ; forte et intelligente, sans doute, mais sans aucune douceur ni féminité. Les yeux très sombres, enfoncés dans leur orbite, auraient été attirants s'ils n'avaient été cachés par une paire de sourcils parfaitement rectilignes, si noirs et broussailleux, qu'ils donnaient à l'ensemble de ses traits quelque chose de difforme. Elle avait un grand nez aux pores dilatés, une bouche mince, inflexible. C'était le visage d'une femme qui n'avait jamais appris à transiger avec la vie, ou qui y avait renoncé. Il se surprit à penser que si elle se révélait être la meurtrière, d'autres femmes scruteraient avidement dans la presse les photographies de ce masque intraitable à la recherche des signes de sa dépravation, et finiraient par se déclarer peu étonnées. Il éprouva soudain pour elle cette peine faite de compassion et d'irritation que l'on ressent envers ceux que la nature a affligés d'un physique bizarre ou d'une malformation. Il se détourna brusquement pour qu'elle ne surprenne pas ce spasme de pitié. Ce serait pour elle, il le savait, l'ultime insulte. Quand il fit volte-face pour la remercier de sa coopération, elle avait disparu.

III

L'inspecteur Charles Masterson avait un mètre quatre-vingt-huit et une carrure impressionnante. Malgré sa masse, il se déplaçait avec souplesse et tous ses gestes étaient étonnamment précis. On le considérait d'habitude — à commencer par lui-même — comme un bel homme ; ses traits énergiques, sa bouche sensuelle et ses lunettes noires faisaient penser à quelque acteur américain célèbre des films de gangsters. Dalgliesh suspectait parfois l'inspecteur d'être conscient de la ressemblance (comment aurait-il pu en être autrement ?) et de l'accentuer par un soupçon d'accent américain.

« Eh bien, inspecteur, vous avez fait le tour des lieux et parlé à plusieurs personnes. Racontez-moi cela. »

L'invitation frappait toujours de terreur les subordonnés de Dalgliesh. Cela signifiait que le commissaire attendait un compte rendu bref, succinct, perspicace, élégamment tourné mais synthétique, qui saurait faire clairement ressortir les faits. Savoir ce que l'on veut dire, et le dire avec un minimum de mots bien choisis, est une aptitude aussi rare chez les policiers que chez le reste des mortels. Les subordonnés de Dalgliesh se plaignaient souvent de ne pas avoir été avertis qu'un diplôme d'anglais était désormais nécessaire pour entrer dans la police judiciaire. Toutefois, l'inspecteur Masterson était moins intimidé que les autres. Le manque de confiance ne comptait pas au nombre de ses faiblesses. Il était heureux de travailler sur l'affaire. On savait parfaitement, à Scotland Yard, que le commissaire Dalgliesh ne supportait pas les imbéciles et qu'il en avait une définition précise et toute personnelle. Masterson le respectait, car Dalgliesh était un des détectives du Yard qui avait à son actif les plus nombreux succès ; or, pour Masterson, il n'existait pas d'autre critère. Il considérait Adam Dalgliesh comme un policier très capable, ce qui ne voulait pas dire qu'Adam Dalgliesh fût aussi capable que Charles Masterson. La plupart du temps, et pour des raisons qu'il jugeait inutile d'explorer, il le détestait cordialement. Il soupçonnait bien que c'était réciproque mais ne s'en inquiétait pas outre mesure. Dalgliesh n'était pas homme à ruiner la carrière d'un de ses seconds par simple antipathie personnelle ; il avait la réputation de reconnaître méticuleusement, sinon judicieusement, les mérites des uns et des autres. Pourtant, il fallait rester vigilant. Un homme ambitieux, décidé à gravir les échelons de la hiérarchie, eût été un fieffé idiot s'il n'avait pas compris combien il pouvait être dangereux d'irriter son supérieur. Masterson n'avait pas l'intention de tomber dans ce piège. Mais un peu de coopération de la part de son chef dans cette campagne de bonne volonté eût été bienvenue. Or, il n'était pas du tout sûr d'en bénéficier.

« Je traiterai les deux morts séparément, commissaire. La première victime...

— Pourquoi parlez-vous comme un journaliste de la presse criminelle, inspecteur ? Assurons-nous qu'il y a bien une victime avant d'utiliser ce mot.

— Celle qui est décédée... qui est morte la première, était une élève infirmière de vingt et un ans, Heather Pearce... » Il rapporta tous les faits qu'il avait pu recueillir en s'efforçant d'éviter l'emploi des termes les plus criants du jargon policier auxquels il savait son chef particulièrement allergique et résista à la tentation de faire étalage de son récent savoir sur les sondes gastriques, sujet qu'il avait pris la peine de se faire expliquer longuement — bien qu'à contrecœur — par Miss Rolfe. « Nous avons donc, conclut-il, plusieurs possibilités : un suicide ou un accident dans le premier cas, ou les deux. Un meurtre dans le premier cas, qui n'aurait pas atteint la bonne victime. Ou encore deux meurtres. Un choix complexe, commissaire.

— Ou une mort naturelle pour Fallon. Tant que nous n'aurons pas les résultats de la toxicologie, nous en serons réduits aux hypothèses. Mais pour le moment, nous traiterons les deux morts comme des meurtres. Bien, allons maintenant dans la bibliothèque voir ce que le vice-président du comité de gestion peut avoir à nous dire. »

IV

La bibliothèque, que l'on reconnaissait facilement grâce à une grande pancarte placée au-dessus de la porte, se trouvait au premier étage ; c'était une belle pièce très haute sous plafond, située à côté du salon des élèves. Trois fenêtres à encorbellement occupaient tout un mur tandis que des rayonnages garnissaient les trois autres de haut en bas. L'ameublement se composait de quatre tables, placées devant les fenêtres, et de deux canapés usés disposés de chaque côté de la cheminée, devant laquelle un vieux chauffage au gaz accueillait les visiteurs de son sinistre ronflement. Sous les deux tubes de lumière fluorescente, un groupe de quatre hommes murmuraient comme des conspirateurs ; ils se retournèrent en chœur à l'entrée de Dalgliesh et Masterson et se mirent à les examiner avec une curiosité circonspecte. Dalgliesh connaissait bien ce moment particulier, fait d'intérêt, d'appréhension et d'espoir, où les protagonistes sont pour la première fois confrontés à l'expert en criminologie, au spécialiste en morts violentes — ce redoutable invité venu parmi eux, faire la démonstration de ses talents.

Les rigides silhouettes se détendirent brusquement. Stephen Courtney-Briggs et Paul Hudson, le secrétaire de l'hôpital, que Dalgliesh avait déjà rencontrés, s'avancèrent, un sourire bienveillant aux lèvres. Courtney-Briggs, qui semblait avoir l'habitude de prendre en main toutes les situations qu'il daignait honorer de sa présence, fit les présentations. Le secrétaire du comité de gestion avança une main moite. Son visage lugubre se plissa comme celui d'un enfant sur le point de pleurer. Une soyeuse chevelure argentée surmontait un front haut et bombé. Il devait être plus jeune qu'il n'en avait l'air, pensa Dalgliesh, mais quand même assez près de la retraite.

A côté de Grout, grand et massif, Alderman Kealey faisait penser à un terrier arrogant. C'était un petit homme aux cheveux roux, à l'air rusé, avec des jambes arquées de jockey. Il portait un costume en drap écossais dont l'excellence de la coupe ne faisait qu'accentuer la monstruosité du tissu, et qui lui donnait l'allure d'un anthropoïde de bande dessinée. Dalgliesh s'attendait presque à ce qu'il lui tende la patte.

« Merci à vous d'être venu, et si rapidement, commissaire », dit-il.

A peine avait-il refermé la bouche qu'il dut être frappé par la stupidité de sa phrase. Sous la broussaille de ses sourcils roux, il lança un regard impérieux à ses compagnons, comme s'il les mettait au défi d'en rire. Personne ne s'y hasarda, mais le secrétaire du comité parut aussi humilié que s'il avait été l'auteur de cette maladresse et Paul Hudson détourna la tête pour dissimuler un sourire gêné. C'était un jeune homme bien fait de sa personne qui, lorsque Dalgliesh s'était présenté pour la première fois à l'hôpital, l'avait reçu en faisant preuve d'autorité et d'efficacité. Mais la présence du vice-président et du secrétaire semblait l'inhiber. Il avait l'air contrit du type dont la présence est à peine tolérée.

« Il est trop tôt pour que vous puissiez nous apprendre quelque chose de neuf, je suppose, dit le docteur Courtney-Briggs. Nous avons vu partir le fourgon mortuaire et j'ai échangé quelques mots avec Miles Honeyman. Il ne peut s'avancer à ce stade de l'enquête, mais il serait fort surpris qu'il s'agisse d'une mort naturelle. La fille s'est tuée. Pour moi, cela ne fait aucun doute.

— Rien n'est évident pour l'instant », répliqua Dalgliesh.
Il y eut un silence que le vice-président dut trouver embarrassant, car il dit, en s'éclaircissant la gorge :

« Vous allez avoir besoin d'un bureau. La police locale travaillait depuis le commissariat de la ville. Ils ne nous ont pas du tout dérangé. C'est à peine si nous avons remarqué leur présence. » Il lança à Dalgliesh un regard empreint d'un espoir vague, comme s'il doutait sérieusement que l'équipe de Scotland Yard puisse jamais être aussi discrète.

« Oui, il nous faut une pièce. Pourriez-vous nous installer à Nightingale House ? Ce serait le plus pratique. »

La requête parut le déconcerter. Le secrétaire vint à sa rescousse : « Si la directrice était là... Nous ne pouvons pas savoir quels sont les endroits disponibles. Mais elle ne va pas tarder maintenant.

— Nous ne pouvons pas attendre son retour, grogna Alderman Kealey. Le commissaire a besoin d'un lieu pour travailler, trouvez-lui-en un !

— Eh bien, il y a le bureau de Miss Rolfe, tout à côté de la salle de travaux pratiques, répondit le secrétaire en posant son regard triste sur Dalgliesh. Vous avez certainement fait la connaissance de Miss Hilda Rolfe, notre monitrice principale. Si elle accepte d'occuper momentanément le bureau de sa secrétaire... Miss Buckfield a la grippe ; elle est en congé de maladie. Vous serez plutôt à l'étroit. C'est presque un cagibi, mais si la directrice...

« Dites à Miss Rolfe de déménager ses affaires ; les portiers déplaceront les meubles de classement. Cela vous convient-il ? aboya Alderman Kealey en se tournant vers Dalgliesh.

— Si la pièce est convenablement isolée et insonorisée, assez grande pour contenir trois hommes, avec une porte qui ferme à clé et un téléphone direct, cela fera l'affaire. S'il y avait l'eau courante, cela serait encore mieux. »

Le vice-président, accablé par ces exigences considérables, reprit prudemment : « Il y a un petit vestiaire et des toilettes juste en face. Nous pourrions les mettre à votre disposition. »

La détresse de Mr. Grout s'intensifia. Comme en quête d'un allié, il jeta un coup d'œil au docteur Courtney-Briggs, mais le chirurgien, inexplicablement silencieux depuis quelques minutes, paraissait peu désireux de croiser son regard. Le téléphone sonna. Mr. Hudson, apparemment content d'avoir enfin quelque chose à faire, se précipita pour répondre.

« C'est le *Clarion,* monsieur, annonça-t-il en se tournant vers le vice-président. Ils veulent vous parler. »

Alderman Kealey s'empara du combiné avec la résolution de l'homme déterminé à faire face à n'importe quelle situation. Il n'avait peut-être pas l'habitude du crime, mais traiter habilement avec la presse locale était tout à fait dans ses cordes.

« Allô ? Alderman Kealey à l'appareil, le vice-président du comité de gestion. Oui, Scotland Yard est ici. La victime ? Oh, je ne crois pas qu'il faille utiliser ce mot. Pas encore, en tout cas. Fallon. Josephine Fallon. Son âge ? » Il plaqua sa main sur le microphone et se tourna vers le secrétaire. Contre toute attente, ce fut Courtney-Briggs qui répondit :

« Elle avait trente et un ans et dix mois. Exactement vingt ans de moins que moi, aujourd'hui. »

Alderman Kealey, sans s'étonner de ce luxe de détails, revint à son interlocuteur. « Trente et un ans. Non, nous ignorons comment elle est morte ; nous attendons le rapport d'autopsie. Oui, c'est l'inspecteur Dalgliesh. Il est là, mais il est trop occupé pour vous parler. J'espère pouvoir faire une communication à la presse ce soir. Les résultats de l'autopsie devraient nous être parvenus d'ici là. Non, il n'y a aucune raison de penser à un crime. C'est uniquement par mesure de prudence que l'inspecteur a fait appel au Yard. Non, dans l'état actuel de nos connaissances, il n'y a aucune raison de lier les deux morts. Très malheureux, oui, oui, très. Si vous rappelez vers dix-huit heures je serais peut-être en mesure de vous en dire davantage. Pour l'instant, nous savons seulement que Josephine Fallon a été trouvée morte dans son lit un peu après sept heures. Cela pourrait être une crise cardiaque. Elle se remettait à peine d'une grippe. Non, pas de confession, rien de ce genre. »

Il écouta un moment sans mot dire, puis, plaquant à nouveau sa main sur l'appareil, il se tourna vers Grout :

« La famille ? Savons-nous quelque chose ?

— Elle n'en avait pas. C'était une orpheline. » Une fois de plus, l'information venait du docteur Courtney-Briggs.

Alderman Kealey transmit le renseignement et raccrocha. Avec un sourire sinistre, il lança à Dalgliesh un regard de défi. Dalgliesh avait été fort intéressé d'apprendre qu'on avait fait appel au Yard par mesure de prudence. C'était là une toute nouvelle conception de sa responsabilité mais qui, en tout cas, risquait peu d'écarter les journalistes de la presse locale, et encore moins les reporters londoniens, lesquels seraient bientôt à l'affût. Qu'allait faire l'hôpital avec toute cette publicité ? Si jamais l'enquête piétinait, Alderman

Kealey allait avoir besoin d'aide. Mais on n'en était pas encore là. Pour l'instant, Dalgliesh ne souhaitait qu'une chose, commencer les recherches. Ces mondanités préliminaires représentaient toujours une pénible perte de temps. Et bientôt, ils auraient la directrice sur le dos, qui s'emploierait à apaiser ou à exciter les passions de son petit monde. Vu la réticence du secrétaire à faire un geste sans son consentement, ce devait être une forte personnalité. Et la perspective de lui faire comprendre clairement, mais avec tact, qu'il n'y avait de place que pour une seule forte personnalité dans cette affaire ne souriait pas particulièrement à Dalgliesh.

Le docteur Courtney-Briggs qui, devant la fenêtre, s'était abîmé dans la contemplation du parc dévasté par l'orage, fit demi-tour, s'ébroua comme pour se débarrasser de soucis personnels, puis déclara :

« Je crains de ne pouvoir m'attarder davantage. Je dois voir un malade et faire ma visite en salle. Normalement j'aurais dû donner une conférence aux élèves, ici même, un peu plus tard dans la matinée, mais tout a été annulé. Si je puis quelque chose pour vous, n'hésitez pas à m'en avertir, Kealey. »

Il ignora Dalgliesh. Il donnait, ou plutôt voulait donner, l'impression d'un homme très occupé qui avait déjà perdu trop de temps pour des balivernes. Dalgliesh résista à la tentation de le retenir. Il lui eût été fort agréable de briser l'arrogance de Courtney-Briggs, mais c'était un plaisir qu'il ne pouvait s'accorder pour l'instant. Il avait d'autres chats à fouetter.

C'est alors qu'ils entendirent le bruit d'une voiture. Le docteur Courtney-Briggs retourna à la fenêtre voir ce qu'il se passait mais ne souffla mot. Les autres se raidirent et firent bloc. Une portière claqua. Il y eut quelques secondes de silence, puis on entendit le martèlement de talons pressés sur le sol pavé. La porte s'ouvrit et la directrice entra.

La première impression de Dalgliesh fut d'une élégance sans apprêt, très personnelle, et d'une assurance presque tangible. C'était une femme grande, mince, sans chapeau, dont la peau avait la même couleur de miel pâle que les cheveux, qu'elle portait tirés en arrière, dégageant son grand front, et ramassés en un chignon élaboré sur la nuque. Elle était vêtue d'un manteau de tweed gris avec un foulard vert vif noué autour du cou ; elle tenait à la main son sac à main noir et une petite valise. Elle alla calmement poser son bagage sur la table, retira ses gants et regarda le petit groupe en silence. Presque instinctivement, comme lors de l'interrogatoire d'un témoin, les yeux de Dalgliesh se posèrent sur ses mains. Elle avait des doigts d'une exceptionnelle blancheur, longs et fuselés, mais aux jointures très osseuses. Les ongles étaient coupés court. Au médius de la main droite brillait un énorme saphir serti dans une monture ciselée. Il se demanda soudain si elle retirait sa bague en travaillant et comment elle réussissait à la faire glisser sur ses épaisses articulations.

Courtney-Briggs, après l'avoir saluée d'un bref « Bonjour, Madame la directrice », se dirigea vers la porte puis s'immobilisa, tel un hôte qui s'ennuie et tient à montrer sa hâte de partir. Les autres, en revanche, se pressèrent autour d'elle. L'atmosphère se détendit. On murmura les présentations.

« Bonjour, commissaire. » Elle avait une voix profonde, un peu rauque, aussi particulière qu'elle. Elle sembla à peine le voir, mais il se sentit rapidement jaugé par ses yeux verts, légèrement protubérants. Sa poignée de main était ferme et fraîche, mais si prompte qu'il eut l'impression d'un furtif effleurement de paumes.

« La police a besoin d'un lieu pour travailler, dit le vice-président. Nous avons pensé au bureau de Miss Rolfe.

« Trop petit, à mon avis, et pas assez isolé, étant donné la proximité du hall. Il serait préférable que Mr. Dalgliesh s'installe dans la salle d'attente des visiteurs, au premier. Il y a des toilettes juste à côté. La porte ferme à clé. Nous pourrions y transporter le bureau du secrétariat général, dont on peut verrouiller les tiroirs. Vous y serez tranquilles et pourrez travailler sans trop perturber les activités de l'école. »

Il y eut un murmure d'assentiment. Les hommes avaient

l'air soudain moins accablés. « Aurez-vous besoin d'une chambre à coucher ? demanda-t-elle à Dalgliesh.

— Ce ne sera pas nécessaire. Nous dormirons en ville. Nous finirons sans doute tard le soir, de sorte qu'il serait bon que nous ayons les clés.

— Pour combien de temps ? » demanda brusquement le vice-président. Question stupide ! pensa Dalgliesh, mais il vit que tous les visages se tournaient vers lui comme s'il eût été possible d'y répondre. Il avait la réputation d'aller vite et il le savait. Étaient-ils aussi au courant ?

« Une semaine environ », dit-il. Même si l'affaire se prolongeait, sept jours lui suffiraient pour apprendre tout ce dont il avait besoin sur Nightingale House et ses occupants. En admettant que Josephine Fallon eût été assassinée — ce qu'il croyait —, le cercle des suspects était restreint. Il crut entendre un léger soupir de soulagement.

« Où est-elle ? demanda la directrice.

— Ils l'ont emmenée dans le fourgon mortuaire, madame.

— Je ne parlais pas de Fallon, mais de Christine Dakers. J'ai cru comprendre que c'était elle qui avait découvert le corps.

— Elle est actuellement soignée à l'infirmerie, répondit Alderman Kealey. Elle a été très secouée et nous avons demandé au docteur Snelling de s'occuper d'elle. Il lui a prescrit un sédatif et Miss Brumfett la veille. Miss Brumfett s'est fait un peu de souci pour elle, ajouta-t-il. Elle a beaucoup de travail actuellement, sinon elle serait allée vous chercher à l'aéroport. Nous étions tous ennuyés de ne pouvoir venir vous accueillir ; dans ces conditions, le mieux était de vous laisser un message vous priant d'appeler dès votre arrivée. Miss Brumfett a pensé que le choc serait moins terrible si vous appreniez les choses de cette manière. D'un autre côté, il aurait été préférable d'aller vous chercher. Je voulais vous envoyer Grout mais… »

La voix profonde de Mary Taylor laissa percer un reproche tranquille : « Je suis surprise d'apprendre qu'il vous importe tant de me ménager. » Elle se tourna vers Dalgliesh.

« Je serai dans mon salon, au troisième étage, dans quarante-cinq minutes. Si cela vous couvient, nous pourrions nous y retrouver. »

Résistant à l'impulsion de répondre par un docile : « Oui, Madame la directrice », Dalgliesh acquiesça. Mary Taylor s'adressa alors à Alderman Kealey.

« Je vais tout de suite voir Christine Dakers. Ensuite, le commissaire m'interrogera puis j'irai travailler dans mon bureau à l'hôpital. Vous, ou Mr. Grout, pourrez m'y trouver tout au long de la journée si vous souhaitez me parler. »

Sans s'attarder davantage, elle prit sa valise, son sac à main, et sortit. Courtney-Briggs lui ouvrit la porte avec une nonchalante courtoisie, prêt à la suivre, mais lança, depuis le seuil, sur un ton à la fois jovial et agressif :

« Eh bien, puisque Miss Taylor est de retour et que le grave problème de l'installation de la police est réglé, le travail de l'hôpital va peut-être pouvoir reprendre. A votre place, Dalgliesh, je serais ponctuel au rendez-vous de madame la directrice. Elle n'est pas habituée à l'indiscipline. »

Il ferma la porte derrière lui. Alderman eut l'air perplexe.

« Il doit être bouleversé. Ce n'est pas exactement le genre d'humour qui... »

Ses yeux croisèrent ceux de Dalgliesh. Se ressaisissant, il se tourna vers Paul Hudson :

« Eh bien, Mr. Hudson, vous avez entendu ce qu'a dit madame la directrice. La police peut disposer de la salle d'attente des visiteurs. Occupez-vous-en, mon cher ! »

V

Mary Taylor commença par se changer et revêtit son uniforme. Elle avait réagi instinctivement, mais, tandis qu'elle marchait à vive allure sur le petit chemin piétonnier menant de Nightingale House à l'hôpital, serrant son manteau contre elle, elle se rendit compte que l'instinct avait été dicté par la raison. Il était important que la directrice fût de retour, important qu'on la sache rentrée.

Pour se rendre à l'infirmerie dans le nouveau bâtiment, il fallait traverser le service des consultations externes, déjà bourdonnant d'activité. Les sièges, soigneusement disposés en cercle pour donner l'illusion de détente et de confort, se remplissaient rapidement. Les dames bénévoles, membres de l'Amicale de l'hôpital, trônaient déjà devant la fontaine à thé, s'occupant de servir les malades qui préféraient venir une heure avant leur rendez-vous pour le simple plaisir de pouvoir être assis au chaud à lire des revues et à discuter avec les autres habitués. Mary Taylor eut conscience des têtes qui se tournaient sur son passage. Il y eut un bref silence, suivi de l'habituel : « Bonjour madame », murmuré par tous avec déférence. Elle eut conscience de l'attitude respectueuse des jeunes médecins en blouse blanche, qui s'écartaient devant elle, et de la précipitation avec laquelle les élèves infirmières s'aplatissaient contre le mur pour la laisser passer.

Le secteur privé se trouvait au second étage de ce qu'on appelait toujours le nouveau bâtiment bien qu'il eût été achevé en 1945. Mary Taylor prit l'ascenseur avec deux radiologues et un jeune interne. Ils chuchotèrent un « Bonjour madame la directrice » très conventionnel et gardèrent un silence guindé jusqu'à l'arrêt, s'effaçant pour la laisser sortir.

Le secteur privé se composait d'une suite de vingt chambres à un lit disposées de chaque côté d'un large couloir central. Le poste des infirmières, la cuisine et l'office se trouvaient juste derrière la porte. Quand Mary Taylor entra, une élève de première année sortait de la cuisine. Elle rougit en la voyant et bredouilla qu'elle allait tout de suite chercher la surveillante.

« Où est-elle, mademoiselle ?

— Chambre sept avec le professeur Courtney-Briggs, madame. Son malade ne va pas très bien.

— Inutile de les déranger. Dites simplement à Miss Brumfett que je suis venue voir Christine Dakers. Où l'a-t-on installée ?

— Chambre trois, madame... »

La jeune fille hésita.

« Je me débrouillerai toute seule. Ne vous dérangez pas. »

La chambre trois se trouvait tout au fond du corridor. Il y avait là six chambres réservées aux infirmières malades. Quand elles étaient toutes prises, on leur donnait les autres lits du service. Josephine Fallon n'avait pas eu droit à la chambre trois, la plus ensoleillée et la plus agréable de toutes, songea Miss Taylor. Une semaine plus tôt, elle était occupée par une infirmière atteinte d'une grippe qui avait dégénéré en pneumonie. Miss Taylor, qui faisait le tour quotidien de toutes les salles de l'hôpital et recevait chaque jour des rapports sur l'état de santé des filles, s'étonna que Miss Wilkins fût déjà rétablie. Ethel Brumfett avait dû la transférer ailleurs pour que Christine Dakers puisse en profiter. Il n'était pas difficile de comprendre pourquoi. La fenêtre donnait sur les pelouses et les parterres de fleurs bien entretenus. D'ici, et malgré les arbres nus, on ne voyait pas Nightingale House. Cette chère vieille Brumfett ! Si rigide et rébarbative, mais si ingénieuse dès que le bien-être et le confort de ses malades étaient en jeu ! Brumfett qui n'avait à la bouche que les mots « devoir », « obéissance », « loyauté », mais qui savait exactement ce qu'elle mettait sous ces termes impopulaires et qui vivait pour eux ! C'était une des meilleures surveillantes de John Carpendar. Pourtant, Mary Taylor n'était pas mécontente que son dévouement professionnel l'eût empêchée de venir la chercher à Heathrow. Il était déjà assez difficile, juste à son retour, d'affronter cette nouvelle tragédie sans devoir supporter en plus sa sollicitude inquiète de chien fidèle.

Elle tira le tabouret de dessous le lit et s'assit à côté de Christine Dakers. Malgré le sédatif du docteur Snelling, la jeune fille ne dormait pas. Parfaitement immobile, elle était couchée sur le dos, les yeux au plafond. Elle tourna vers la directrice un regard vide. Sur la table de chevet était posé un manuel, *Materia Medica*. Mary Taylor le souleva.

« C'est très consciencieux de votre part... Mais puisque vous êtes ici pour si peu de temps, pourquoi ne pas en profiter pour lire un roman ou un magazine de notre petite bibliothèque ambulante ? Voulez-vous que je vous en apporte un ? »

Elle n'eut pour réponse qu'un flot de larmes. Le corps mince de Christine Dakers s'agita frénétiquement, puis elle enfouit sa tête sous l'oreiller, qu'elle serra de ses mains tremblantes. Ce paroxysme de douleur secoua tout le lit. Miss Taylor se leva pour aller fermer le clapet de l'œilleton sur la porte. Elle revint vite s'asseoir et, une main posée sur le front de la jeune fille, attendit immobile et en silence. Au bout de quelques minutes, les terribles convulsions se calmèrent. La voix hoquetante, secouée de sanglots, Christine Dakers se mit à marmonner quelques mots à demi étouffés par l'oreiller.

« J'ai si honte ! C'est affreux. »

Mary Taylor dut se pencher pour mieux entendre. Un frisson d'horreur la saisit. Elle n'était tout de même pas en train de lui avouer un meurtre ? Une furtive prière lui traversa l'esprit : « Mon Dieu, non ! Pas cette enfant ! Non, ce n'est pas possible ! »

Elle attendit, retenant son souffle, n'osant pas l'interroger. Christine Dakers se retourna et posa sur elle ses yeux rouges et gonflés qui, dans son visage tuméfié et déformé par la douleur, faisaient penser à deux lunes vitreuses.

« Je suis horrible, horrible ! J'ai été contente qu'elle meure !

— Fallon ?

— Oh non ! Pas Jo ! Cela m'a fait de la peine. Heather Pearce. »

Elle tremblait encore. Miss Taylor la prit fermement par les épaules et plongea son regard dans le sien.

« Dites-moi la vérité, Christine. Avez-vous tué Heather Pearce ?

— Non, madame.

— Ou Josephine Fallon ?

— Non, madame.

— Avez-vous quelque chose à voir avec ces deux morts ?

— Non, madame. »

Mary Taylor poussa un soupir de soulagement et, relâchant son étreinte, reprit sa position sur son siège.

« Confiez-moi ce qui vous tourmente. »

Alors, calmement, Christine Dakers lui raconta sa pathétique histoire. Au début, ça n'avait pas du tout eu l'air d'un vol mais d'un vrai miracle. Maman avait tant besoin d'un manteau chaud et Christine Dakers économisait chaque mois trente shillings sur son salaire. Mais il fallait tant de temps pour réunir la somme, et l'hiver se faisait rude ! Maman, qui ne se plaignait jamais et ne demandait jamais rien, devait parfois attendre le bus un quart d'heure et s'enrhumait facilement. Lorsqu'elle tombait malade, elle était quand même obligée d'aller travailler car Miss Arkwright, son chef de rayon, aurait sauté sur le moindre prétexte pour la mettre à la porte. Être vendeuse dans un magasin n'était pas un emploi convenable pour maman, mais il n'est pas facile de trouver du travail quand on a dépassé la cinquantaine et qu'on n'est pas qualifié, et les jeunes vendeuses n'étaient pas très gentilles avec elle. Elles ne cessaient de lui dire qu'elle ne se remuait pas assez, ce qui était totalement faux. Maman était peut-être moins rapide qu'elles, mais elle se mettait en quatre pour les clients.

C'est alors que Diane Harper avait laissé tomber deux billets de cinq livres, quasiment à ses pieds. Les parents de Diane Harper lui donnaient tant d'argent de poche que perdre dix livres ne comptait pas pour elle. C'était le mois dernier. Diane Harper et Heather Pearce marchaient ensemble sur le chemin qui mène de Nihgtingale House à l'hôpital pour aller prendre leur petit déjeuner et Christine Dakers les suivait, à quelques pas. Les deux billets étaient tombés de la poche de la cape de Diane Harper et étaient venus doucement se poser devant elle. Sa première réaction avait été d'appeler les deux autres, mais quelque chose, à la vue de l'argent, l'avait retenue. Les billets étaient si inattendus, si incroyables, si beaux, si neufs ! Elle les avait regardés une seconde et s'était soudain rendu compte que ce qu'elle regardait, en fait, était le manteau de maman. Entre-temps, ses deux camarades avaient presque disparu. Elle avait les billets à la main ; il était trop tard.

« Comment Heather Pearce a-t-elle pu s'en rendre compte ? demanda la directrice.

— Elle a dit qu'elle m'avait vue. Elle s'est retournée juste au moment où je me baissais pour les ramasser. Sur le coup, elle n'y a pas prêté attention, mais quand Diane Harper a annoncé à tout le monde qu'elle avait perdu dix livres et qu'elles avaient dû tomber de sa poche sur le chemin, en allant déjeuner, Heather Pearce a deviné ce qui s'était passé. Heather, Diane et les jumelles sont allées voir si elles pouvaient les retrouver. Je suppose que c'est à ce moment-là qu'elle s'est souvenue que je m'étais baissée.

— Quand vous en a-t-elle parlé pour la première fois ?

— Une semaine plus tard. J'imagine qu'avant, elle n'en était pas encore vraiment sûre et qu'elle a mis du temps pour se décider à me parler. »

Miss Taylor se demanda pourquoi Heather Pearce avait tant attendu. Il ne lui avait quand même pas fallu toute une semaine pour confirmer ses soupçons ! Dès qu'elle avait appris la disparition des billets, elle avait dû se souvenir que Christine Dakers s'était arrêtée et penchée pour ramasser quelque chose. Pourquoi donc n'avait-elle pas attaqué tout de suite ? Sans doute son ego pervers avait-il trouvé plus satisfaisant d'attendre que l'argent soit dépensé pour tenir la coupable à sa merci.

« Vous a-t-elle fait chanter ?

— Oh non, madame ! »

La fille était choquée.

« Elle a simplement exigé que je lui rende la somme en deux fois ; cinq livres par semaine. Ce n'était pas du chantage. Elle envoyait l'argent à une société d'aide à des anciens détenus. J'ai vu les reçus.

— Vous a-t-elle dit pourquoi elle ne le rendait pas tout simplement à Diane Harper ?

— D'après elle, il aurait été difficile de lui expliquer sans me compromettre, et je l'ai suppliée de n'en rien faire. Vous comprenez, madame, ç'aurait été terrible pour moi. Quand j'aurai mon diplôme, je veux être infirmière à domicile afin de pouvoir m'occuper de maman. Si j'obtiens un secteur à la campagne, nous aurons une petite maison et peut-être même une voiture. Maman pourra quitter le magasin. J'en ai parlé à Heather. D'autre part, elle disait que Diane faisait si peu attention à l'argent que cela lui donnerait une bonne leçon. Elle trouvait qu'aider cette société qui s'occupe d'anciens détenus était une bonne solution. Après tout, j'aurais pu aller en prison si elle avait parlé.

— Bien sûr que non ! répliqua sèchement Mary Taylor. Tout cela était absurde et vous auriez dû le savoir. Heather Pearce devait être une petite personne bien stupide et prétentieuse. Êtes-vous certaine qu'elle n'a rien exigé d'autre ? Il y a tant de façons de faire du chantage.

— Elle n'aurait jamais fait cela, madame ! protesta Christine Dakers en se redressant avec difficulté. « Heather était... Heather était bonne ! » Mais l'adjectif dut lui paraître impropre car elle fronça les sourcils, comme désespérément à la recherche d'un terme plus satisfaisant.

« Elle me parlait souvent et elle m'a donné une carte sur laquelle elle avait recopié un passage de la bible. Je devais le lire tous les jours. Une fois par semaine, elle me posait des questions dessus. »

Mary Taylor fut submergée par un tel sentiment d'indignation qu'elle éprouva le besoin de bouger. Elle se leva pour aller à la fenêtre rafraîchir son visage en feu contre la vitre. Elle sentait son cœur battre et remarqua, avec un intérêt presque clinique, que ses mains tremblaient. Elle revint au bout d'un moment près du lit.

« Ne dites pas que Heather Pearce était bonne. Consciencieuse, dévouée, bien intentionnée, peut-être, mais bonne, certainement pas. Si un jour vous rencontrez la bonté véritable, vous comprendrez la différence. Et ne vous tourmentez pas de vous être réjouie de sa mort.

Vous seriez anormale de n'avoir pas réagi ainsi, vu les circonstances. Plus tard, vous pourrez sans doute la plaindre et lui pardonner.

— Mais, madame, c'est moi qui devrais être pardonnée. Je suis une voleuse. »

Y avait-il une pointe de masochisme dans la voix plaintive ? Était-ce l'auto-accusation perverse de la victime prédestinée ? Mary Taylor répondit sèchement :

« Vous n'êtes pas une voleuse. Vous avez volé une fois, ce qui est très différent. Il y a dans notre vie à tous des actes dont nous avons honte et que nous regrettons. Vous venez de découvrir quelque chose sur vous-même dont vous ne vous croyiez pas capable et qui a ébranlé votre confiance en vous. Maintenant, il vous faut vivre avec. Vous ne pourrez comprendre les autres et leur pardonner que lorsque vous aurez appris à vous comprendre et à vous pardonner. Vous ne volerez plus. J'en suis sûre, et vous aussi. Mais vous savez que vous pouvez le faire. Grâce à cette connaissance de vous-même, vous ne tomberez pas dans le narcissisme. Elle peut faire de vous quelqu'un de plus tolérant, de plus compréhensif, et une meilleure infirmière. Mais pas si vous continuez à vous complaire dans la culpabilité, le remords et l'amertume. Ces sentiments insidieux peuvent être très satisfaisants mais ils ne seront d'aucune aide, ni pour vous ni pour les autres. »

La jeune fille la regarda droit dans les yeux.

« Dois-je le dire à la police ? »

Il fallait s'attendre à cette question. Et il n'y avait, évidemment, qu'une réponse.

« Oui. Vous leur raconterez tout, exactement comme vous venez de le faire. Auparavant, j'en toucherai un mot au commissaire. Vous ne le connaissez pas encore. C'est un détective de Scotland Yard. Je le crois intelligent et compréhensif. »

L'était-il ? Comment savoir ? Leur première rencontre avait été si brève, à peine un regard et une poignée de mains. Cherchait-elle à se rassurer, à partir d'une impression fugitive ? Était-il vraiment l'homme efficace et imaginatif qui serait capable de résoudre le mystère des deux morts en épargnant au maximum les innocents comme les coupables ? Instinctivement, elle l'avait perçu comme tel. Mais qu'y avait-il là de rationnel ? Elle croyait en l'histoire de Christine Dakers ou, plutôt, était disposée à la croire. Mais comment réagirait un officier de police qui, certes, avait plusieurs suspects, mais pas d'autre mobile apparent ? Or, un mobile, Christine Dakers en avait un, elle : tout son avenir et celui de sa mère. En outre, elle s'était conduite plutôt bizarrement. Elle avait été beaucoup plus bouleversée que les autres élèves à la mort de Pearce, mais elle s'était remise remarquablement vite. Même sous le feu des questions policières, elle avait gardé son secret. Qu'est-ce qui l'avait donc précipitée dans l'aveu et le remords ? Le choc de la découverte du corps de Fallon ? Pourquoi la mort de Fallon aurait-elle été si cataclysmique si elle n'y était pour rien ?

L'esprit de Mary Taylor revint à Pearce. Comme elles en savaient peu sur leurs élèves ! Pearce représentait le type même de l'étudiante consciencieuse, terne, sans charme, qui devait chercher à compenser par son métier un manque de satisfactions personnelles. Il y avait toujours un cas de cette espèce dans chaque école. Les dissuader de s'inscrire eût été difficile car ce genre de filles avaient des aptitudes plus que suffisantes et des références impeccables. Dans l'ensemble, elles ne faisaient pas de mauvaises infirmières. Mais ce n'étaient pas non plus les meilleures. Maintenant, Mary Taylor finissait par se poser des questions. Si le secret appétit de pouvoir de Pearce l'avait poussée à utiliser la culpabilité et la détresse de cette pauvre enfant, c'est qu'elle ne devait être ni si banale ni si terne. Une jeune femme dangereuse, tout compte fait.

Elle avait tout manigancé très habilement. En attendant une semaine pour laisser à Christine Dakers le temps de dépenser les dix livres, elle ligotait sa victime. La petite ne pouvait plus prétendre avoir agi sur une simple impulsion ni avoir eu l'intention de rendre l'argent volé. Et même si Dakers s'était finalement résolue à avouer — à elle, par exemple —, Diane Harper aurait forcément été mise au courant : Pearce y aurait veillé. Alors, seule Diane Harper aurait pu décider de poursuivre ou non Christine Dakers. Sans doute aurait-il été possible de l'influencer, de la convaincre de faire preuve de générosité. Mais dans le cas contraire ? Diane Harper en aurait parlé à son père, qui n'était pas homme à pardonner ce genre de choses. Mary Taylor ne l'avait vu qu'une fois : la rencontre avait été brève mais révélatrice. Ronald Harper, personnage imposant, agressif, opulent dans son manteau d'automobiliste doublé de fourrure, était venu à l'hôpital deux jours après la mort de Pearce. Sans s'attarder en préliminaires, il lui avait débité sa tirade toute faite sur le ton qu'il devait prendre avec les employés de son garage. Il ne laisserait pas sa fille une minute de plus dans un établissement où courait un meurtrier en liberté, police ou pas police. Cette école d'infirmières avait été une idée stupide dès le départ, et maintenant il était temps d'arrêter ça. De toute façon, sa Diane n'avait pas besoin de travailler. Elle était fiancée, pas vrai ? Un sacrément bon parti ! Le fils de son associé. Ils pouvaient avancer le mariage, au lieu d'attendre l'été, et Diane, entre-temps, resterait à la maison et aiderait au bureau. Il allait la ramener immédiatement et il aurait bien voulu voir qu'on essaie de l'en empêcher !

Personne ne s'y était risqué. La fille n'avait pas fait d'objections. Elle était restée debout dans le bureau, humble, modeste, mais vaguement souriante, comme si cette terrible explosion de virilité paternelle ne lui avait pas déplu. La police ne pouvait pas s'opposer à son départ et n'avait même pas essayé. Étrange, pensa Mary Taylor, que personne n'ait réellement songé à soupçonner Harper. Mais si les deux morts étaient bien l'œuvre d'une seule personne, on avait eu raison de se désintéresser de son cas. La dernière image qu'elle gardait d'elle était celle d'une jeune fille s'engouffrant dans l'énorme et hideuse voiture de Ronald Harper, et de ses jambes minces sous le nouveau manteau de fourrure apporté par son père en guise de consolation ; elle s'était retournée pour faire un signe d'adieu au reste de la classe, comme une star de cinéma condescendante au groupe de ses fans. Non, ce n'était pas une famille particulièrement sympathique. Mary Taylor plaignait ceux qui tombaient sous leur coupe. Et pourtant, les personnalités sont à ce point imprévisibles que Diane Harper avait été une infirmière très efficace, bien meilleure, à maints égards, que Pearce.

Mais il lui restait une question à poser. Il lui fallut une seconde pour rassembler son courage.

« Josephine Fallon était-elle au courant de l'affaire ? »

Christine Dakers, un peu surprise, répondit sans hésitation :

« Oh non, madame ! Du moins je ne le crois pas. Heather m'avait juré qu'elle n'en soufflerait mot à personne. De plus, Jo et elle n'étaient pas particulièrement liées. Je suis certaine qu'elle ne lui a rien dit.

— Non, en effet ; c'est assez improbable. »

Elle souleva doucement la tête de Christine Dakers et tapota ses oreillers.

« Il faut que vous vous reposiez maintenant. Essayez de dormir. Vous vous sentirez beaucoup mieux en vous réveillant. Et ne vous tourmentez pas. »

Le visage de la jeune fille se détendit. Elle sourit à la directrice et, tendant la main, lui effleura la joue. Puis elle s'enfouit résolument dans ses draps, manifestant ainsi son intention de dormir. Bien. Tout était arrangé. Ça marchait toujours. Comme il était facile, et insidieusement satisfaisant, de distribuer conseils et réconfort et de trouver, pour chaque cas, des nuances différentes. Femme d'un vicaire victorien, elle eût présidé des soupes populaires ! A chacun selon ses besoins. C'était l'ordinaire de l'hôpital. La voix bien timbrée d'une infirmière : « Madame la directrice est venue vous voir, Mrs. Cox. Je crains que Mrs. Cox n'aille pas trop bien ce matin, madame la directrice. » Un visage douloureux, souriant courageusement, qui se soulève de l'oreiller, avide de sa ration d'affection et d'encouragements... Les infirmières, toujours avec leurs mêmes problèmes, leurs insolubles problèmes de travail et d'incompatibilités personnelles. « Les choses se sont-elles arrangées, maintenant, mademoiselle ?

— Oui, merci, madame la directrice. Cela va beaucoup mieux. »

Le secrétaire du comité, se battant contre ses propres faiblesses. « Il serait bon que je puisse vous en toucher un mot, madame la directrice. »

Certes ! Ils voulaient tous lui en toucher un mot ! Et tous repartaient soulagés ! Sa vie professionnelle n'était qu'une liturgie de réconforts et d'absolutions. Comme le doux miel de cette bienveillance était plus facile à donner et à recevoir que l'acide vérité ! Elle imaginait l'incompréhension, le ressentiment, qui accueilleraient son credo intime si elle se hasardait à le dire tout haut.

« Je ne peux rien pour vous. Je suis incapable de vous aider. Nous sommes seuls, tous, autant que nous sommes, depuis notre naissance jusqu'à notre mort. Notre passé nous poursuit dans le présent et dans l'avenir. Si vous cherchez le salut, regardez en vous-même. Il n'y a pas d'autre moyen. »

Elle quitta doucement la pièce. Christine Dakers lui adressa un rapide sourire d'adieu. Dans le couloir, elle tomba sur Miss Brumfett et le docteur Courtney-Briggs qui sortaient de la chambre de leur patient. Ethel Brumfett se précipita vers elle :

« Je suis désolée, madame la directrice. J'ignorais que vous étiez ici. »

Elle utilisait toujours la formule conventionnelle. Elles pouvaient se promener ou jouer au golf ensemble pendant toutes leurs heures de loisir, aller au spectacle à Londres, chaque mois, avec la régularité d'un vieux couple, boire dans un indicible ennui leur thé matinal ou le dernier lait chaud du soir, à l'hôpital ; Brumfett l'appelait toujours « Madame la directrice ». Les yeux perçants cherchèrent les siens.

« Vous avez vu le nouveau détective, celui de Scotland Yard ?

— Très rapidement. Nous avons rendez-vous tout à l'heure.

— Je le connais, déclara Courtney-Briggs. Pas très bien, mais nous nous sommes déjà rencontrés. C'est un homme raisonnable et intelligent, vous verrez. Il a une excellente réputation. On dit qu'il travaille très vite. C'est un point fondamental, en ce qui me concerne. Tout ceci perturbe trop l'hôpital. Je suppose qu'il voudra me voir mais il lui faudra attendre. Soyez assez aimable pour lui dire que je ferai un saut à Nightingale House dès que j'aurai terminé mes consultations.

— S'il me le demande, je n'y manquerai pas, répondit Miss Taylor avec froideur. Dakers est plus calme, maintenant, ajouta-t-elle en se tournant vers Ethel Brumfett. Mais il vaudrait mieux qu'elle ne soit pas dérangée. Elle va sans doute dormir un peu. Je vais lui faire porter quelques revues et des fleurs fraîches. Quand le docteur Snelling doit-il la voir ?

— Avant le déjeuner, madame la directrice.

— J'aimerais bien m'entretenir rapidement avec lui. S'il vous plaît, Brumfett, faites-lui savoir que je serai ici toute la journée.

— J'imagine que le détective de Scotland Yard va vouloir me voir aussi. J'espère que ce ne sera pas long. J'ai énormément de malades. »

Pourvu qu'elle ne soit pas trop désagréable ! pensa Mary Taylor. Il serait regrettable qu'elle traitât un commissaire de la police judiciaire comme un interne récalcitrant. Le docteur Courtney-Briggs, quant à lui, ferait preuve de son arrogance coutumière mais elle avait le pressentiment que Dalgliesh saurait parfaitement se débrouiller avec lui.

Tous trois sortirent ensemble. Miss Taylor était déjà préoccupée par de nouveaux problèmes. Il faudrait faire quelque chose pour la mère de Christine Dakers. La petite ne pourrait s'établir comme infirmière à domicile du jour au lendemain. Entre-temps, il fallait la soulager de ce terrible souci. Elle en parlerait à Raymond Grout. Il pourrait peut-être lui trouver un travail de bureau à l'hôpital. Mais était-ce vraiment une bonne idée ? Il était facile de vouloir aider les gens sur le dos d'autrui. Malgré les difficultés de recrutement que le service rencontrait à Londres, Grout trouvait du personnel de bureau à la pelle. Il était en droit d'attendre un employé compétent. Et toutes les Mrs. Dakers de la terre, rendues acariâtres par leur propre médiocrité et par leur manque de chance, l'étaient rarement. Elle lui téléphonerait. Ainsi qu'aux autres parents. L'important était de faire sortir les filles de Nightingale House. Le programme ne pouvait être davantage bouleversé. Il était déjà assez rempli comme cela. Elle s'arrangerait avec l'intendante pour les faire dormir dans les chambres de garde de l'hôpital — il y aurait de la place étant donné que la plupart des résidentes étaient à l'infirmerie, malades. Les élèves pourraient se rendre chaque jour à la bibliothèque et dans la salle de conférences. Puis il faudrait aussi qu'elle voie le vice-président du comité de gestion, qu'elle s'occupe de la presse, qu'elle suive l'enquête de près et qu'elle pense aux funérailles. Tout le monde aurait besoin d'elle à tout moment. Mais avant tout, elle avait rendez-vous avec le commissaire Dalgliesh.

CHAPITRE QUATRE

Questions-réponses

I

La directrice et les monitrices logeaient au troisième étage de Nightingale House. En arrivant en haut de l'escalier, Dalgliesh s'aperçut que la partie sud-ouest avait été séparée du reste par une cloison de bois peinte en blanc ; on y avait percé une porte dont les dimensions mesquines contrastaient avec la hauteur des plafonds et les grands lambris de chêne. Il y était inscrit : « Appartement de Madame la directrice. » Il vit la sonnette mais, avant d'appuyer, préféra jeter un coup d'œil dans le couloir. C'était le même qu'à l'étage au-dessous, embelli d'un tapis rouge qui, bien qu'usé et déteint, donnait une illusion de confort et de chaleur.

Dalgliesh avança silencieusement. Chaque porte portait une carte, insérée dans un cadre en cuivre, avec le nom de sa propriétaire écrit à la main. Ethel Brumfett logeait juste à côté de Mary Taylor. Ensuite, il y avait une salle de bains, divisée fonctionnellement en trois cabines, chacune équipée d'une baignoire et d'un lavabo. Plus loin, se trouvait la chambre de Mavis Gearing. La pièce suivante était vide. Hilda Rolfe demeurait à l'extrémité nord du corridor, à côté de la cuisine et de l'office. Dalgliesh ne pouvait légitimement entrer dans les chambres, ce qui ne l'empêcha pas de tourner les poignées de toutes les portes. Comme il s'y attendait, elles étaient fermées à clé.

Miss Taylor vint lui ouvrir en personne et il la suivit au salon. Il fut saisi par ses proportions et sa magnificence. La pièce, immense, occupant toute la tourelle, était octogonale, avec des murs blancs et un plafond orné de motifs bleu pâle et or. Deux immenses fenêtres donnaient sur l'hôpital. Une bibliothèque aux rayonnages blancs couvrait un mur entier. Dalgliesh eut envie d'aller y jeter un coup d'œil dans l'espoir de pouvoir cerner le personnage par ses goûts littéraires, mais il se retint. De l'endroit où il se trouvait, il était visible qu'elle ne contenait ni manuels scolaires, ni rapports officiels, ni dossiers empilés. La pièce était un vrai salon, et non un bureau.

Un feu brûlait dans l'âtre et les bûches, fraîchement attisées, crépitaient encore. Pourtant, l'air de la pièce était frais. Mary Taylor portait une robe grise avec un châle rouge jeté sur les épaules. Elle avait retiré son foulard et l'énorme chignon de cheveux blonds semblait presque trop lourd pour sa nuque mince et frêle.

Elle avait eu la chance, pensa-t-il, de naître à une époque qui appréciait la force des traits, la vigueur architecturale des visages et non les douces nuances de la féminité. Un siècle plus tôt, on l'eût considérée comme laide, voire grotesque, mais aujourd'hui, la plupart des hommes devaient la trouver intéressante. Dalgliesh, lui, jugea que c'était une des plus belles femmes qu'il ait jamais rencontrées.

Sur une imposante table en chêne, placée exactement au centre du salon face aux trois fenêtres, était posé un grand télescope noir et blanc. Dalgliesh comprit tout de suite que ce n'était pas un jouet d'amateur mais un instrument sophistiqué et, certainement, très cher. Il dominait toute la pièce. Mary Taylor surprit son regard.

« Vous vous intéressez à l'astronomie ?

— Pas particulièrement.

— *Le silence éternel de ces espaces infinis m'effraie**, cita-t-elle en souriant.

— Me gêne, plutôt. Ma vanité, sans doute. Il m'est impossible de m'intéresser à quelque chose que, non seulement je ne comprends pas, mais que je n'ai aucune chance de comprendre jamais.

— C'est ce qui m'attire. Appelez cela évasion ou voyeurisme ; je suis fascinée par cet univers objectif que je ne peux ni influencer ni contrôler. Une sorte d'abdication du sens des responsabilités. Une façon de redonner à ses problèmes personnels leurs justes proportions. »

Elle entraîna Dalgliesh vers le grand canapé de cuir noir devant la cheminée. Sur une table basse était posé un plateau avec un percolateur à café, du lait chaud, du sucre en morceaux et deux tasses. Dalgliesh sourit en s'asseyant. « Si je veux m'appliquer à l'humilité, ou spéculer sur l'inconnaissable, je préfère regarder une primevère. Cela ne coûte rien, le plaisir est plus immédiat, et la leçon tout aussi valable. »

La bouche mobile eut une moue moqueuse.

« Et cela a l'avantage de réduire cette dangereuse tentation philosophique à quelques courtes semaines, au printemps. »

Cette conversation est une pavane verbale, se dit Dalgliesh. Je risque d'y prendre goût. Quand va-t-elle en venir aux faits ? A moins qu'elle n'attende que je fasse les premiers pas. Pourquoi pas ? C'est moi le suppliant, moi l'intrus !

« Il est curieux qu'elles aient été toutes deux si solitaires et toutes deux orphelines, observa Mary Taylor comme si elle avait lu dans ses pensées. Cela me facilite la tâche ; pas de parents désespérés à consoler, Dieu merci ! Heather Pearce a été élevée par ses grands-parents. Lui est un mineur à la retraite. Ils vivent près de Nottingham. Ils appartiennent à une secte religieuse très puritaine ; leur seule réaction quand ils ont appris la nouvelle a été de dire : “ Que la volonté de Dieu soit faite. ” Étrange réflexion pour un malheur lié si manifestement à la volonté d'un homme.

— Vous pensez donc que Heather Pearce a été assassinée ?

— Pas nécessairement, mais je ne crois pas que Dieu s'amuse à tripoter les sondes gastriques.

— Et Josephine Fallon ?

— Elle n'a apparemment aucune famille. On lui a demandé le nom de son plus proche parent lorsqu'elle s'est inscrite ; elle a répondu qu'elle était orpheline et seule au monde. Nous n'avions aucune raison de chercher à en savoir davantage. Ce doit être vrai. Sa mort sera annoncée dans le journal demain et si elle avait quelque famille ou ami, ils se feront sûrement connaître. Vous avez parlé aux élèves j'imagine ?

— Un entretien préliminaire de groupe. Je les ai vues dans la salle de travaux pratiques. Cela m'a permis de situer le décor de la scène. Elles ont toutes acceptées de se faire prendre leurs empreintes ; nous nous en occupons actuellement. Je vais avoir besoin des empreintes de tous ceux qui étaient à Nightingale House la nuit dernière et ce matin. Cela nous permettra, au moins, de procéder par élimination. Et il faudra évidemment que j'interroge tout le monde séparément. Mais je suis heureux d'avoir pu vous parler en premier. Vous étiez à Amsterdam quand Miss Fallon est morte. Nous avons donc un suspect en moins.

Il remarqua avec surprise que les jointures de ses doigts blanchissaient autour de la poignée de la cafetière. Elle rougit, ferma les yeux, et il crut entendre un léger soupir. Il la regarda, déconcerté. Sa remarque devait être évidente pour une femme de son intelligence. Il ne savait même pas ce qui l'avait poussé à énoncer une telle banalité. Si cette seconde mort était un crime, toute personne ayant un alibi pour la soirée et la nuit était hors de soupçon.

« Excusez-moi, dit-elle, comme si son étonnement ne lui avait pas échappé. Je dois avoir l'air obtus. Je sais qu'il est stupide d'éprouver un tel soulagement alors que l'on se sait innocent. C'est sans doute parce qu'on ne peut l'être absolument. Un psychologue expliquerait cela très bien. Mais peut-être avez-vous tort de vous montrer si confiant ? Le poison — si c'était du poison — aurait pu être versé dans la bouteille de whisky n'importe quand. A moins que l'on ait substitué une autre bouteille à celle qu'elle s'était procurée. Et tout cela aurait pu se faire avant mon départ pour Amsterdam, mardi matin.

— Je crains que vous ne deviez vous résoudre à votre

innocence. Fallon a acheté cette bouteille de whisky chez Scunthorpe, dans High Street, hier après-midi ; elle n'y a goûté que le soir de sa mort. La bouteille est à peine entamée et ne porte que ses propres empreintes. Son contenu est parfaitement normal, d'après ce que nous en savons.

— Vous avez été très rapide. Le poison aurait donc été versé dans le verre de citron chaud ou dans le sucre ?

— Si elle a bien été empoisonnée. Nous n'en serons sûrs qu'après le rapport d'autopsie. Et encore ! Nous sommes en train d'analyser le sucre, mais c'est une pure formalité. Beaucoup d'élèves ont utilisé ce sucrier pour leur thé du matin et au moins deux d'entre elles l'ont bu. Il ne reste donc que le gobelet rempli de citron pressé chaud et de whisky. Fallon n'a pas compliqué la tâche du meurtrier. Apparemment, tout Nightingale House savait que, lorsqu'elle ne sortait pas, elle regardait la télévision jusqu'à la fin des programmes. Elle dormait peu et se couchait toujours tard. Une fois déshabillée, elle allait, en chaussons et robe de chambre, au petit office du deuxième étage pour se faire sa boisson du soir. Elle gardait le whisky dans sa chambre mais ne pouvait rien y préparer puisqu'il n'y a ni eau ni réchaud. Elle avait donc l'habitude d'apporter à l'office son gobelet, avec sa dose de whisky, et d'y verser le citron chaud. Le buffet est plein de citrons, cacao, café et autres produits nécessaires aux élèves. Elle revenait alors dans sa chambre avec le gobelet, qu'elle posait sur sa table de nuit, puis elle prenait un bain rapide. De sorte qu'au moment de se mettre au lit, la boisson avait exactement la température souhaitée. Apparemment, ce rituel était invariable.

— C'est assez effrayant ; dans une petite communauté comme celle-ci, tout se sait, inévitablement. Il n'y a aucune vie privée. J'étais au courant du whisky, bien entendu, mais cela ne me regardait pas. Fallon n'était pas en train de glisser sur la pente de l'alcoolisme et ne cherchait pas non plus à débaucher ses camarades plus jeunes. A son âge, elle avait le droit de boire ce qu'elle voulait avant d'aller se coucher. »

Dalgliesh lui demanda comment elle l'avait appris.

« C'est Heather Pearce qui m'en a parlé. Elle est venue me voir et m'a raconté la chose, sur le mode : " Je n'aime pas cafarder mais je crois important de vous avertir. " Pour Pearce, boire était immanquablement l'œuvre du diable. De toute manière, je ne pense pas que Fallon en ait fait un secret. Comme je vous le disais, on sait tout ici ; il y a pourtant certaines choses qui nous échappent, et Josephine Fallon était une fille très secrète. Je serais incapable de vous dire quoi que ce soit sur sa vie hors de l'hôpital et je doute que quelqu'un, ici, puisse le faire.

— Qui était son amie à Nightingale ? Elle avait certainement une confidente. Ce doit être nécessaire quand on vit dans une institution de ce type. »

Miss Taylor lança à Dalgliesh un regard étrange.

« Oui. Nous avons toutes besoin de quelqu'un. Mais Fallon moins qu'une autre. Elle était très indépendante. Si elle se confiait à quelqu'un, ce devait être à Madeleine Goodale.

— Cette fille assez quelconque avec un visage tout rond et de grosses lunettes ? »

Dalgliesh s'en souvenait. Elle ne manquait pas de charme, surtout à cause de son teint frais et de l'intelligence qui brillait dans ses yeux gris, derrière les grosses montures d'écaille. Mais Madeleine Goodale était, malgré tout, quelconque. Son avenir semblait tout tracé : des années d'études sérieuses et consciencieuses ; le succès aux examens ; des responsabilités croissantes jusqu'à ce qu'elle devienne, à son tour, directrice d'un établissement. Il n'était pas rare que ce genre de filles se lient d'amitié avec des femmes beaucoup plus séduisantes. Une manière, pour elles, de vivre par procuration une vie moins zélée et plus romantique.

« Miss Goodale est une de nos meilleures infirmières, déclara Mary Taylor comme en écho à ses pensées intimes. J'espérais qu'elle resterait travailler ici après son diplôme, mais c'est peu probable. Elle est fiancée à notre pasteur et ils doivent se marier à Pâques. »

Elle jeta à Dalgliesh un regard malicieux.

« Il a la réputation d'être un jeune homme charmant. Vous paraissez surpris, commissaire ?

— Après vingt ans de métier dans la police, s'exclama Dalgliesh en riant, j'aurais dû apprendre à me méfier de mes premières impressions ! Je commencerai par Miss Goodale. J'ai cru comprendre que la pièce que vous nous destinez n'est pas encore prête. Vous me permettrez sans doute de continuer à utiliser la salle de travaux pratiques. A moins que vous n'en ayez besoin ?

— J'aurais préféré leur épargner cela. Cette salle évoque pour elles de terribles souvenirs. Nous ne nous en servons plus. Si vous voulez, je peux mettre mon salon à votre disposition, en attendant que vous soyez installés. »

Dalgliesh la remercia. Il reposa sa tasse de café sur la table. Après une hésitation, Mary Taylor reprit :

« Monsieur Dalgliesh, je voulais vous dire quelque chose. Je me sens comme... je suis *in loco parentis* avec mes élèves. Si vous aviez des questions... si vous vous mettiez à suspecter l'une d'elles, puis-je compter sur vous pour m'en faire part ? Elles auront alors besoin de protection. Il faudra sûrement penser à leur trouver un avocat... » Elle hésita à nouveau. « Excusez-moi d'être si directe. Je n'ai pas l'habitude de ce genre d'affaires mais je voudrais simplement leur éviter...

— De se faire piéger ?

— D'être poussées à dire des choses qui pourraient se retourner contre elles ou contre les membres du personnel. »

Dalgliesh sentit monter en lui une incontrôlable irritation.

« Il y a des lois, vous savez.

— Oh, les lois ! Je sais bien qu'il y en a. Mais je suis sûre que vous avez trop d'intelligence et d'expérience pour vous en encombrer. Je tenais simplement à vous rappeler que ces filles ne sont pas toutes des lumières et n'ont en tout cas aucune expérience en la matière. »

Réprimant son agacement, Dalgliesh répondit sur un ton légèrement sentencieux :

« Sachez simplement que les lois existent et qu'il est dans notre intérêt de les observer. Imaginez-vous l'aubaine que représenterait pour la défense toute infraction ? Une jeune infirmière sans aucune protection, brutalisée par un vieil inspecteur qui a utilisé ses longues années de métier pour piéger la pauvre jeune fille naïve ? Le travail de la police rencontre déjà assez d'obstacles dans ce pays ! Nous n'avons aucun intérêt à les multiplier. »

Elle rougit et il observa avec intérêt la vague écarlate remonter depuis le cou jusqu'au visage couleur de miel pâle, comme si du feu courait dans ses veines. Puis, instantanément, tout revint dans l'ordre. Le changement fut si brusque qu'il n'était plus du tout sûr d'avoir assisté à cette métamorphose.

« Nous avons tous deux nos responsabilités, répondit-elle avec calme. Espérons qu'elles ne seront pas incompatibles. Soyez certain que je serai aussi soucieuse des miennes que vous, des vôtres. Ceci m'amène à vous faire part d'une chose concernant Christine Dakers, l'élève qui a découvert le corps de Fallon. »

Elle entreprit de lui raconter aussi succinctement que possible ce que la jeune fille lui avait confié lors de sa visite. Dalgliesh nota avec intérêt qu'elle ne fit aucun commentaire, se garda de lui faire part de ses opinions et ne chercha pas à justifier son élève. Il ne lui demanda pas si elle croyait à l'histoire. C'était une femme extrêmement intelligente. Elle devait savoir qu'elle venait de lui donner son premier mobile. Il se borna à lui demander quand il pourrait interroger Christine Dakers.

« Pour le moment, elle dort. Le docteur Snelling, qui s'occupe d'elle, la verra en fin de matinée. Il me fera alors son rapport. S'il est d'accord, vous pourrez lui parler cet après-midi. Maintenant je vais vous envoyer Miss Goodale, si toutefois vous n'avez plus rien à me demander.

— Il me faut plusieurs informations : l'âge des gens, leurs origines, l'époque à laquelle ils ont commencé à travailler pour l'hôpital, etc. Tout cela doit être noté sur leurs fiches, je suppose. Si je pouvais y jeter un coup d'œil, cela me faciliterait beaucoup la tâche. »

Miss Taylor prit un temps de réflexion avant de lui répondre. Dalgliesh remarqua qu'alors, son visage était parfaitement immobile.

« Bien entendu, nous avons un dossier pour chaque membre du personnel. Légalement, ils sont la propriété du comité de gestion. Le président ne rentrera pas d'Israël avant demain, mais je consulterai le vice-président. Je suppose qu'il voudra d'abord s'assurer qu'ils ne contiennent pas de renseignements personnels, sans rapport avec l'enquête, avant de vous les remettre. »

Il valait mieux, pour l'instant, ne pas lui faire remarquer qu'il était le seul à pouvoir juger de ce dernier point.

« Je serai obligé de poser des questions personnelles, vous vous en doutez, mais nous gagnerions beaucoup de temps si nous pouvions obtenir les informations de routine à partir des dossiers. »

Il s'étonna que, malgré son obstination, sa voix continuât à être si agréable.

« J'en suis persuadée ; et cela vous permettrait, en outre, de vérifier l'exactitude de ce que l'on vous raconte. Mais ces dossiers ne peuvent vous être transmis qu'en suivant la procédure que je viens de vous indiquer. »

Donc, elle était certaine que le vice-président se rangerait à ses vues, se dit Dalgliesh. Et elle avait sûrement raison. Quelle femme remarquable ! Confrontée à un problème difficile, elle percevait tout de suite le point important, prenait sa décision et l'énonçait fermement, sans hésitation ni excuse. Oui, une femme admirable. Il serait facile de s'entendre avec elle si, naturellement, elle optait toujours pour des partis aussi raisonnables.

Il lui demanda l'autorisation de se servir de son téléphone, appela l'inspecteur Masterson qui supervisait l'installation de leurs nouveaux quartiers, et s'apprêta à supporter l'ennui de la longue série d'interrogatoires.

II

Madeleine Goodale se présenta tranquillement, deux minutes après avoir été convoquée. Miss Taylor ne jugea pas nécessaire de se perdre en explications ou exhortations avec cette jeune personne sensée.

« Asseyez-vous, dit-elle simplement. Le commissaire Dalgliesh voudrait vous poser quelques questions. »

Elle prit son manteau, le jeta sur ses épaules et quitta la pièce. L'inspecteur Masterson ouvrit son calepin. Madeleine Goodale commença par prendre place sur une chaise, devant la table, mais accepta sans embarras le fauteuil près de l'âtre que Dalgliesh lui proposa. Elle se tenait bien droite tout au bord du siège, serrant modestement ses jambes bien faites, étonnement racées. En revanche, ses mains, à plat sur ses genoux, étaient parfaitement détendues. Elle posa sur Dalgliesh, assis face à elle, une paire d'yeux déconcertants d'intelligence.

« Vous étiez sans doute plus proche de Josephine Fallon que n'importe qui d'autre ici. Parlez-moi d'elle. »

La forme de cette première question ne parut pas la surprendre. Elle observa un moment de silence, comme pour organiser sa réponse.

« Je l'aimais bien. De son côté, elle me supportait mieux que les autres élèves, mais je ne crois pas que ça allait plus loin. Elle avait trente et un ans et, à ses yeux, nous devions toutes manquer de maturité. De plus, elle avait un esprit prompt aux sarcasmes, ce qui n'arrangeait rien. Je crois même que certaines avaient peur d'elle. Elle me parlait très peu de son passé, mais elle m'a appris que ses parents avaient été tués en 44, à Londres, lors d'un bombardement. Elle a été élevée par une vieille tante et mise en pension dans un de ces établissements qui se chargent des enfants dès leur plus jeune âge et ne les lâchent qu'à la fin de leurs études, pourvu que les frais soient payés, bien entendu. Il ne semble pas qu'elle ait eu de problèmes de ce côté-là. Elle a toujours voulu être infirmière mais, en quittant la pension, elle a contracté la tuberculose et a dû passer deux ans en sanatorium. J'ignore où. Ensuite, deux hôpitaux ont refusé sa demande d'inscription, à cause de sa santé. Elle a donc fait plusieurs petits boulots. Elle m'a dit qu'elle avait été fiancée mais que cela n'avait pas marché.

— Vous ne lui avez jamais demandé pourquoi ?

— Je ne lui posais jamais de questions. Si elle avait souhaité m'en parler, elle l'aurait fait.

— Vous a-t-elle confié qu'elle était enceinte ?

— Oui ; deux jours avant qu'elle ne tombe malade. Elle devait s'en douter depuis quelque temps, mais a attendu le résultat des tests. Quand je lui ai demandé ce qu'elle avait l'intention de faire, elle m'a dit qu'elle voulait se débarrasser du bébé.

— Lui avez-vous fait remarquer que c'était illégal ?

— Non. Elle s'en fichait. Mais je lui ai dit que je ne trouvais pas ça bien.

— Elle n'a pas changé d'idée pour autant ?

— Non. Elle connaissait un médecin qui accepterait de l'avorter sans lui faire courir de risques. J'ai voulu savoir si elle avait besoin d'argent. Elle m'a répondu que non, que ce n'était pas le problème. Elle n'a jamais cité le nom de ce médecin et je n'ai pas cherché à le connaître.

— Vous étiez donc disposée à l'aider financièrement tout en désapprouvant son choix, n'est-ce pas ?

— Mon opinion n'avait aucune importance. Du moment que sa résolution était prise, il fallait que je prenne un parti. Or je craignais qu'elle n'aille voir un avorteur non qualifié et qu'elle mette en péril sa vie et sa santé. Je sais que la loi s'est un peu assouplie et qu'il n'est pas très difficile aujourd'hui d'obtenir un avis médical favorable, mais j'étais certaine qu'elle ne le ferait pas. C'était pour moi un choix moral. Si l'on est résolu à pécher, autant le faire intelligemment. Sinon, on ne se contente pas de braver la loi de Dieu ; on l'insulte. N'êtes-vous pas de cet avis ?

— C'est un problème théologique intéressant mais je ne

suis pas qualifié pour en débattre. Vous a-t-elle dit qui était le père de l'enfant ?

— Pas directement. Je crois que ce pouvait être le jeune écrivain avec lequel elle sortait. J'ignore son nom et son adresse, mais je sais que Jo avait passé une semaine avec lui à l'île de Wight en octobre. Ce n'était certainement pas quelqu'un d'ici. Ils ont logé dans une petite auberge à huit kilomètres au sud de Ventnor. C'est ce qu'elle m'a dit. Il se pourrait qu'elle soit tombée enceinte durant ces sept jours de vacances, non ?

— Les dates concordent. Mais elle ne vous a jamais fait de confidences sur le père du bébé ?

— Non. Quand je lui ai demandé pourquoi elle ne l'épousait pas, elle m'a répondu qu'il serait affreux de mettre au monde un enfant affublé de deux parents irresponsables. “ De toute manière, il serait horrifié, a-t-elle ajouté. A moins qu'il n'ait brusquement envie de faire l'expérience de la paternité, juste pour voir. Peut-être même que la naissance du bébé le ravirait ; ça lui permettrait d'écrire un sombre récit sur le sujet, un de ces jours. Mais au fond, c'est quelqu'un qui refuse toute idée d'engagement véritable. ”

— Elle tenait à cet homme ? »

Madeleine Goodale réfléchit un moment.

« Je pense que oui. je crois même que ç'aurait pu être une des raisons de son suicide.

— Qu'est-ce qui vous fait dire cela ?

— L'autre solution est encore plus invraisemblable. Pour moi, Jo n'était pas le genre de fille à se suicider, mais y a-t-il vraiment un genre ? Je la connaissais mal, au fond. Il est si difficile de connaître les êtres humains. D'après moi, tout est toujours possible. Mais il est plus facile d'imaginer un suicide qu'un meurtre. C'est absolument impensable. Pourquoi aurait-on fait cela ?

— J'attendais justement de vous que vous m'aidiez à le comprendre.

— J'en suis incapable. Elle n'avait aucun ennemi à John Carpendar. Certes, elle n'était pas très populaire ; trop réservée et trop solitaire pour cela, mais les gens ne la détestaient pas. Et même ! Il faut plus qu'une simple antipathie pour se mettre à tuer. Il est probable qu'elle est revenue travailler alors qu'elle n'était pas encore complètement remise de sa grippe, qu'elle s'est sentie déprimée, et que, ne sachant comment faire pour se débarrasser de l'enfant et incapable d'affronter l'idée d'une naissance illégitime, elle se soit supprimée en obéissant à un mouvement de désespoir.

— Vous avez dit, quand nous nous sommes rencontrés en salle de travaux pratiques, que vous étiez sans doute la dernière personne à l'avoir vue vivante. Que s'est-il passé exactement cette nuit-là ? Vous a-t-elle donné l'impression de penser au suicide ?

— Non, sinon je ne l'aurais pas laissée aller se coucher toute seule. Elle ne m'a parlé de rien. Nous avons dû échanger une demi-douzaine de mots, pas plus. Je lui ai demandé des nouvelles de sa santé et elle m'a dit que ça allait. Elle n'était visiblement pas d'humeur à bavarder et je n'ai pas voulu l'ennuyer. Je suis montée au bout de vingt minutes. Je ne l'ai plus jamais revue.

— Elle n'a pas fait d'allusion à sa grossesse ?

— Non. Je l'ai trouvée pâle et fatiguée. Mais Jo était toujours assez pâle. C'est bouleversant pour moi de penser qu'elle a pu avoir besoin d'aide cette nuit-là et que je l'ai quittée sans prononcer les mots qui lui auraient fait du bien. Mais elle n'était pas le genre de femme à encourager les confidences. Je suis restée un peu après les autres, dans l'idée qu'elle avait peut-être envie de parler. Quand je me suis rendu compte qu'elle préférait être seule, je l'ai laissée. »

Elle prétend être bouleversée, pensa Dalgliesh mais elle n'en a pas l'air. Elle ne se reproche rien, et pourquoi le feraitelle, d'ailleurs ? Dalgliesh doutait même de son chagrin. Madeleine Goodale avait été plus proche de Josephine Fallon que toute autre, mais, au fond, elle s'en fichait. Existait-il au monde une personne pour qui Josephine Fallon eût vraiment compté ?

« Et la mort de Heather Pearce ?

— Je crois que c'est un accident. Quelqu'un a dû verser du poison dans le lait pour faire une blague, une très mauvaise blague, peut-être, mais sans penser qu'elle pouvait être fatale.

— Ce qui serait assez étonnant de la part d'une élève de troisième année dont les programmes comportent forcément quelques informations sur les poisons corrosifs !

— Je ne pensais pas obligatoirement à une infirmière. J'ignore qui cela peut être, et je n'ai pas l'impression que vous réussirez à le découvrir. Mais je n'arrive pas à croire à un crime délibéré. »

Tout ça est bien joli, se dit Dalgliesh, mais assez invraisemblable de la part d'une fille aussi intelligente que Madeleine Goodale. Évidemment, c'était la version courante, quasi officielle, qui disculpait tout le monde du meurtre et n'impliquait, au pire, qu'une distraction ou une plaisanterie. Bref, une thèse commode, qu'il aurait peut-être la malchance de ne pouvoir jamais réfuter. Il n'y adhérait pas plus que Madeleine Goodale. Mais le fait d'être assis en face de quelqu'un qui préférait se rassurer avec de fausses théories et avait décidé de fermer les yeux sur une pénible réalité ne lui facilitait pas la tâche.

Il la pria de lui décrire ses faits et gestes le matin de la mort de Pearce. Il les connaissait déjà, puisqu'il les avait lus dans le rapport de l'inspecteur Bailey. Elle les lui confirma sans hésitation. Elle s'etait levée à 6 h 45, avait bu son thé avec les autres à l'office. C'était elle qui leur avait appris que Fallon avait la grippe ; en effet, Jo était venue la prévenir avant d'être emmenée à l'infirmerie. Aucune de ses camarades ne s'était particulièrement inquiétée pour elle, mais elles s'étaient demandées comment se déroulerait la séance de travaux pratiques avec une classe si décimée. Elles avaient même plaisanté sur Miss Gearing, se demandant comment elle s'en tirerait face à l'inspectrice. Heather Pearce avait pris son thé avec tout le monde. Madeleine Goodale se souvenait de lui avoir entendu dire : « Puisque Jo est malade, je suppose que ça va être à moi de jouer le rôle du patient. » Mais elle n'avait pas souvenir d'autres commentaires ou réactions. Il n'y avait pas de quoi s'étonner, puisque Heather était la suivante sur la liste.

Madeleine Goodale, après s'être habillée, était allée à la bibliothèque réviser le traitement des laryngotomies, en prévision de la séance de la matinée. Il était important, pour le succès du cours, que les élèves puissent donner des réponses rapides et vivantes. Elle s'était mise au travail à 7 h 15 et Christine Dakers l'avait rejointe peu après, partageant avec elle, songea Dalgliesh, ce zèle studieux qui leur donnait à toutes deux un alibi, au moins jusqu'au petit déjeuner. Elles ne s'étaient rien dit d'important et avaient quitté la bibliothèque ensemble pour se rendre dans la salle à manger. Il était alors huit heures moins dix. Elle s'était assise avec Christine Dakers et les jumelles, mais était sortie avant elles, à huit heures et quart. Elle était retournée dans sa chambre faire son lit, puis à la bibliothèque, écrire une ou deux lettres. Elle avait fait un tour rapide aux toilettes avant d'entrer en salle de T.P. Miss Gearing et les jumelles étaient déjà là ; les autres étaient arrivées peu après ; elle ne se souvenait plus dans quel ordre. D'après elle, Heather Pearce était une des dernières.

« Avez-vous remarqué chez elle quelque chose de particulier ?

— Non. Heather était telle qu'en elle-même. Elle ne laissait pas une forte impression.

— A-t-elle dit quelque chose avant le début de la séance ?

— Oui, en effet. Il est curieux que vous me demandiez cela. Je n'en ai pas parlé avant, sans doute parce que l'inspecteur Bailey ne m'a pas interrogée là-dessus. Oui, elle nous a regardées — le groupe était au complet — et elle nous a demandé si quelqu'un avait pris quelque chose dans sa chambre.

— A-t-elle précisé quoi ?

— Non. Elle était là, debout, avec ce regard agressif et accusateur qu'elle avait parfois et a dit : “ Quelqu'un aurait-il été prendre quelque chose dans ma chambre, ce matin ? ". Personne n'a répondu. Nous avons juste hoché la tête, sans lui prêter attention. Heather était le genre à faire des histoires pour des riens. De toute manière, les jumelles étaient en train de préparer l'expérience et nous, de bavarder. On ne la prenait jamais très au sérieux. Je me demande même si la moitié des filles l'ont entendue.

— Comment a-t-elle réagi ? Vous a-t-elle semblé soucieuse, angoissée ou en colère ?

— Rien de tout cela. C'est bizarre, je m'en souviens maintenant. Elle a eu l'air satisfait, presque triomphant, comme si elle avait prévu un truc qui venait de se réaliser. Je ne sais pas pourquoi cela m'a frappée mais c'est ainsi. Ensuite Miss Gearing a fait l'appel et la séance a commencé. »

Dalgliesh se tut, et Madeleine Goodale finit par interpréter son silence pour un congé. Elle se leva avec la même grâce tranquille avec laquelle elle s'était assise, défroissa sa blouse d'un geste rapide, lança à Dalgliesh un dernier regard interrogatif et se dirigea vers la porte. Soudain, comme cédant à une brusque impulsion, elle fit volte-face.

« Vous m'avez demandé si quelqu'un pourrait avoir eu des raisons de tuer Jo. Je vous ai répondu non. Mais j'imagine qu'un motif légal est quelque chose de différent. J'aurais dû vous préciser que, selon certains, je devrais avoir un mobile.

— Lequel ?

— Je pense être l'héritière de Jo. Elle m'avait dit, il y a trois mois, qu'elle avait rédigé son testament et qu'elle me léguait tout ce qu'elle possédait. Elle m'a donné le nom et l'adresse de son notaire. Je peux vous les transmettre. Il ne m'a pas encore écrit, mais je suppose que cela ne devrait tarder, si Jo a réellement fait son testament — ce que je crois. Ce n'était pas le genre de fille à ne pas tenir ses promesses. Souhaitez-vous contacter son notaire tout de suite ? Ce sont des procédures qui prennent du temps, n'est-ce pas ?

— Vous a-t-elle expliqué pourquoi elle voulait faire de vous sa légataire ?

— Il fallait bien qu'elle laisse son argent à quelqu'un et

elle pensait que j'en ferais bon usage. Je n'ai pas pris la chose très au sérieux, et elle non plus, à mon avis. Après tout, elle n'avait que trente et un ans et n'était pas censée mourir. Elle m'a d'ailleurs avertie qu'elle pourrait très bien changer d'idée avant même d'être assez vieille pour que je commence à pouvoir vraiment compter là-dessus. Elle se marierait sûrement un jour. Mais elle voulait faire un testament et elle ne pouvait penser à personne d'autre que moi. Je n'ai jamais considéré cela autrement que comme une formalité et n'imaginais pas qu'elle eût beaucoup d'argent. C'est seulement quand nous avons discuté du prix de l'avortement que j'ai appris le montant de sa fortune.

— Était-ce... est-ce une grosse somme ?

— Seize mille livres environ, répondit la jeune fille calmement. L'assurance de ses parents. Pas mal, n'est-ce pas commissaire ? ajouta-t-elle avec un sourire un peu crispé. Cela peut, en tout cas, constituer un mobile respectable. Nous allons maintenant pouvoir installer le chauffage central dans le presbytère de mon fiancé. Et si vous voyiez les douze pièces, toutes situées au nord ou à l'est, vous ne douteriez pas un instant d'avoir là un mobile parfait pour un meurtre.

III

Miss Rolfe et Miss Gearing attendaient avec les élèves dans la bibliothèque ; elles étaient venues pour les occuper en lectures ou révisions. Il était difficile de dire jusqu'à quel point les filles étaient réellement concentrées, mais elles offraient un tableau serein et studieux. Installées aux bureaux, face aux fenêtres, elles semblaient absorbées par les livres ouverts devant elles. Hilda Rolfe et Mavis Gearing, comme pour souligner leur fonction et leur mutuelle solidarité, avaient pris place, côte à côte, sur le canapé devant le poêle. Hilda Rolfe corrigeait au stylo à bille vert le travail des cinquième année, prenant les cahiers au fur et à mesure sur une pile à ses pieds et les posant, une fois annotés, sur une autre pile à côté d'elle. Mavis Gearing était visiblement en train de rédiger quelques notes pour son prochain cours mais avait du mal à détourner les yeux des hiéroglyphes énergiques de sa collègue.

La porte s'ouvrit et Madeleine Goodale revint. Sans un mot, elle alla se rasseoir, prit un crayon et se remit au travail.

« Goodale semble calme, chuchota Miss Gearing. C'est quand même curieux pour la meilleure amie de Fallon.

Miss Rolfe ne daigna pas lever les yeux.

« Elle se fichait de Fallon. Goodale est dotée d'un capital émotionnel très limité, qu'elle a, je suppose, totalement épuisé avec ce terne garçon qu'elle doit épouser, dit-elle sèchement.

— C'est un bel homme pourtant. Si tu veux mon avis, elle a eu de la chance de tomber sur lui. »

Mais le sujet devait présenter un intérêt limité pour Miss Rolfe, qui ne chercha pas à poursuivre la conversation. Une minute plus tard, elle demanda d'un ton grognon :

« Pourquoi la police ne fait-elle pas venir quelqu'un d'autre ?

— Ça va venir. »

Hilda Rolfe ajouta un autre cahier, généreusement paraphé de vert, au tas qui grossissait à côté d'elle. « Ils doivent être en train de décortiquer la déposition de Goodale.

— Ils auraient dû nous convoquer d'abord. Après tout, nous sommes monitrices. La directrice aurait pu le leur dire. Et pourquoi Brumfett n'est-elle pas là ? Je ne vois pas pourquoi elle aurait droit à un traitement de faveur.

— Trop occupée, répondit Hilda Rolfe. Deux élèves de seconde année ont attrapé la grippe. Elle a rédigé un compte rendu de ses faits et gestes de la nuit dernière et l'a fait porter à Mr. Dalgliesh. J'ai rencontré l'agent hospitalier qu'elle avait chargé du message. Il voulait savoir où se trouvait le monsieur de Scotland Yard. »

Mavis Gearing répliqua vivement :

« Tout cela est très joli, mais elle devrait être ici. Et nous, nous ne sommes pas occupées, peut-être ? Brumfett habite

Nightingale ; elle avait, autant qu'une autre, l'occasion de tuer Fallon !

— Plus, dit Hilda Rolfe calmement.

— Que veux-tu dire ?

La voix stridente de Mavis Gearing résonna dans la bibliothèque silencieuse et une des jumelles leva la tête.

« Elle a eu Fallon sous la main pendant dix jours, à l'infirmerie.

— Mais, tu ne veux tout de même pas dire que... Brumfett n'aurait jamais fait ça !

— Exactement ! coupa froidement Hilda Rolfe. Alors, pourquoi faire des remarques stupides ? »

Elles se turent. On n'entendait plus que le bruissement des feuilles de papier et le ronronnement du poêle. Mavis Gearing s'agita.

« Je suppose que si Brumfett a encore perdu deux infirmières, elle demandera à la directrice de les remplacer par deux filles de ce groupe-ci. Elle vise les jumelles, je le sais.

— Ce serait dommage. Leur travail a été suffisamment perturbé comme ça ! C'est la dernière session théorique avant les examens. La directrice n'acceptera pas.

— Je n'en suis pas si sûre. N'oublie pas qu'elle refuse rarement quelque chose à Brumfett. A propos, j'ai entendu dire qu'elles doivent partir en vacances ensemble cet été. Un des assistants de pharmacie le tient de la secrétaire de Miss Taylor : elle a l'intention de faire l'Irlande en voiture. »

« Bon Dieu, impossible d'avoir une vie privée, ici ! » pensa Hilda Rolfe. Mais elle ne dit rien. Elle se contenta de s'écarter de quelques centimètres de sa trop remuante voisine.

La sonnerie du téléphone retentit alors. Mavis Gearing se précipita pour décrocher, puis tourna vers les élèves un visage déçu.

« C'est l'inspecteur Masterson. Le commissaire Dalgliesh aimerait voir les deux sœurs Burt, s'il vous plaît. Il se trouve maintenant dans la salle d'attente des visiteurs, à cet étage. »

Calmement et en silence, les jumelles fermèrent leur livre et sortirent.

IV

Une demi-heure plus tard, l'inspecteur Masterson était en train de faire le café. On avait installé, dans un grand renfoncement de la salle d'attente, une mini-cuisine, avec un évier et un buffet recouvert d'une plaque de formica sur laquelle était posé un réchaud à gaz. Le buffet avait été nettoyé et on n'y avait laissé que quatre grands gobelets, du sucre, du thé, une boîte de biscuits, un large pot en faïence, une passoire et trois sachets transparents de café moulu, empaqueté sous vide. Sur le bord de l'évier, se trouvaient deux bouteilles de lait. Le dépôt de crème était nettement visible, pourtant l'inspecteur Masterson, après en avoir débouché une, la renifla suspicieusement avant d'en verser un peu dans une casserole. Il réchauffa le pot en faïence sous l'eau chaude du robinet, l'essuya soigneusement avec le torchon pendu près de l'évier, y versa une généreuse cuillère de café et attendit que l'eau se mette à bouillir. Il trouvait l'installation tout à fait convenable. Puisqu'il leur fallait établir leurs quartiers à Nightingale House, cette pièce ferait parfaitement l'affaire et le café était une délicate attention dont il remercia mentalement Paul Hudson. Le secrétaire de l'hôpital lui avait semblé être un homme ingénieux et efficace. Son travail ne devait pas être facile. Le pauvre diable passait certainement de sales moments entre ces deux vieux idiots de Kealey et de Grout, sans parler de cette garce de directrice qui devait avoir la prétention de se mêler de tout !

Il passa le café méticuleusement puis en apporta une tasse à Dalgliesh. Ils le burent ensemble en regardant le parc dévasté par l'orage. Tous deux détestaient la mauvaise cuisine et le café en poudre. Masterson se disait que jamais lui et son chef ne s'appréciaient tant que lorsqu'ils frémissaient ensemble devant les médiocres repas de l'auberge, ou qu'ils goûtaient, comme maintenant, le plaisir d'un vrai bon café. Dalgliesh tenait sa tasse à pleines mains pour se réchauffer. Mary Taylor, se dit-il, avait encore fait preuve d'efficacité et d'ingéniosité en pensant à leur fournir de quoi faire du vrai café. Son travail ne devait pas être facile. Kealey et Grout n'étaient sûrement pas d'un grand secours et Paul Hudson, trop jeune pour l'aider beaucoup.

Masterson avala plusieurs gorgées puis dit : « L'interrogatoire a été décevant, non ?

— Les sœurs Burt ? Oui. Je dois avouer que j'espérais quelque chose de plus intéressant. Après tout, elles sont au cœur du mystère. Ce sont elles qui ont administré à Pearce le fatal breuvage, qui ont vu Fallon revenir à Nightingale House et qui ont aperçu Miss Brumfett déambuler dans les couloirs aux premières heures du jour. Mais nous savions déjà tout cela et nous n'en avons pas appris davantage. »

Dalgliesh revit la scène. Masterson avait apporté une seconde chaise quand les deux jumelles étaient entrées ; elles s'étaient assises côte à côte, leurs mains couvertes de taches de rousseur cérémonieusement posées sur les genoux, les jambes modestement croisées, chacune le strict reflet de l'autre. Leurs réponses polies, en contre-chant, avec leurs *r* de gorge typiques de l'ouest, étaient aussi agréables à l'oreille que leur fraîche bonne santé à l'œil. Il avait trouvé les deux filles plutôt sympathiques. Bien sûr, elles pouvaient être deux complices expertes ; tout était possible. Sans aucun doute, il leur aurait été particulièrement facile de verser du poison dans le goutte-à-goutte et, comme n'importe qui à Nightingale House, elles avaient eu l'occasion de tripatouiller le whisky de Fallon. Mais elles s'étaient montrées très à l'aise ; un peu ennuyées d'avoir à répéter leur histoire, mais pas du tout effrayées ni inquiètes. Parfois, elles lui jetaient un regard vaguement soucieux, comme à un malade difficile dont l'état commence à être préoccupant. Il avait déjà remarqué cette expression compatissante chez d'autres infirmières au cours de leur première entrevue dans la salle de travaux pratiques, et en avait été déconcerté.

« Vous n'avez rien remarqué d'étrange dans le lait ? »

Elles avaient répondu presque à l'unisson, avec la sereine logique du bon sens.

« Non. Sinon nous n'aurions pas poursuivi l'intubation, c'est évident.

— Vous souvenez-vous du moment où vous avez débouché la bouteille ? Tout était-il normal ? »

Leurs yeux bleus se croisèrent. Ce fut Maureen qui répondit.

« Nous ne nous rappelons pas bien. Mais même si la bouteille avait été mal bouchée, nous n'aurions pas pensé que quelqu'un ait pu y toucher. Nous nous serions simplement dit que ce devait être de la faute de la coopérative laitière. »

Shirley enchaîna.

« De toute façon, nous n'aurions rien remarqué même si quelque chose avait cloché. Vous comprenez, l'important pour nous était de nous assurer que nous avions bien tous les instruments nécessaires. Nous savions que Miss Beale et la directrice allaient arriver d'une minute à l'autre. »

Telle était donc l'explication. C'étaient des filles entraînées à l'observation, mais à une observation spécifique et limitée. Avec un malade, pas un signe, pas un symptôme, pas un clignement de paupière, pas un battement de pouls ne leur eût échappé ; mais qu'il se soit produit un événement — même grave — dans la chambre, et elles ne s'en seraient probablement pas aperçu ! Toute leur attention avait été mobilisée par l'expérience, l'appareil, le matériel, la malade. La bouteille de lait, elle, ne posait aucun problème. Elles ne s'en étaient pas soucié. Pourtant, c'étaient des filles de fermiers. L'une d'elle — Maureen, en fait — avait versé le lait dans le verre gradué. Était-il possible qu'elle n'ait rien remarqué d'anormal dans sa couleur, sa substance, son odeur ?

« Ce n'était pas comme si ça avait empesté le phénol, dit alors Maureen en réponse à ses pensées. De toute manière, la salle de T.P. pue le désinfectant. Miss Collins en inonde la pièce comme si nous étions toutes lépreuses.

— Le phénol n'a aucune action contre la lèpre », s'exclama Shirley en riant.

Elles avaient échangé un sourire de joyeuse complicité.

L'interrogatoire avait poursuivi son cours. Elles n'avaient pas de théorie à avancer, pas de suggestion à proposer. Elles ne connaissaient personne qui aurait pu souhaiter la mort de Pearce ou de Fallon et pourtant, dans la mesure où les faits étaient là, elles ne s'en étonnaient pas outre mesure. Elles se rappelaient chaque mot de leur conversation au petit matin avec Miss Brumfett, mais la rencontre ne les avait pas spécialement frappées. Quand Dalgliesh avait demandé si la monitrice leur avait paru anormalement préoccupée ou inquiète, elles avaient levé les yeux sur lui avec un haussement de sourcils perplexe, puis avaient répondu qu'elle était exactement comme à l'ordinaire.

« Une façon, en somme, de leur demander de but en blanc si Miss Brumfett avait la tête de quelqu'un qui vient de commettre un meurtre, dit brusquement Masterson comme s'il avait été doué de télépathie. Vous ne pouviez être plus clair. Drôles de filles, d'une discrétion exemplaire.

— Au moins, elles sont certaines de l'heure. Elles ont emporté la bouteille de lait en salle de travaux pratiques un peu après sept heures. Elles l'ont déposée telle quelle sur le chariot avec les autres instruments pendant qu'elles s'affairaient à leurs préparatifs. A sept heures vingt-cinq, elles ont quitté la salle pour aller prendre leur petit déjeuner et la bouteille était toujours à la même place quand elles sont revenues à neuf heures moins vingt reprendre leurs manipulations. Elles ont alors placé la bouteille, toujours bouchée, dans un pot d'eau chaude pour l'amener à la température du corps et l'ont laissée là jusqu'au moment où elles ont versé le lait dans le verre gradué, deux minutes environ avant que Miss Beale, la directrice et les autres, n'arrivent. La plupart des suspects ont pris ensemble leur petit déjeuner entre huit heures et huit heures vingt-cinq, de sorte que le criminel a pu opérer soit entre sept heures vingt-cinq et huit heures, soit dans le court laps de temps qui s'est écoulé entre la fin du petit déjeuner et le retour des jumelles dans la salle de travaux pratiques.

« Je continue à trouver curieux qu'elles n'aient rien remarqué d'anormal, dit Masterson.

— Il se peut qu'elles en aient plus vu qu'elles ne le pensent. Elles ont déjà raconté leur histoire une bonne dizaine de fois. Durant la semaine qui a suivi la mort de Pearce, leurs premières déclarations se sont fixées dans leur esprit et ont pris la valeur de vérités immuables. C'est pourquoi je ne leur ai pas posé la question cruciale à propos de la bouteille de lait. Si jamais elles m'apportaient une mauvaise réponse maintenant, elles n'en démordraient plus. Seul un choc pourrait les aider à revoir la scène avec un œil neuf. Je n'aime pas les reconstitutions ; elles me donnent toujours l'impression d'être un détective de roman policier, mais il me semble que dans ce cas, cela s'impose. Vous pourrez l'organiser avec Greeson. Cela l'amusera, j'en suis sûr. »

Il donna, à ce propos, quelques directives à Masterson puis poursuivit : « Inutile d'y inclure les monitrices. Il faudra que vous vous munissiez de désinfectant. Demandez-en à Miss Collins. Mais, pour l'amour de Dieu, faites attention ! Nous n'avons pas besoin d'un troisième drame. »

L'inspecteur Masterson ramassa les deux gobelets et les mit dans l'évier.

« La malchance s'est abattue sur Nightingale House, mais je ne pense pas que le meurtrier puisse frapper à nouveau tant que nous serons dans les parages. »

Masterson venait de faire là une prédiction peu clairvoyante.

V

Depuis sa première rencontre avec Dalgliesh en début de matinée à l'office, Hilda Rolfe avait eu le temps de se remettre et de réfléchir. Comme il s'y était attendu, elle se montra beaucoup moins coopérative. Elle avait déjà remis à l'inspecteur Bailey un compte rendu clair et précis des manipulations effectuées en salle de travaux pratiques pour la pose de la sonde gastrique, et détaillé ses faits et gestes le matin du meurtre de Pearce. Elle confirma sa première déposition sans faire d'histoires. Elle savait que Pearce devait remplacer Fallon et fit sarcastiquement remarquer qu'il eût été grotesque de le nier, étant donné que Madeleine Goodale l'avait appelée quand Fallon était tombée malade.

« Avez-vous douté de l'authenticité de sa maladie ? lui demanda Dalgliesh.

— Sur le coup ?

— Sur le coup, ou maintenant.

— Sans doute insinuez-vous que Fallon aurait pu feindre d'avoir attrapé la grippe pour laisser sa place à Pearce et qu'elle serait ensuite revenue en catimini à Nightingale House verser le poison dans son goutte-à-goutte ? J'ignore le motif de son retour, mais elle ne faisait pas semblant d'être malade, je peux vous le garantir. Même Fallon n'aurait pas été capable de simuler un 40° de fièvre, des frissons et un pouls emballé. Elle allait vraiment très mal cette nuit-là, et pendant les dix jours qui ont suivi. »

Dalgliesh lui fit observer que dans ces conditions, il était alors encore plus curieux qu'elle ait été capable de faire le chemin jusqu'à Nightingale House le lendemain matin. Miss Rolfe répliqua que c'était en effet si curieux que seule une raison impérative avait dû l'y pousser. Dalgliesh lui demanda si elle pouvait imaginer laquelle. Elle rétorqua que ce n'était pas à elle d'élaborer des théories, puis ajouta, comme cédant à une soudaine impulsion :

« Mais ce n'était pas pour tuer Pearce. C'était une fille

extrêmement intelligente, de loin la plus intelligente de sa classe. En admettant qu'elle soit revenue pour mettre le corrosif dans le lait, elle devait certainement savoir qu'elle courait le risque d'être vue à Nightingale House, même si son absence était passée inaperçue à l'infirmerie. Elle aurait donc pris soin de préparer une petite histoire pour expliquer sa présence. Ça lui aurait été facile. Or elle a, paraît-il, refusé d'expliquer la chose à l'inspecteur Bailey.

— Peut-être était-elle justement assez intelligente pour supposer que ce serait la seule manière d'interpréter ce refus inexplicable.

— Une sorte de double bluff ? Je ne le pense pas. C'eût été trop compter sur l'intelligence de la police. »

Elle admit calmement qu'elle n'avait pas d'alibi entre sept heures du matin, heure à laquelle les jumelles étaient allées chercher la bouteille de lait à la cuisine, et neuf heures moins dix, quand elle avait rejoint le docteur Courtney-Briggs et la directrice dans son salon pour attendre l'arrivée de Miss Beale — sauf pour le petit déjeuner qu'elle avait pris à la même table qu'Ethel Brumfett et Mavis Gearing, entre huit heures et huit heures vingt-cinq. Miss Brumfett avait été la première à quitter la salle à manger ; elle l'avait suivie vers huit heures vingt-cinq. Elle s'était d'abord rendue à son bureau, tout à côté de la salle de travaux pratiques, mais comme elle y avait trouvé Mr. Courtney-Briggs, elle était remontée dans sa chambre, au troisième étage.

Quand Dalgliesh lui demanda si Miss Gearing et Miss Brumfett lui avaient paru dans leur état normal, elle répliqua sèchement qu'elle n'avait noté aucun signe de manie homicide, si c'était bien ce qu'il voulait dire. Gearing lisait le *Daily Mirror* et Brumfett le *Nursing Times*. Peut-être étaient-ce là des détails significatifs ? Leur conversation s'était réduite au strict minimum. Elle regrettait de ne pouvoir citer de témoin pour ses propres déplacements, avant ou après le repas, mais il comprendrait sans doute que depuis de nombreuses années déjà, elle préférait se laver et aller aux toilettes toute seule. En outre, elle accordait du prix à ses derniers moments de liberté avant le début de sa journée de travail et avait tendance à fuir toute compagnie.

« Avez-vous été étonnée de voir votre bureau occupé par le docteur Courtney-Briggs ?

— Pas spécialement, étant donné qu'il avait passé la nuit à l'hôpital et était venu tôt à Nightingale House pour accueillir l'inspectrice de la D.A.S.S. Il avait peut-être une lettre à écrire. Courtney-Briggs s'arroge le droit d'utiliser comme son propre cabinet toutes les pièces de John Carpendar. »

Dalgliesh lui demanda de lui décrire ses faits et gestes de la veille au soir. Elle répéta qu'elle était allée seule au cinéma, mais ajouta, cette fois, qu'elle avait rencontré Julia Pardoe en sortant et qu'elles étaient revenues ensemble. Elles étaient passées par la porte de Winchester, dont elle avait une clé, et étaient rentrées à Nightingale peu après vingt-trois heures. Elle était montée se coucher aussitôt et n'avait vu personne. Julia Pardoe avait dû faire la même chose, à moins qu'elle ne soit allée dire bonsoir à ses camarades au salon.

« Vous n'avez donc rien à m'apprendre ? Rien qui puisse m'aider ?

— Rien.

— Pas même la raison pour laquelle vous avez menti sans nécessité en affirmant d'abord avoir été seule au cinéma ?

— Non. Je ne pensais pas que ma vie privée pût vous intéresser.

— Miss Rolfe, deux de vos élèves sont mortes, dit Dalgliesh calmement. Je suis ici pour découvrir comment et pourquoi. Si vous refusez de coopérer, dites-le franchement. Vous n'êtes pas obligée de répondre à mes questions. Mais ce n'est pas à vous de décider si elles sont pertinentes ou non. C'est moi qui dirige cette enquête et je le fais à ma façon.

— Je vois. Vous établissez les règles du jeu et, de notre côté, il ne nous reste qu'à dire pouce quand nous en avons assez. C'est un jeu dangereux, monsieur Dalgliesh.

— Parlez-moi des élèves. Vous êtes leur monitrice principale. Vous devez savoir pas mal de choses et je suis sûr que vous êtes bon juge en matière de caractères. Commençons par Madeleine Goodale. »

Que ce choix l'ait surprise ou soulagée, elle n'en laissa rien paraître.

« Madeleine Goodale est censée obtenir la médaille d'or de la meilleure infirmière à la fin de l'année. Elle est moins intelligente que Fallon ne l'était, mais c'est une fille très consciencieuse qui travaille beaucoup. Elle est d'ici. Son père est à la tête d'une agence immobilière prospère — une vieille affaire familiale ; il est bien connu en ville. Il a fait partie du comité de gestion de l'hôpital durant de nombreuses années. Madeleine a suivi ses études au lycée de Heatheringfield puis est entrée chez nous. Je ne crois pas qu'elle ait jamais envisagé de s'inscrire ailleurs. Toute la famille est solidement implantée dans la région. Elle est fiancée au jeune pasteur de la Sainte Trinité et je crois savoir qu'ils ont l'intention de se marier dès qu'elle aura obtenu son diplôme. Un autre talent perdu pour la profession, mais je suppose qu'elle sait ce qu'elle fait !

— Les sœurs Burt ?

— De braves filles sensées, avec plus d'imagination et de sensibilité qu'on ne veut bien leur en accorder. Leurs parents sont des fermiers du Gloucester. Je ne sais pas trop pourquoi elles sont venues ici. Je crois qu'une cousine à elle a été une de nos élèves et qu'elle s'en est trouvée contente. Ce sont bien des filles à choisir une école sur ce genre de critères. Sans être particulièrement intelligentes, elles sont loin d'être bêtes. Heureusement, nous ne sommes pas obligées de nous encombrer d'idiotes ! Toutes les deux ont un ami et Maureen est déjà fiancée. D'après moi, elles ne resteront pas infirmières toute leur vie.

— Vous allez finir par avoir des problèmes dans la profession si l'abandon du métier après le mariage se généralise.

— Nous en avons déjà, répliqua sèchement Miss Rolfe. De qui d'autre voulez-vous que je vous parle ?

— De Christine Dakers.

— Pauvre gosse ! Une autre fille du coin, mais issue d'un milieu très différent que celui de Goodale. Le père était un petit fonctionnaire qui est mort d'un cancer alors qu'elle avait douze ans. La mère se débat avec sa petite pension. Goodale et elle ont fréquenté le même lycée mais n'ont jamais été amies. Dakers est une élève consciencieuse qui travaille dur et a beaucoup d'ambition. Elle se débrouille, mais sans plus, car elle se fatigue vite et n'est pas de constitution robuste. On la considère généralement comme timide et terriblement émotive, quel que soit le sens qu'on accorde à cet euphémisme. Mais Christine Dakers est, malgré tout, assez forte. On n'arrive pas en troisième année si l'on est fondamentalement quelqu'un de faible, physiquement ou moralement.

— Julia Pardoe ? »

Hilda Rolfe était maintenant en pleine possession de ses moyens. Il n'y eut aucun changement perceptible dans sa voix.

« Enfant unique de divorcés. La mère est une jolie femme, égoïste, incapable de garder longtemps le même mari. Elle en est actuellement à son troisième. Je crois d'ailleurs que la fille ignore qui est son père. Elle n'est pas restée longtemps à la maison. Sa mère l'a envoyée en pension à l'âge de cinq ans. Elle a fait des études chaotiques et est arrivée ici directement après sa dernière année. Les élèves de ce type d'établissements privés se débrouillent toujours pour en apprendre un peu plus que ce qu'on veut bien leur enseigner. Elle a d'abord posé sa candidature pour un centre hospitalier londonien. Elle ne correspondait pas vraiment à leurs critères sociaux ou scolaires et la directrice l'a dirigée chez nous. Notre école — comme d'autres du même genre — a passé des accords avec les centres hospitaliers. Ces derniers reçoivent une douzaine de candidatures pour une place. Snobisme, évidemment ! Et puis, ces demoiselles ont l'espoir d'y trouver un mari. Nous nous faisons un plaisir d'accueillir certaines des candidates qu'ils refusent. Elles font souvent de bien meilleures infirmières que celles qu'ils acceptent. Malgré son manque de formation intellectuelle, Pardoe est intelligente. C'est une infirmière attentive et sensible.

— Vous savez beaucoup de choses sur vos élèves.

— Je considère que cela fait partie de mon métier. Mais n'attendez pas de moi que je vous donne mon opinion sur mes collègues.

— Miss Gearing et Miss Brumfett ? Non. Mais j'aurais souhaité que vous me parliez de Fallon et de Pearce.

— Je ne peux pas vous dire grand-chose sur Fallon. C'était une fille réservée, secrète même. Intelligente, naturellement, et plus mûre que les autres. Je n'ai eu qu'une conversation personnelle avec elle. C'était à la fin de sa première année. Je l'ai convoquée et l'ai engagée à me donner ses impressions sur le métier d'infirmière. Il était intéressant d'apprendre ce que quelqu'un qui n'était pas fraîchement sortie du lycée pensait de nos méthodes. Selon elle, elle ne pouvait pas vraiment juger alors qu'elle n'avait pas achevé sa formation et qu'on traitait les élèves un peu comme des filles de cuisine vaguement demeurées ; pourtant, elle voulait continuer. Quand je lui ai demandé ce qui l'avait attirée vers cette profession, elle a répondu qu'elle souhaitait acquérir une qualification qui lui permette d'être indépendante n'importe où et de toujours trouver du travail. Je ne pense pas qu'elle ait eu quelque ambition carriériste. Pour elle, il ne s'agissait que d'un moyen en vue d'une fin. Mais je peux me tromper. Comme je vous l'ai dit, je la connaissais mal.

— Vous ne savez donc pas si elle avait des ennemis ?

— Je ne vois pas pourquoi on aurait voulu la tuer, si c'est bien le sens de votre question. Heather Pearce était une victime beaucoup plus vraisemblable. »

Dalgliesh lui demanda de s'expliquer.

« Je ne l'aimais pas beaucoup. Je ne l'ai pas tuée, car je ne suis pas du genre à assassiner les gens qui me sont antipathiques. C'était une fille étrange, semeuse de discorde et hypocrite. Inutile de me demander comment je le sais. Je n'ai pas de preuve à vous fournir et, si j'en avais, je ne pense pas que je vous les donnerais.

— Vous ne trouvez donc pas surprenant qu'elle ait été assassinée.

— Étonnant, plutôt. Mais je n'ai pas pensé une seconde que sa mort fût un suicide ou un accident.

— Et qui pourrait l'avoir tuée, selon vous ? »

Hilda Rolfe lui lança un regard sardonique.

« A vous de me le dire, commissaire ! »

VI

« Vous êtes donc allée toute seule au cinéma hier soir ?

— Oui, je vous l'ai dit.

— Et vous avez vu une reprise de *l'Avventura*. Sans doute vous êtes-vous dit qu'Antonioni a des subtilités que l'on goûte mieux sans compagnie. A moins que personne n'ait voulu vous y accompagner ? »

Elle ne put, naturellement, laisser passer l'insinuation.

« Il y a des tas de gens prêts à m'emmener au cinoche, si je veux. »

« Au cinoche. » De son temps on disait « se faire une bobine ». Mais la coupure entre les générations recouvrait bien autre chose qu'une question de sémantique ; les différences étaient profondes. Dalgliesh ne la comprenait pas, tout simplement. Il n'avait pas la moindre idée de ce qui pouvait se passer derrière ce front lisse et enfantin. Les extraordinaires yeux violets, bien écartés sous la courbe harmonieuse des sourcils, le regardaient avec une neutralité défiante. Le visage félin, avec son petit menton rond et ses larges pommettes, n'exprimait rien de plus qu'un vague dégoût. Difficile d'imaginer quelqu'un de plus joli, ou de plus agréable, que Julia Pardoe au chevet d'un lit de malade ; à moins, bien sûr, que l'on ne soit souffrant au point de lui préférer le robuste bon sens des sœurs Burt ou la calme efficacité de Madeleine Goodale. Sans doute était-ce l'effet d'un préjugé, mais Dalgliesh avait du mal à imaginer qu'un homme pût accepter volontiers de remettre sa faiblesse ou sa détresse physique entre les mains de cette jeune femme hardie et narcissique. Et elle, que cherchait-elle dans ce métier ? Si John Carpendar avait été un centre hospitalier universitaire, il aurait compris. Sa façon d'écarquiller les yeux, irradiant soudain d'un éclair bleu son interlocuteur, d'entrouvrir ses lèvres légèrement humides sur une belle rangée de dents éburnéennes, eût été fort appréciée par les étudiants en médecine.

Il nota qu'elle n'était d'ailleurs pas sans effet sur l'inspecteur Masterson.

Qu'avait donc dit Hilda Rolfe ?

« Malgré son manque de formation intellectuelle, Pardoe est intelligente. C'est une infirmière attentive et sensible. »

Peut-être. Mais Hilda Rolfe était de parti pris, tout comme Dalgliesh, d'ailleurs, à sa manière.

Il poursuivit l'interrogatoire, résistant à la tentation du sarcasme et des piques faciles.

« Avez-vous aimé le film ?

— Pas mal.

— Et après ce film pas mal, à quelle heure êtes-vous rentrée à Nightingale House ?

— Je ne sais pas exactement. Un peu avant onze heures, je crois. J'ai rencontré Miss Rolfe à la sortie et nous avons fait ensemble le chemin du retour. Je suppose qu'elle vous l'a dit. »

Ainsi, elles avaient dû se parler depuis le matin. La fille répétait l'histoire qu'elles avaient mise au point sans se soucier qu'on la crût ou non. Il serait, bien sûr, facile de vérifier. La caissière pourrait se souvenir si elle les avait vues arriver ensemble ou non. Mais cela ne valait pas vraiment la peine, à moins qu'elles n'aient passé la soirée à concocter leur crime tout en s'imbibant de culture. Dans ce cas, il avait devant lui une meurtrière assez peu torturée.

— Qu'avez-vous fait en rentrant ?

— Rien. Je suis allée au salon ; elles étaient toutes à

regarder la télé. En fait, elles ont éteint quand je suis arrivée. Les jumelles sont allées faire un thé à l'office et nous sommes allées le boire dans la chambre de Maureen. Christine Dakers nous a rejointes. Madeleine Goodale est restée avec Jo Fallon. Je ne sais pas à quelle heure elles sont montées. Je suis allée me coucher tout de suite après. Avant minuit, j'étais endormie. »

Possible. Mais elle avait aussi pu commettre le crime très simplement. Rien ne l'aurait empêchée d'attendre dans un des cabinets de toilette jusqu'au moment où elle aurait entendu Fallon faire couler son bain. Julia Pardoe savait, comme tout le monde, que son citron pressé chaud au whisky refroidissait sur sa table de chevet. Quoi de plus facile que de se glisser dans sa chambre pour verser quelque chose dans la boisson ? Et alors ? Dalgliesh trouvait pénible de travailler ainsi dans le noir et d'en être réduit à élaborer des théories sur des faits qui n'étaient pas encore établis ! Avant les résultats complets de l'autopsie et de la toxicologie, il n'était même pas sûr d'avoir affaire à un meurtre !

Il changea soudain de tactique.

« La mort de Heather Pearce vous a-t-elle peinée ? »

Une fois de plus, les grands yeux ouverts, la petite *moue** perplexe laissant entendre la stupidité de la question.

« Bien sûr ! » Une pause. « Elle ne m'a jamais fait de mal.

— Et aux autres ?

— Demandez-le leur. »

Autre pause. Avait-elle l'impression de s'être montrée bêtement agressive ? « Quel mal aurait-elle pu faire ? » ajouta-t-elle.

Aucune nuance de mépris dans sa voix ; simplement l'indifférence d'un constat objectif.

« Quelqu'un l'a tuée. On peut donc penser qu'elle n'était pas inoffensive. Il faut qu'on l'ait haïe assez fortement pour avoir voulu se débarrasser d'elle.

— Et si elle s'était suicidée ? Quand elle a avalé la sonde, elle savait ce qui allait lui arriver. Elle était terrifiée. Tout le monde s'en est aperçu. »

Julia Pardoe était la première élève à mentionner la peur de Pearce. L'autre personne qui l'avait remarquée était l'inspectrice de la Direction des Affaires Sanitaires et Sociales. Dans son rapport, elle avait insisté sur l'appréhension, presque la souffrance, qui s'était peinte sur le visage de la jeune fille. Que Julia Pardoe ait été capable d'une telle finesse de perception le surprenait.

« Croyez-vous vraiment qu'elle ait elle-même versé du poison corrosif dans le lait ? »

Les grands yeux bleus croisèrent les siens. Elle sourit légèrement.

« Non. Heather était toujours terrifiée par l'idée de jouer la malade. Elle détestait cela. Elle n'a jamais rien dit mais ça se voyait. Avaler cette sonde a dû lui être particulièrement pénible. Elle m'a raconté un jour qu'elle ne pouvait supporter l'idée d'un examen, ou d'une opération, de laryngologie. On lui avait enlevé les amygdales quand elle était petite et le médecin — ou l'infirmière — lui avait fait très mal. Bref, ça a été une expérience abominable pour elle, et elle en a gardé une phobie de tout ce qui touche à la gorge. Évidemment, elle aurait pu expliquer ça à Miss Gearing, et l'une d'entre nous l'aurait remplacée. Personne ne l'obligeait à subir cette torture. Mais Heather devait considérer cela comme un devoir, et c'était quelqu'un qui ne vivait que pour le devoir. »

Ainsi, tout le monde avait pu voir ce que Pearce ressentait et pourtant, deux personnes seulement s'en étaient aperçues, dont cette jeune femme apparemment insensible.

Dalgliesh était intrigué, mais pas particulièrement surpris que Heather Pearce ait choisi Julia Pardoe pour confidente. Il avait souvent rencontré cette attirance perverse qu'éprouvent les gens laids et méprisés pour ceux qui sont beaux et aimés. Parfois, l'inverse était également vrai. Étrange fascination mutuelle qui fondait bien des amitiés et des mariages autrement inexplicables. Mais si Heather Pearce avait fait quelques pathétiques avances à Julia Pardoe en lui racontant ses malheurs d'enfance dans l'espoir de gagner son amitié ou sa sympathie, elle s'était trompée. Julia Pardoe respectait la force, non la faiblesse. Elle devait être imperméable à la pitié. Pourtant, qui sait ? Pearce avait peut-être obtenu d'elle quelque chose ? Non pas de l'amitié, non pas de la sympathie ni même de la compassion, mais une forme de compréhension.

« Il me semble que vous en savez beaucoup plus sur Pearce que n'importe qui. Je ne crois pas que sa mort soit un suicide et vous non plus. Je veux que vous me disiez tout ce qui pourrait m'aider à découvrir un mobile. »

Il y eut un silence. Était-elle en train de peser le pour et le contre ? Puis, de sa voix enfantine, elle dit posément :

« Je crois qu'elle faisait chanter quelqu'un. Elle avait essayé avec moi.

— Racontez-moi cela. »

Elle le regarda pensivement comme si elle se demandait si elle pouvait lui faire confiance, ou si l'histoire valait la peine d'être rapportée, puis elle esquissa un petit sourire de réminiscence.

« Mon ami a passé une nuit avec moi l'année dernière. Pas ici ; dans les chambres de garde des infirmières à l'hôpital. J'ai déverrouillé une des sorties de secours pour le faire entrer. C'était pour rigoler, en fait.

— Était-ce quelqu'un qui travaille à John Carpendar ?

— Euh... Un des internes de chirurgie.

— Comment Heather Pearce s'en est-elle aperçue ?

— C'était la veille du probatoire — le premier examen pour le diplôme national. Heather avait toujours des problèmes d'estomac avant les examens. Sans doute s'est-elle traînée dans le couloir pour aller aux toilettes et m'a-t-elle vu faire entrer Nigel. A moins qu'elle n'ait entendu la porte au moment où elle était en train de se mettre au lit. Elle a pu aussi nous entendre rire ou un truc comme ça. Je suis certaine qu'elle a écouté le plus longtemps possible. Je me demande bien comment elle a pris ça ! Personne n'a jamais essayé de faire l'amour à Heather et je suis sûre que ça devait l'exciter d'entendre une autre fille au lit avec un homme. En tout cas, elle m'en a parlé le lendemain matin et m'a menacée de le dire à la directrice et de me faire renvoyer. »

Il n'y avait aucune trace de rancœur dans sa voix, plutôt de l'amusement. Cela ne l'avait pas plus inquiétée à l'époque qu'aujourd'hui.

« Et quel était le prix de son silence ? »

Quel qu'il fût, Dalgliesh aurait parié que Pardoe s'était débrouillée pour ne pas le payer.

« Elle n'avait pas encore décidé. Il fallait qu'elle y réfléchisse, car elle voulait que ce soit parfaitement approprié. Si vous aviez vu sa tête ! Rouge et congestionnée comme une horrible dinde ! Je me demande comment j'ai pu garder mon sérieux. J'ai fait semblant d'être inquiète et repentante et lui ai proposé d'en rediscuter le soir même. C'était pour me donner le temps d'avertir Nigel. Il vit avec sa mère, qui est veuve, dans la banlieue de la ville. Elle l'adore et je savais très bien qu'elle ne ferait aucune difficulté à jurer ses grands dieux qu'il avait passé la nuit à la maison. Elle se fichait complètement que nous sortions ensemble. Son Nigel chéri a le droit de prendre tout ce qui lui plaît. Mais je ne voulais pas que Heather en parle avant de mettre ça au point. Lorsque nous nous sommes revues dans la soirée, je lui ai annoncé que nous étions prêts à tout nier et que Nigel s'était trouvé un alibi. Heather avait oublié sa mère. Et elle avait aussi oublié autre chose ; à savoir que Nigel est le neveu du docteur Courtney-Briggs. De sorte que si elle avait parlé ce n'est pas moi qui aurais été vidée, mais elle. Heather était très bête en réalité.

— Vous avez fait preuve de beaucoup de sang-froid et de présence d'esprit. Vous ignorez donc le châtiment qu'elle vous réservait ?

— Pas du tout ! Je l'ai laissée parler avant de lui déballer mon histoire. Ça n'avait rien à voir avec un châtiment. Un chantage, plutôt. Elle voulait faire partie de ma bande.

— Votre bande ?

— Oui, Jennifer Blain et Diane Harper. A l'époque, je sortais avec Nigel ; Diane et Jennifer avec ses amis. Vous n'avez pas vu Jennifer ; elle a la grippe et elle est absente. Heather voulait qu'on lui fasse rencontrer un garçon pour pouvoir jouer la quatrième.

— Vous n'avez pas été étonnée ? D'après ce qu'on m'en a dit, Pearce n'était pas le genre de fille à s'intéresser au sexe.

— Tout le monde s'y intéresse d'une manière ou d'une autre. Mais Heather n'a pas présenté les choses comme ça : elle a dit qu'on ne pouvait pas nous faire confiance et que nous avions besoin d'être surveillées. Par elle, évidemment ! D'ailleurs, je savais quel type elle visait : Tom Mannix. Il était interne en pédiatrie à l'époque. Boutonneux et plutôt moche, mais il plaisait à Heather. Ils faisaient tous deux partie du cercle chrétien de John Carpendar. Après ses deux années ici, Tom voulait se faire missionnaire, ou un truc dans ce genre-là. Heather le trouvait à son goût, et je suis certaine que j'aurais pu le convaincre de sortir avec elle une ou deux fois. Mais ça n'aurait pas tellement arrangé ses affaires : ce n'était pas Heather qu'il voulait, mais moi. Vous savez ce que c'est. »

Oui, Dalgliesh savait ce que c'était. Le drame le plus banal du monde. Vous aimez quelqu'un qui ne vous aime pas. Pis, pour votre malheur, il en aime une autre. Qu'auraient fait la moitié des poètes et des romanciers sans cette tragicomédie universelle ? Mais Julia Pardoe n'y était pas du tout sensible. Si seulement sa voix avait trahi une pointe de pitié, ou du moins d'intérêt ! songea Dalgliesh. Mais le besoin désespéré d'amour qui avait conduit Pearce à cette pathétique tentative de chantage ne suscitait rien de plus chez sa victime qu'un mépris amusé. Et Julia Pardoe ne prenait même pas la peine de lui demander de garder le secret ! Comme si elle avait pu lire dans ses pensées, elle reprit :

« Que vous soyez au courant n'a aucune importance. Heather est morte. Jo aussi. Je veux dire qu'avec deux meurtres sur les bras, la directrice et le comité de gestion ont à régler des problèmes plus importants que ma petite aventure avec Nigel. Mais franchement, quand je repense à cette nuit... c'était hilarant ! Le lit était beaucoup trop petit et craquait tout le temps. Nigel et moi avons tant ri qu'on a à peine pu... Et puis, imaginer que Heather était là, l'œil quasiment collé au trou de la serrure ! »

Elle éclata soudain d'un rire spontané, franc et communicatif. Le visage épais de Masterson s'illumina d'un large sourire complice et, l'espace d'une incroyable seconde, Dalgliesh et lui durent faire un effort pour ne pas se joindre à son hilarité.

VII

Dalgliesh n'avait pas convoqué ses témoins dans un ordre préétabli, et ce fut sans aucune malicieuse arrière-pensée qu'il appela Miss Gearing en dernier. Cette longue attente ne lui avait pas été bénéfique. Elle avait manifestement pris le temps de se pomponner ; une manière, sans doute, de se protéger contre les traumatisantes rencontres que cette journée lui réservait. Mais le maquillage avait mal tenu. Le mascara avait coulé et bavait sur l'ombre à paupières ; des gouttes de sueur perlaient sur son front et une tache de rouge à lèvres maculait le creux de son menton. Peut-être s'était-elle nerveusement tripoté le visage sans s'en rendre compte ? Elle avait visiblement du mal à tenir ses mains tranquilles. Elle s'assit en tortillant son mouchoir entre ses doigts, croisant et décroisant sans cesse les jambes. Avant même que Dalgliesh ait ouvert la bouche, elle se lança dans un babillage frénétique.

« Vous et votre second logez chez les Maycroft au Falconer's Arms, n'est-ce pas ? J'espère que vous y êtes bien. Sheila est un peu barbante mais Bob gagne à être connu. »

C'était justement ce que Dalgliesh évitait avec soin. Il avait choisi le Falconer's Arms parce que c'était une petite auberge confortable, tranquille et à moitié vide. Il avait vite compris pourquoi. Le capitaine Robert Maycroft et sa femme se préoccupaient plus d'impressionner leurs hôtes par leur prétention à la distinction que par leur empressement à les servir, et Dalgliesh espérait ardemment en être sorti avant la fin de la semaine. En attendant, il ne trouvait pas que les Maycroft offrissent un quelconque intérêt de discussion. Il engagea donc Mavis Gearing, poliment mais fermement, à aborder des sujets plus appropriés.

A la différence des autres suspects, elle crut nécessaire de passer cinq minutes à exprimer son horreur devant la mort des deux filles. C'était trop horrible, tragique, affreux, brutal, incroyable, inoubliable, inexplicable. Son émotion devait être sincère, se dit Dalgliesh, même si elle l'exprimait sans originalité. Elle avait l'air réellement troublée. Il la soupçonna d'avoir aussi très peur.

Il lui demanda de retracer sa journée du lundi 12 janvier. Elle avait peu de choses neuves à lui apprendre et son récit correspondait à ce qui était noté dans le dossier. Elle s'était réveillée très en retard, s'était habillée en hâte et avait juste eu le temps d'arriver à huit heures dans la salle à manger pour prendre son petit déjeuner avec Ethei Brumfett et Hilda Rolfe. C'est alors qu'elle avait appris que Fallon était tombée malade dans la nuit. Dalgliesh lui demanda si elle se souvenait laquelle des deux monitrices l'avait mise au courant.

« Franchement non. Hilda Rolfe il me semble, mais je n'en jurerais pas. Entre une chose et l'autre, je n'étais pas vraiment dans mon assiette ce matin-là. Et puis, trop dormir n'arrange rien ; en plus, l'inspection me rendait un peu nerveuse. Après tout, ce n'était pas mon travail. Je ne faisais que remplacer Miss Manning. Même sans la présence de la directrice, de l'inspectrice de la D.A.S.S., de Mr. Courtney-Briggs et d'Hilda Rolfe, assis là à surveiller tous mes gestes, je peux vous dire que faire son premier T.P. devant une classe n'est déjà pas si facile. J'ai tout de suite pensé que puisque Fallon était absente, elles ne seraient plus que sept, ce qui m'arrangeait. En ce qui me concerne, moins il y en a, mieux ça vaut. Tout ce que j'espérais c'est que les gamines répondent intelligemment. »

Dalgliesh lui demanda qui avait quitté la salle à manger la première.

« Brumfett. Toujours aussi pressée de retourner dans sa salle, celle-là ! Je suis sortie après. J'ai apporté une tasse de café dans la serre et me suis assise cinq minutes pour revoir mes notes. J'y ai trouvé Christine Dakers, Diane Harper et Julia Pardoe. Harper et Pardoe bavardaient tandis que Dakers était dans un coin en train de lire une revue. Je ne suis pas restée longtemps ; elles y étaient encore quand je suis partie. Je suis montée dans ma chambre vers huit heures et demie, prenant mon courrier au passage, puis je suis redescendue en salle de travaux pratiques un peu avant neuf heures moins le quart. Les jumelles s'affairaient déjà à leurs préparatifs. Goodale est venue tout de suite après. Les autres sont arrivées ensemble vers neuf heures moins dix ; Pearce un peu plus tard. Elle était la dernière. Les filles ont papoté un peu avant qu'on s'y mette, mais je ne me souviens de rien. Vous connaissez la suite. »

Oui, mais bien qu'il ne crût pas devoir apprendre quelque chose d'intéressant, Dalgliesh la pria de lui raconter à nouveau les événements de cette tragique séance. Elle n'avait rien de neuf à lui dire. Cela avait été horrible, tragique, affreux, incroyable. De sa vie, elle ne l'oublierait.

Dalgliesh passa alors à la mort de Fallon. Mais là, Miss Gearing lui réservait une surprise. Elle fut la première à lui fournir un alibi, ou ce qu'elle prenait pour tel, et l'exposa avec une évidente satisfaction. De vingt heures à minuit, elle avait reçu un ami dans sa chambre. Elle confia son nom à Dalgliesh avec une timidité réticente. C'était Leonard Morris, le pharmacien principal de l'hôpital. Elle l'avait invité à manger de simples spaghettis bolognaise qu'elle avait préparés à l'office du troisième étage. Le repas avait été servi dans son salon vers vingt heures, peu après l'arrivée de son ami. Ils ne s'étaient pas quittés pendant les quatre heures qu'ils avaient passées ensemble, sauf pour les quelques minutes où elle était allée chercher le plat à la cuisine, et quand il avait été aux toilettes, vers minuit ; elle l'avait laissé seul pour la même raison, un peu plus tôt dans la soirée. Sinon, ils ne s'étaient pas perdus de vue une seconde. Elle s'empressa d'ajouter que Len — c'est-à-dire, Mr. Morris — serait trop heureux de confirmer son histoire. Len se souviendrait très bien des détails. En tant que pharmacien, c'était un homme d'une grande précision. Malheureusement, il n'était pas à l'hôpital ce matin. Il avait téléphoné à la pharmacie avant neuf heures pour prévenir qu'il était malade. Mais elle était sûre qu'il serait revenu le lendemain. Len détestait s'absenter.

Dalgliesh lui demanda à quelle heure il avait quitté Nightingale House.

« Eh bien, ce ne doit pas être longtemps après minuit. Je me souviens que lorsque la pendule a sonné les douze coups, il a dit qu'il était vraiment temps de partir. Nous sommes descendus cinq minutes plus tard par l'escalier de derrière, celui de la directrice. J'ai laissé la porte ouverte. Len a pris sa bicyclette, qu'il avait garée par là et je l'ai accompagné jusqu'au premier tournant. Ce n'était pas tout à fait une nuit à se promener, mais nous voulions encore discuter d'un ou deux points concernant l'hôpital ; Len donne des cours de pharmacologie aux élèves de seconde année. Et puis, je me suis dit qu'une bouffée d'air frais ne me ferait pas de mal. Len n'aime pas me laisser rentrer seule, de sorte qu'il m'a reconduite jusqu'à la porte. Il devait être à peu près minuit et quart quand nous nous sommes séparés. J'ai refermé à clé derrière moi et suis remontée directement dans ma chambre. J'ai débarrassé la table, j'ai fait la vaisselle à l'office puis je suis allée à la salle de bains. A une heure moins le quart, j'étais au lit. Je n'ai pas vu Fallon de toute la soirée. Ensuite, la seule chose dont je me souvienne c'est qu'Hilda Rolfe est venue me réveiller pour m'annoncer que Dakers l'avait trouvée morte dans son lit.

— Vous êtes sortie et rentrée par l'escalier de Miss Taylor. Sa porte n'était donc pas fermée à clé ?

— Non. Elle la laisse toujours ouverte quand elle s'en va. Elle sait que nous préférons utiliser son escalier privé ; c'est plus discret. Après tout, nous sommes des femmes adultes. Il n'est pas formellement interdit d'inviter des amis chez soi et il n'est pas particulièrement agréable de les exhiber dans le hall principal devant les élèves qui n'en peuvent plus de curiosité. Nous avons une directrice adorable. Je crois même qu'elle ne ferme pas son salon quand elle quitte Nightingale House. Je pense que c'est pour qu'Ethel Brumfett puisse en profiter. Brumfett, au cas où vous ne le sauriez pas, est l'épagneul de Miss Taylor. Toutes les directrices ont un chien. La nôtre a Brumfett. »

La note de cynisme amer était si inattendue que Masterson releva brusquement la tête de son calepin et regarda Mavis Gearing comme un examinateur surpris par une candidate terne révélant soudain des qualités insoupçonnées. Dalgliesh n'insista pas.

« Miss Brumfett a-t-elle utilisé l'appartement de Miss Taylor, la nuit dernière ?

— A minuit ? Oh, non ! certainement pas. Elle se couche toujours tôt, sauf quand elle va courir la prétentaine en ville avec la directrice. Elle se fait quelque chose à boire à dix heures et quart puis se met au lit. De toute façon, elle n'était pas là ; elle a dû aller à l'hôpital. Le docteur Courtney-Briggs l'a appelée et lui a demandé de venir s'occuper d'un de ses patients qui venait d'être opéré. Je croyais que tout le monde était au courant. C'était juste avant minuit. »

Dalgliesh lui demanda si elle l'avait vue.

« Pas moi, mais mon ami, Len, je veux dire. Il a jeté un coup d'œil dans le couloir pour s'assurer qu'il n'y avait personne avant d'aller aux toilettes et a vu Brumfett emmitouflée dans son manteau, avec sa vieille sacoche, qui descendait l'escalier. Il était évident qu'elle sortait ; j'imagine qu'on venait de lui téléphoner. C'est toujours sur elle que ça tombe, mais remarquez bien que c'est de sa faute. Voilà à quoi ça mène d'être trop consciencieux. »

Ce n'était certainement pas un défaut dont Mavis Gearing avait à souffrir, pensa Dalgliesh. On l'imaginait mal traversant le parc en plein hiver, au beau milieu de la nuit, pour répondre aux ordres d'un patron, quelque éminent qu'il fût. Mais il la plaignait. Elle lui avait donné un sinistre aperçu de ce que pouvait être cette existence absurde dans une institution qui n'autorisait aucune liberté, et des subterfuges auxquels devaient se livrer ceux qui étaient contraints de vivre dans cette pénible proximité. L'idée d'un homme adulte jetant un coup d'œil par une porte entrebâillée pour s'assurer que la voie est libre, ou de deux amants sortant furtivement par un escalier de service pour éviter d'être vus, était grotesque et humiliante. Il se souvint des mots de Mary Taylor : « Tout se sait ici ; il n'y a aucune vie privée. » Même ce que la pauvre Brumfett buvait le soir et l'heure à laquelle elle allait se coucher étaient connus. Pas surprenant que Nightingale House fût un véritable foyer de névroses ! Et pourquoi s'étonner, dans ces conditions, que Mavis Gearing se soit sentie obligée de justifier les dernières minutes passées en compagnie de son ami dans le parc — ce désir si naturel de retarder un peu le dernier au revoir — par la nécessité peu convaincante de devoir discuter d'affaires concernant l'hôpital ? Tout cela était profondément déprimant et Dalgliesh la laissa partir sans regret.

VIII

Dalgliesh passa une demi-heure plutôt agréable avec l'intendante, Miss Martha Collins. C'était une femme maigre, à la peau brune, fragile et cassante comme une branche morte, qui donnait l'impression de n'avoir plus un gramme de moelle dans ses os desséchés. On aurait dit qu'elle s'était petit à petit ratatinée dans ses vêtements, sans s'en apercevoir. Sa blouse de travail en épais coton beige, qui pendouillait depuis ses épaules étroites jusqu'aux mollets, était serrée à la taille par une ceinture d'écolier à rayures rouges et bleues. Ses bas tombaient en accordéon sur ses chevilles. Elle avait des pieds curieusement disproportionnés par rapport au reste de son corps, à moins qu'elle ne portât délibérement des chaussures de deux pointures plus grandes que nécessaire. Elle s'était présentée dès qu'on l'avait convoquée, avait pris place sur une chaise en face de Dalgliesh, ses immenses pieds solidement écartés, et l'avait dévisagé avec hostilité, comme pour l'avertir qu'elle était décidée à se montrer particulièrement récalcitrante. Elle ne lui accorda pas un sourire de tout l'interrogatoire. Certes la situation n'avait rien de particulièrement réjouissant, mais elle paraissait incapable du moindre sourire de politesse. Malgré ces débuts peu prometteurs, ça ne s'était pas mal passé. Dalgliesh se demanda si son ton acide et son aspect obstinément rébarbatif ne faisaient pas partie d'une mise en scène très calculée. Quarante ans plus tôt, elle avait peut-être décidé de jouer ce personnage typique des hôpitaux, ce tyran domestique cher aux fictions qui traite tout le monde, depuis la directrice jusqu'à la jeune femme de ménage, avec une égale irrévérence. Et elle avait trouvé son rôle si réussi qu'elle ne l'avait jamais abandonné... Elle bougonnait tout le temps, mais sans méchanceté ; pour la forme, en quelque sorte. Dalgliesh la soupçonnait d'adorer son travail et de n'être pas si malheureuse ou si mécontente qu'elle en avait l'air. Comment, d'ailleurs, aurait-elle gardé sa place quarante ans si sa vie avait été aussi intolérable qu'elle le laissait entendre ?

« Le lait ? Ne m'en parlez pas ! On a plus de problèmes de lait ici que de n'importe quoi d'autre — en ravitaillement, j'entends — et c'est pas peu dire ! Il en faut neuf litres par jour, même avec la moitié des effectifs absents à cause de la grippe. Et ne me demandez pas où il passe. C'est pas mon problème, et j'en ai averti la directrice. D'abord, il y a deux bouteilles qui partent là-haut, tous les matins, à l'étage des monitrices pour leur thé. Deux bouteilles pour trois que je leur envoie ! On penserait que c'est largement suffisant. Pour la directrice, c'est à part, bien sûr. Elle prend un demi-litre et là-dessus, je lésine pas. Mais quelle histoire, ce lait ! Je soupçonne celle des monitrices qui le reçoit en premier de prendre toute la crème. Pas très délicat et j'en ai averti la directrice ! En plus, elles ont la chance d'avoir de temps en temps une bouteille des îles anglo-normandes. Elles sont les seules à Nightingale. Et tout le monde se plaint tout le temps : Miss Gearing se plaint parce qu'elle dit qu'il est coupé ; Miss Brumfett se plaint parce qu'il vient pas toujours des îles et Miss Rolfe veut qu'on lui fasse porter dans des bouteilles d'un demi-litre alors qu'elle sait aussi bien que moi qu'on n'en trouve plus. Et puis il y a le lait pour les élèves, et le chocolat, et tous leurs trucs qu'elles se font avant d'aller se coucher. Normalement, elles doivent noter à chaque fois qu'elles prennent une bouteille au frigo. C'est pas qu'on lésine, mais c'est la règle. Allez donc jeter un coup d'œil sur le registre ! Neuf fois sur deux, elles ne s'en donnent même pas la peine. Et les bouteilles vides... Elles sont censées les rincer et les remettre à la cuisine. C'est pas trop demander, n'est-ce pas ? Faut croire que si ! Elles les laissent traîner, dans leur chambre, dans le buffet, à l'office, à moitié lavées, et ça finit par puer partout. Mes filles ont assez à faire sans être obligées de courir après les bouteilles vides de ces demoiselles. J'en ai averti la directrice, d'ailleurs.

« Que voulez-vous dire ? Bien sûr que j'étais à la cuisine quand les sœurs Burt ont pris leur bouteille ! Vous le savez très bien. Je l'ai dit à l'autre policier. Où c'est que j'aurais pu être à cette heure-là ? Je suis toujours dans ma cuisine à partir de sept heures moins le quart, et c'était sept heures passées de trois minutes quand elles sont venues. Non, ce n'est pas moi qui leur ai donné la bouteille. Elles l'ont prise dans le frigo. C'est pas mon boulot d'être au service des élèves et j'en ai averti la directrice. En tout cas, ce lait était parfaitement normal quand il est sorti de ma cuisine. Je n'ai été livrée qu'à six heures et demie et j'ai assez à faire avant le petit déjeuner pour ne pas, en plus, m'amuser à y verser du désinfectant ! Et puis, j'ai un alibi. A partir de sept heures moins le quart, j'étais avec Mrs. Muncie. C'est une extra qui vient de la ville me donner un coup de main quand j'en ai besoin. Vous pourrez la voir quand vous voudrez ; mais je crois que vous n'en tirerez rien. La pauvre n'a pas grand-chose dans le ciboulot. Quand j'y repense, si j'avais passé toute ma matinée à empoisonner ce lait, je me demande même si elle l'aurait remarqué ! En tout cas, elle était avec moi, et c'est ça qui compte. Pas d'aller et retour aux petits coins toutes les cinq minutes, Dieu merci ! C'est pas mon genre. Je fais ça au bon moment. »

« Le désinfectant des lavabos ? Je savais que vous alliez me poser la question. C'est moi qui remplis les bouteilles avec le gros bidon qu'on m'envoie une fois par semaine du magasin de l'hôpital. C'est pas vraiment mon travail, mais j'aime pas laisser ça aux femmes de ménage. Elles font pas attention et renversent tout sur le carrelage des lavabos. J'ai rempli la bouteille des W.-C. du rez-de-chaussée la veille de la mort de Pearce ; elle devait donc être pratiquement pleine. Certaines élèves prennent la peine d'en verser un peu dans la cuvette quand elles ont fini, mais c'est pas la majorité, croyez-moi ! On pourrait se dire que les infirmières doivent être particulièrement attentives à ce genre de détails, mais pas du tout ! Pour ça, elles valent pas mieux que les autres jeunes filles de leur âge ! C'est surtout les femmes de ménage qui s'en servent quand elles nettoient les W.-C. Une fois par jour. Je tiens absolument à ce que les toilettes soient propres. C'est Morag Smith qui aurait dû faire celles du rez-de-chaussée après le déjeuner, mais Madeleine Goodale et Julia Pardoe se sont aperçues avant de la disparition de la bouteille. Il paraît que l'autre policier l'a trouvée vide dans les buissons derrière la maison. Et qui a bien pu la jeter là, j'aimerais bien le savoir.

« Non, vous ne pouvez pas voir Morag Smith. On vous a pas dit ? C'est son jour de congé. Elle est partie hier, après le thé. Heureusement pour elle ! On va quand même pas ennuyer cette pauvre Morag avec ça ! Non, je ne sais pas si elle est rentrée chez elle. Je lui ai pas demandé. C'est déjà assez de travail comme ça de les surveiller quand elles sont à Nightingale House. Je vais pas en plus m'intéresser à ce qu'elles font de leur jour de congé. Pas plus qu'aux trucs que j'entends ici ou là. Elle rentrera sûrement tard ce soir et la directrice a laissé des instructions pour qu'elle aille dormir avec les agents hospitaliers. Il paraît que c'est trop dangereux ici. Mais moi, on m'a pas transférée. Je vois pas comment je vais pouvoir me débrouiller le matin si Morag ne se pointe qu'au petit déjeuner. Je ne peux pas surveiller mon personnel si je l'ai pas sous la main et d'ailleurs, j'en ai averti la directrice. C'est pas que Morag me soucie. Elle est têtue comme une mule, mais une fois qu'elle s'y met, elle travaille pas mal. Si on vous dit que Morag est mêlée à cette histoire de lait trafiqué, faut pas en croire un mot. C'est peut-être pas une lumière mais c'est pas une folle furieuse. Je laisserai pas calomnier mes filles sans raison.

« Et je vais vous dire quelque chose, monsieur le détective. » Elle souleva son maigre postérieur de la chaise et se pencha sur le bureau, fixant Dalgliesh de ses petits yeux ronds. Il s'obligea à soutenir son regard sans ciller et ils s'observèrent ainsi, comme une paire de lutteurs avant le combat.

« Oui, Miss Collins ? »

Elle pointa un doigt maigre et noueux et lui frappa rudement la poitrine. Dalgliesh sursauta.

« Personne n'avait le droit de sortir cette bouteille des toilettes sans ma permission, ni de s'en servir pour autre chose que pour nettoyer les cuvettes ! Personne ! »

On voyait clairement aux yeux de Miss Collins où se situait l'énormité du crime.

IX

A une heure moins vingt, le docteur Courtney-Briggs fit son apparition. Il frappa un coup sec à la porte, entra sans attendre qu'on l'y ait invité et lança sèchement :

« Je peux vous accorder un quart d'heure, Dalgliesh, si cela vous arrange. »

D'après son ton, il n'y avait pas à en douter. Dalgliesh acquiesça et lui désigna un siège. Le chirurgien jeta un coup d'œil à Masterson, impassible avec son calepin ouvert, hésita, puis déplaça la chaise de manière à tourner le dos à l'inspecteur. Il s'assit, chercha dans la poche de son gilet et en sortit un étui à cigarettes d'or finement travaillé, si plat que l'objet n'en paraissait presque plus fonctionnel. Il offrit une cigarette à Dalgliesh — mais pas à Masterson — et accueillit le refus du commissaire avec une suprême indifférence. Il alluma la sienne protégeant, de ses grandes mains aux doigts carrés, la flamme du briquet. Pas du tout les mains délicates d'un chirurgien ; plutôt celles d'un charpentier, mais parfaitement soignées.

Dalgliesh l'observa, tout en affectant de consulter ses notes. Il était robuste, sans être gros. Le costume strict lui allait presque trop bien, mettant en valeur un corps sain et bien nourri. Toute sa personne respirait l'autorité. C'était encore un bel homme. Ses cheveux longs, noirs et épais, brossés en arrière pour dégager son grand front, ne comportaient qu'une unique mèche blanche. Dalgliesh se demanda si elle était décolorée. Ses yeux, trop petits pour le large visage au teint fleuri, étaient pourtant bien écartés. Pour l'instant, ils n'exprimaient rien.

C'est surtout l'attitude de Courtney-Briggs qui avait poussé l'inspecteur de la police locale à appeler Scotland Yard. Dalgliesh ne l'ignorait pas. D'après le compte rendu amer et succinct que Bailey lui avait fait, il était facile de comprendre pourquoi. Le chirurgien s'était montré insupportable depuis le début, et ses motifs, quoiqu'on pût leur trouver des explications rationnelles, prêtaient à d'intéressantes conjectures. Il avait commencé par affirmer que Heather Pearce avait manifestement été assassinée, qu'il était inimaginable de penser qu'une personne de l'hôpital pût être liée à ce crime et que la police locale avait le devoir, dans cette optique, de trouver et d'arrêter le meurtrier dans les plus brefs délais. L'enquête ne donnant pas de résultats immédiats, il avait commencé à s'impatienter. C'était un homme habitué à jouer de son pouvoir et de ses relations, et il n'en manquait pas. Plusieurs éminentes personnalités londoniennes lui devaient la vie et quelques-unes avaient le bras long. Des appels téléphoniques, certains pleins de tact, d'autres embrouillés de vagues justifications, d'autres encore franchement critiques, avaient été passés à la fois à Bailey et à

Scotland Yard. Tandis que Bailey penchait de plus en plus pour la thèse de la mauvaise blague qui avait mal tourné, Courtney-Briggs et ses amis proclamaient de plus en plus haut que Heather Pearce avait été assassinée et poussaient pour que l'affaire fût remise entre les mains de Scotland Yard. Puis on avait trouvé Fallon morte dans son lit. On aurait pu s'attendre à ce que la P.J. locale reparte activement dans de nouvelles directions et que le premier crime s'éclaire enfin, à la lumière du second. C'est le moment qu'avait choisi Courtney-Briggs pour téléphoner à Bailey et lui annoncer que toute enquête lui semblait désormais superflue ; il était évident que Fallon s'était suicidée, sans doute sous le coup du remords, incapable de supporter les conséquences dramatiques de la farce qui avait tué sa camarade ; dans l'intérêt de l'hôpital, il fallait absolument clore le dossier le plus discrètement possible avant que le recrutement des infirmières n'en souffre et que tout l'avenir de John Carpendar ne soit compromis. La police est habituée à ces brusques revirements, ce qui ne signifie pas qu'elle les apprécie. Bailey avait alors décidé — sans doute à son grand soulagement — que, vu les circonstances, il serait plus avisé de demander à Scotland Yard de mener l'enquête.

La semaine qui avait suivi la mort de Heather Pearce, Courtney-Briggs avait personnellement appelé Dalgliesh, lequel avait été son patient trois ans plus tôt. Il ne s'agissait que d'une simple appendicite et bien que la vanité de Dalgliesh n'ait pas eu à souffrir de sa jolie petite cicatrice bien nette, il estimait avoir suffisamment témoigné, à l'époque, sa reconnaisance envers le savoir-faire du chirurgien. En tout cas, il n'était certainement pas dans son intention de servir les fins personnelles de Courtney-Briggs. Le coup de fil l'avait embarrassé et froissé. Ça l'amusa de constater que Courtney-Briggs avait manifestement classé l'incident comme un détail que tous deux avaient intérêt à oublier.

« Vous pensez donc que Miss Fallon s'est suicidée ? demanda Dalgliesh sans lever les yeux de ses notes.

— Évidemment C'est la seule explication. Vous ne suggérez tout de même pas que quelqu'un aurait mis quelque chose dans son whisky ! Dans quel but ?

— Le problème est que nous n'avons rien trouvé qui aurait pu contenir le poison, s'il s'agit bien de poison. Nous ne le saurons qu'après les résultats de l'autopsie.

— Et où est le problème ? C'était un gobelet opaque, à isolation thermique. Elle peut très bien avoir versé son truc dedans, plus tôt dans la soirée. Personne n'aurait rien remarqué. A moins qu'elle n'ait apporté un peu de poudre dans une feuille de papier qu'elle aurait ensuite jetée dans les toilettes. Je ne vois pas de problème. A propos, ce n'était pas un corrosif, cette fois-ci. Dès que j'ai vu le corps, cela m'a paru évident.

— Êtes-vous le premier médecin à l'avoir examinée ?

— Non. Je n'étais pas ici quand on l'a découverte, mais le docteur Snelling l'a vue. C'est le généraliste qui soigne nos infirmières. Il a tout de suite compris qu'il n'y avait plus rien à faire. Je suis venu voir le corps dès que j'ai été informé. Je suis arrivé à l'hôpital un peu avant neuf heures. Les policiers étaient déjà sur les lieux, ceux d'ici, bien entendu. Je n'arrive pas à comprendre pourquoi on ne les a pas laissés continuer. J'ai téléphoné à l'inspecteur pour lui faire connaître mon point de vue. A propos, Miles Honeyman m'a dit qu'elle est morte vers minuit. Je l'ai croisé juste avant son départ. Nous avons fait nos études de médecine ensemble.

— Ah bon.

— Vous avez été bien inspiré de faire appel à lui. Je crois savoir qu'on le considère comme un des meilleurs. »

Dans sa voix perçait l'assurance de l'homme qui a réussi et condescend à reconnaître le succès quand il le rencontre chez les autres. Mais, songea Dalgliesh, ses critères manquaient de subtilité : l'argent, le prestige, la réputation, le pouvoir. Oui, Courtney-Briggs exigeait toujours le meilleur, certain d'en pouvoir payer le prix.

« Elle était enceinte. Le saviez-vous ?

— Honeyman me l'a dit. Non, je n'étais pas au courant. Ce sont des choses qui arrivent même aujourd'hui où le contrôle des naissances est sûr et facile. Il est curieux qu'une fille aussi intelligente n'ait pas pris la pilule. »

Dalgliesh se souvint que dans la bibliothèque, Courtney-Briggs avait donné l'âge de Fallon au jour près. Sans détour, il posa sa question suivante.

« La connaissiez-vous bien ? »

Le sous-entendu était clair et le chirurgien observa un moment de silence. Dalgliesh savait qu'il n'allait pas exploser en dénégations indignées, ce qu'il ne fit d'ailleurs pas. Il détecta même une nuance de respect dans le regard perçant qu'il lui lança.

« Il fut une époque... » — Il fit une pause — « ou l'on pourrait dire que je l'ai connue intimement.

— Elle a été votre maîtresse ? »

Courtney-Briggs parut songeur.

« Si vous voulez. Nous avons couché ensemble de manière assez régulière lors des six premiers mois qui ont suivi son admission. Y voyez-vous quelque chose à redire ?

— Ce n'est certainement pas à moi de le faire si elle s'en est abstenue. Je suppose qu'elle était consentante ?

— En effet.

— Quand cela s'est-il terminé ?

— Je croyais vous l'avoir dit. Cela a duré jusqu'à la fin de sa première année. Il y a un an et demi.

— Une querelle ?

— Non. Elle a décidé qu'elle avait, disons, épuisé les possibilités de l'aventure. Certaines femmes aiment la variété. Moi aussi. Je ne me serais pas engagé avec elle si j'avais pensé que c'était le genre à faire des histoires. Et comprenez-moi bien. Je n'ai pas pour habitude de coucher avec les élèves infirmières. Je suis plutôt difficile.

— N'a-t-il pas été compliqué de garder le secret ? Il semble malaisé de préserver sa vie privée dans cet hôpital.

— Vous avez des visions bien littéraires, commissaire. Nous ne passions pas notre temps à nous embrasser et nous caresser dans les toilettes. Quand je vous ai déclaré que je couchais avec elle, c'est exactement ce que je voulais dire. Je n'emploie pas d'euphémismes en matière de sexe. Elle venait me retrouver dans mon appartement de Wimpole Street lorsqu'elle était libre et nous y passions la nuit. Je n'ai pas de domestique à demeure là-bas ; j'habite près de Selborne. Le concierge de Wimpole Street devait être au courant, mais il sait être discret. Sinon, il n'y aurait plus un seul locataire. Je ne courais aucun risque dans la mesure où ce n'était pas une bavarde. Non que cela m'eût beaucoup gêné. Il existe, dans ma vie privée, certains champs où je peux agir à ma guise. Vous aussi, j'en suis sûr.

— Ce n'était donc pas votre enfant ?

— Non. Je prends mes précautions et, de plus, notre histoire était finie depuis longtemps. Mais, dans le cas contraire, je ne l'aurais pas tuée. Ce genre de solutions causent plus d'ennuis qu'elles n'en suppriment.

— Qu'auriez-vous fait ?

— Tout dépend des circonstances. Je me serais d'abord assuré que l'enfant était bien de moi. Mais il s'agit là d'un problème fort banal et qui n'est pas du tout insoluble quand on a affaire à quelqu'un de raisonnable.

— J'ai appris que Miss Fallon voulait se faire avorter. Vous en a-t-elle parlé ?

— Non.

— Elle aurait pu le faire.

— Certainement. Mais elle ne l'a pas fait.

— L'auriez-vous aidée si elle vous l'avait demandé. »

Le chirurgien le regarda droit dans les yeux.

« C'est une question qui me semble pas ressortir de votre compétence.

— C'est à moi d'en juger. La fille était enceinte et apparemment décidée à avorter. Elle a confié à une amie qu'elle connaissait quelqu'un capable de l'aider. Je suis évidemment curieux de savoir à qui elle faisait allusion.

— Vous n'ignorez pas la loi. Je suis chirurgien et pas gynécologue. Je préfère m'en tenir à ma spécialité et la pratiquer légalement.

— Mais il existe plusieurs façons de venir en aide à

quelqu'un dans sa situation. L'adresser à un autre praticien, lui payer les frais de l'intervention... »

Une fille en possession de seize mille livres n'avait pas besoin d'un soutien financier. Mais le testament en faveur de Madeleine Goodale n'avait pas encore été rendu public et Dalgliesh voulait savoir si Courtney-Briggs était au courant du capital de Fallon. Le chirurgien, en tout cas, ne laissa rien transparaître.

« Eh bien, elle ne m'a rien demandé. Peut-être a-t-elle pensé à moi, mais elle n'est pas venue me voir. Et si elle l'avait fait, elle n'aurait rien obtenu. Je me considère responsable de mes propres erreurs mais pas de celles des autres. Puisqu'elle avait décidé d'aller chercher ailleurs son plaisir, elle pouvait également aller chercher de l'aide ailleurs. Ce n'est pas moi qui l'ai engrossée mais quelqu'un d'autre. C'était à lui de s'en occuper.

— Telle aurait donc été votre réponse ?

— Absolument. Et à juste titre. »

Il y avait dans sa voix une note de satisfaction cruelle. Dalgliesh leva les yeux et vit que son visage était tout rouge. Courtney-Briggs avait du mal à maîtriser son émotion. Pas une seconde, Dalgliesh n'hésita sur la nature de cette émotion : c'était de la haine. Il poursuivit son interrogatoire.

« Étiez-vous à l'hôpital la nuit dernière ?

— Oui. J'ai été appelé pour opérer d'urgence. Un de mes patients a eu une rechute. Ce n'était pas tout à fait imprévisible, mais néanmoins très sérieux. L'intervention s'est terminée à vingt-trois heures quarante-cinq. L'heure exacte doit être notée sur les registres du bloc opératoire. J'ai alors téléphoné à Nightingale House et j'ai demandé à Miss Brumfett de revenir travailler une heure ou deux. Ce malade fait partie de ma clientèle privée. Ensuite, j'ai appelé chez moi pour prévenir que je rentrais dormir ; il m'arrive souvent de passer la nuit ici après une opération tardive. J'ai quitté le bâtiment principal un peu après minuit. J'avais l'intention de sortir par le portail de Winchester dont j'ai une clé. Mais nous avons eu un terrible orage, comme vous avez dû vous en rendre compte, et le chemin était barré par un orme. J'ai eu de la chance de ne pas rentrer dedans. Je suis sorti de la voiture et j'ai noué mon écharpe de soie blanche à une branche pour prévenir ceux qui passeraient par là. C'était assez peu probable, mais enfin, cet arbre abattu constituait un réel danger et l'on n'aurait pas pu dégager la voie avant le lendemain matin. J'ai donc fait demi-tour et suis finalement sorti par la grille principale, signalant la chute au portier.

— Savez-vous quelle heure il était ?

— Non. Peut-être Colgate l'a-t-il notée. Mais je dirais qu'il devait être aux environs de minuit et quart ou un peu plus. J'ai perdu pas mal de temps avec cet arbre.

— Vous avez dû passer devant Nightingale House en allant vers Winchester. Y êtes-vous entré ?

— Je n'avais aucune raison de le faire. Non, je ne suis pas entré dans Nightingale House, ni pour empoisonner Josephine Fallon, ni pour quelque autre raison.

— Et vous n'avez vu personne dans le parc ?

— Après minuit, en plein orage ? Non, personne. »

Dalgliesh changea le cours de son interrogatoire.

« Vous avez assisté à la mort de Heather Pearce. J'imagine qu'il n'y avait aucun moyen de la sauver.

— Non. J'ai employé des mesures radicales, mais il n'est pas facile d'agir quand on ignore ce qu'il faut traiter.

— Vous saviez pourtant que c'était du poison.

— Évidemment, mais lequel ? Cela n'aurait d'ailleurs pas changé grand-chose. Vous avez vu, dans le rapport d'autopsie, ce que ce truc a provoqué.

— Vous étiez à Nightingale House depuis huit heures, le matin où elle est morte ?

— Vous le savez aussi bien que moi si vous avez pris la peine, ce dont je ne doute pas, de lire ma première déclaration. Je suis arrivé à Nightingale House un peu après huit heures. Mon contrat ici est, théoriquement, de six demi-journées par semaine. Je travaille à l'hôpital les lundis, jeudis et vendredis, toute la journée. Mais il n'est pas rare qu'on m'appelle d'urgence pour une opération, surtout lorsqu'il s'agit d'un de mes malades personnels. Parfois j'opère aussi le samedi matin si les listes d'attente sont trop longues. J'ai dû venir dimanche soir, un peu après onze heures, pour une appendicectomie, et il était plus commode pour moi de passer la nuit dans le quartier des médecins.

— Où se trouve-t-il ?

— Dans ce nouveau bâtiment à l'architecture déplorable, à côté du service des consultations externes. On y sert le petit déjeuner à l'heure sacrilège de sept heures et demie.

— Vous êtes venu ici très en avance. La séance de travaux pratiques ne devait pas commencer avant neuf heures.

— Il n'y avait pas que la séance de travaux pratiques, commissaire. Vous ignorez tout des hôpitaux, n'est-ce pas ? Un professeur n'assiste pas, normalement, aux cours des infirmières à moins qu'il ne donne lui-même une conférence. Si j'étais là, le jeudi 12 janvier, c'est que nous recevions une inspectrice de la D.A.S.S. et que je suis vice-président du conseil de formation. Je devais à Miss Beale la courtoisie de l'accueillir. En outre, je suis venu en avance car je voulais travailler à quelques observations cliniques que j'avais laissées dans le bureau de Miss Rolfe. Enfin, je souhaitais prendre le temps de discuter un peu avec la directrice avant l'inspection. Je suis monté dans ses appartements à huit heures trente-cinq et je l'ai trouvée en train de finir son petit déjeuner. Certes, il m'aurait été facile de verser le corrosif dans la bouteille de lait, n'importe quand entre huit heures et huit heures trente-cinq. Mais il se trouve que je ne l'ai pas fait. »

Il regarda sa montre.

« Et maintenant, si vous n'avez plus rien à me demander, je vais aller déjeuner. J'ai des consultations cet après-midi et le temps presse. Au cas où vous l'estimeriez vraiment nécessaire, je pourrais vous accorder quelques minutes de plus avant de partir, mais j'espère que ce sera inutile. J'ai signé une déclaration concernant la mort de Heather Pearce et je n'ai rien à y ajouter. Je n'ai pas vu Fallon hier. J'ignorais même qu'elle était malade à l'infirmerie. Ce n'est pas mon enfant qu'elle portait et en admettant que c'eût été le mien, je n'aurais pas été assez fou pour la tuer. A propos, je compte sur vous. Tout cela doit rester entre nous. »

Il jeta un regard lourd de sens à l'inspecteur Masterson.

« Non que je craigne que la chose s'ébruite. Mais cette fille est morte. Autant préserver sa réputation. »

Dalgliesh avait du mal à croire que Courtney-Briggs pût se préoccuper de la réputation de tout autre que lui. Mais il donna gravement les assurances nécessaires et laissa le chirurgien partir sans regret. C'était un sale égoïste qui excitait en lui le goût puéril de la provocation. Mais un meurtrier ? Il en avait l'*hubris*, le sang-froid et le narcissisme. En outre, l'occasion ne lui avait pas manqué. Mais le mobile ? N'était-ce pas un peu retors de sa part d'avouer si volontiers sa liaison avec Josephine Fallon ? Il s'était peut-être dit qu'il n'aurait pu garder longtemps son secret. Un hôpital n'est pas un établissement particulièrement discret. Avait-il fait de nécessité vertu, préférant apprendre l'histoire à Dalgliesh de sa propre bouche avant que l'inévitable rumeur ne parvienne à ses oreilles ? Où n'était-ce que naïveté d'amour-propre, vanité sexuelle d'un homme peu soucieux de cacher un exploit qui proclamait sa séduction et sa virilité ?

En rassemblant ses papiers, Dalgliesh se rendit compte qu'il avait faim. La matinée avait été longue. Il était temps d'oublier un peu Stephen Courtney-Briggs et de penser, avec Masterson, au déjeuner.

CHAPITRE CINQ

Conversation autour d'une table

I

Les monitrices et élèves qui résidaient à Nightingale House ne prenaient que le petit déjeuner et le thé de cinq heures dans la salle à manger de l'école. Pour leurs repas de midi et du soir, elles se joignaient au reste du personnel dans la bruyante cafétéria de l'hôpital où tout le monde, sauf les médecins consultants, mangeait ensemble. Les plats étaient toujours très nourrissants, relativement bien cuisinés et aussi variés que possible, compte tenu du fait qu'ils devaient satisfaire les goûts de plusieurs centaines de personnes, ne pas choquer leurs interdits religieux ou diététiques et se conformer aux limites budgétaires des cuisines. Les menus étaient régis par des principes immuables : ne jamais servir de foie et de rognons les jours où opérait le spécialiste de la chirurgie des reins ; ne jamais présenter aux infirmières le menu qu'elles venaient de servir à leurs malades.

Le système cafétéria avait été introduit à John Carpendar malgré une opposition unanime de toutes les catégories d'employés. Huit ans plus tôt, les monitrices et infirmières mangeaient dans une salle, les administrateurs et le personnel paramédical dans une autre tandis que les portiers et divers artisans avaient leur cantine. Cet arrangement convenait à tout le monde dans la mesure où il respectait les hiérarchies et assurait à chacun un moment de calme relatif et de détente en compagnie de ses collègues préférés. Mais maintenant, seuls les médecins avaient le droit de se retrouver en paix dans leur salle à manger. Ce privilège, jalousement défendu, était constamment en butte aux attaques des commissaires aux comptes du ministère, des conseillers de gestion des Affaires Sanitaires et Sociales et des experts du travail qui, armés de coûteuses statistiques, n'avaient pas de mal à démontrer que c'était une organisation dispendieuse. Jusqu'à présent, les médecins avaient gagné. Leur argument le plus fort était qu'ils avaient besoin de discuter, en privé, des cas de leurs malades. Cette façon de dire qu'ils ne s'arrêtaient jamais de travailler, même pendant les repas, bien qu'elle rencontrât un scepticisme certain, n'était pas facile à réfuter. Le secret professionnel était quelque chose qu'ils étaient prompts à exploiter. Face à cette mystique, même les commissaires aux comptes du ministère des finances étaient impuissants. En outre, ils avaient l'appui de la directrice. Miss Taylor avait fait savoir qu'elle trouvait normal que les médecins aient leur propre salle à manger. Et l'emprise de Miss Taylor sur le président du comité de gestion durait depuis si longtemps qu'elle n'excitait même plus les ragots. Sir Marcus Cohen était un veuf beau et riche, et l'on ne s'étonnait plus que d'une chose : que la directrice et lui ne se fûssent pas mariés. On y voyait généralement deux explications possibles : soit que Sir Marcus, personnalité importante de la communauté juive, n'ait pas voulu d'une femme qui ne partageât pas sa foi, soit que Miss Taylor, ayant épousé sa vocation, préférât rester célibataire.

Mais l'influence de Miss Taylor sur le président et, par conséquent, sur le comité de gestion de l'hôpital, était au-delà de toute conjecture, ce qui irritait considérablement le docteur Courtney-Briggs dans la mesure où la sienne s'en trouvait considérablement diminuée. Pourtant, en ce qui concernait le problème spécifique de la salle à manger, il n'avait pas à s'en plaindre puisqu'elle s'était efficacement exercée en sa faveur.

Pour le reste du personnel, cette proximité forcée de la

cafétéria n'était pas, pour autant, synonyme de rapprochement. Les différences catégorielles avaient, en un sens, été conservées. L'immense salle était divisée en plusieurs petits compartiments séparés les uns des autres par des treillis et des bacs de plantes, recréant ainsi à chaque fois l'illusion d'un coin privé.

Hilda Rolfe choisit du carrelet aux pommes de terres, transporta son plateau jusqu'à la table qu'elle partageait depuis huit ans avec Ethel Brumfett et Mavis Gearing, puis jeta un coup d'œil autour d'elle pour observer les citoyens de ce monde étrange. Dans le renfoncement le plus proche de la porte les techniciens de laboratoire, avec leur blouse tachée, formaient une tablée bruyante et animée. A côté d'eux, le vieux Fleming, le pharmacien du service des consultations externes, roulait entre ses doigts jaunis de nicotine de la mie de pain en boulettes qui faisaient irrésistiblement penser à des pilules. Autour de la table voisine étaient réunies quatre secrétaires médicales vêtues de leur uniforme bleu. Miss Wright, la doyenne, qui travaillait depuis vingt ans à John Carpendar, mangeait comme toujours avec un empressement furtif, impatiente de retrouver sa machine à écrire. Derrière la cloison adjacente se trouvait un petit groupe du personnel paramédical : Miss Bunyon, la radiologue, Mrs. Nethern, l'assistante sociale, et deux physiothérapeutes, lesquels tenaient à marquer leur position par une efficacité tranquille, un apparent désintérêt pour ce qu'ils avaient dans leurs assiettes et le choix d'une table aussi éloignée que possible des jeunes employés de bureau.

Et à quoi pensaient-ils tous ? A Fallon, probablement. Personne à l'hôpital, depuis le médecin consultant jusqu'à la fille de salle, ne pouvait maintenant ignorer qu'une seconde élève était morte à Nightingale House en de mystérieuses circonstances et qu'on avait appelé Scotland Yard. La mort de Fallon constituait sans doute le sujet de la plupart des conversations. Mais cela n'empêchait pas les gens de manger ni de travailler. Il y avait tant à faire, tant d'autres problèmes urgents à régler, tant d'autres sujets de cancans. La vie devait continuer et, dans un hôpital, ce cliché s'imposait plus que partout ailleurs. Oui, la vie continuait dans le flot impérieux des naissances et des décès. Le bureau des admissions ne désemplissait pas, les ambulances déversaient chaque jour de nouvelles urgences, on bouclait les listes d'opérations, on évacuait les cadavres, on faisait sortir les convalescents. La mort, fût-elle soudaine et imprévisible, était plus familière à ces jeunes gens au teint frais qu'à n'importe quel vieux limier de la police. Il y avait une limite à son pouvoir traumatique. Ou les élèves infirmières s'y habituaient dès leur première année, ou elles abandonnaient. Mais le meurtre ? C'était autre chose. Même dans cet univers violent, il gardait sa force primitive, sa virulence macabre. Mais combien de gens à Nightingale House croyaient vraiment que Pearce et Fallon avaient été assassinées ? Il faudrait plus que le magicien de Scotland Yard et sa suite pour rendre crédible une idée aussi extraordinaire. On trouverait tellement d'autres explications, toutes plus simples et plus vraisemblables. Dalgliesh pouvaient penser ce qu'il voulait. Le prouver serait une autre histoire.

Hilda Rolfe baissa les yeux sur son assiette et se mit à découper son carrelet sans enthousiasme. Elle n'avait pas particulièrement faim. Il flottait dans la cafétéria de lourdes odeurs de cuisine qui coupaient l'appétit et le bruit de la grande salle, brouhaha confus et discordant, bourdonnait dans ses oreilles.

A côté d'elle, son manteau bien plié sur le dossier de sa chaise et son invariable sac en tapisserie à ses pieds, Ethel Brumfett mangeait son filet de cabillaud bouilli et sa sauce persillée avec un appétit belliqueux, comme s'il lui fallait passer son agressivité sur la nourriture. Ethel Brumfett prenait invariablement du poisson bouilli. Hilda Rolfe eut soudain l'impression qu'elle ne supporterait pas de passer une heure de plus face à Brumfett s'escrimant sur son cabillaud.

Et qu'est-ce qui l'y obligeait ? Rien ne l'aurait empêchée de s'asseoir ailleurs. Rien, sinon cette pétrification de la volonté qui donnait à l'acte de transporter son plateau à un mètre de là, sur une autre table, un caractère de cataclysme irrévocable. A sa gauche, Mavis Gearing trifouillait son bœuf braisé et coupait sa part de chou en petits carrés bien nets. Tout à l'heure, elle enfournerait tout cela comme une lycéenne affamée. Mais elle avait toujours besoin de ce rituel des fignolages préliminaires pour se mettre l'eau à la bouche. Combien de fois Hilda Rolfe avait-elle résisté à la tentation de lui dire : « Bon Dieu, Gearing, arrête de chipoter et mange ! » Un jour ça sortirait, il fallait s'y attendre. Et alors, on déclarerait « qu'une autre monitrice virait à l'aigre. L'âge, probablement ».

Elle avait bien songé à vivre hors de l'hôpital. Rien ne le lui interdisait et elle pouvait se l'offrir. L'acquisition d'un appartement ou d'une petite maison ferait un excellent investissement pour la retraite. Mais Julia Pardoe avait expédié l'idée par quelques mots ravageurs, à demi intéressés, lancés comme des cailloux dans la mare de ses projets et de ses espoirs. Elle se souvenait de sa voix aiguë d'enfant.

« Vivre à l'extérieur ? Pourquoi ? On ne pourrait plus se voir autant.

— Au contraire, Julia. Ce serait moins risqué et nous aurions plus d'intimité. Plus besoin de nous cacher tout le temps. La maison serait confortable et agréable. Elle te plairait, j'en suis sûre.

— Ce ne serait pas aussi commode que de pouvoir monter chez toi quand j'en ai envie. »

Quand elle en avait envie ? Envie de quoi ? Hilda Rolfe avait désespérément repoussé cette question à laquelle elle n'avait jamais eu le courage de répondre.

Elle connaissait la nature du problème. Dans toute relation, il y a celui qui aime et celui qui se laisse aimer. Telle était en quelque sorte la dure loi du désir : chacun donne selon ses capacités ; chacun reçoit selon ses besoins. Mais était-il égoïste, ou présomptueux, de penser que celle qui recevait connaissait au moins la valeur du don ? Qu'elle ne gaspillait pas son amour pour une petite traînée hypocrite qui prenait son plaisir là où elle le trouvait ?

« Tu pourrais venir une, deux, trois fois par semaine, ou même plus, avait-elle dit à Julia. J'habiterai tout près.

— Oh, je ne vois pas comment je vais pouvoir me débrouiller. Je ne comprends pas que tu veuilles t'embarrasser de tout le travail que donne une maison. Tu es bien ici, non ? »

« Non, je ne suis pas bien ici, se dit Hilda Rolfe. Je m'aigris ; et pas seulement à cause des grands malades qui deviennent des impotents de l'Assistance publique... C'est comme ça, voilà tout. La plupart des gens avec lesquels je travaille ne m'inspirent que de l'antipathie et du mépris. Même le métier ne me passionne plus autant. Chaque année, les élèves sont de plus en plus stupides et ignares. Je ne suis plus sûre de croire en ce que je fais. »

Il y eut un fracas de vaisselle cassée près du comptoir. Une femme de ménage venait de laisser tomber une pile d'assiettes sales. Hilda Rolfe leva instinctivement les yeux et vit que le détective venait de prendre son plateau au bout de la file. Elle observa sa grande silhouette, qu'ignoraient les infirmières bavardant autour de lui. Il avança lentement, encadré d'un interne en blouse blanche et d'une jeune sage-femme, et prit un petit pain et du beurre en attendant qu'on lui serve son plat principal. Elle s'étonna de le voir là. Elle n'avait pas imaginé qu'il puisse venir manger tout seul à la cafétéria de l'hôpital. Elle le regarda approcher de la caisse, tendre son ticket et se retourner à la recherche d'une place libre. Il avait l'air très à l'aise, pas du tout intimidé par cet univers inconnu pour lui. C'était un homme que rien ne devait menacer et qui fondait son naturel sur la force de son monde intérieur et sur ce respect intime de soi sans lequel aucun bonheur n'est possible. Elle se demanda quelle pouvait bien être sa vie, puis baissa la tête sur son assiette, un peu surprise de cet intérêt soudain qu'il provoquait en elle. Bien des femmes devaient le trouver beau avec son visage maigre et anguleux, à la fois fier et sensible. C'était sans doute un atout professionnel et, en tant qu'homme, il en jouait sûrement au maximum. Et cela ne devait pas être étranger au fait qu'on lui eût confié l'affaire. Si le terne Bill Bailey avait échoué, le magicien du Yard, lui, s'en sortirait ! Dans une institution bourrée de femmes avec trois vieilles filles pour principaux suspects, nul doute qu'il avait ses chances ! Eh bien, elle lui souhaitait tout le succès possible !

Mais elle n'était pas la seule à avoir remarqué sa présence. Elle sentit Mavis Gearing se raidir sur sa chaise.

« Ah ! Voici notre beau détective ! Il a intérêt à venir manger avec nous, sinon il va se retrouver au milieu d'un troupeau d'élèves. On aurait dû lui expliquer un peu comment ça se passe. »

Et maintenant, se dit Hilda Rolfe, elle va lui lancer un de ses regards racoleurs et on va l'avoir sur le dos pendant tout le repas. Et en effet, Mavis Gearing décocha une œillade à Dalgliesh, lequel ne refusa pas l'invitation. Portant son plateau nonchalamment, il vint avec aisance s'installer à leur table.

« Qu'avez-vous fait de votre bel inspecteur, commissaire ? demanda Mavis Gearing. Je croyais que les policiers circulaient toujours par deux, comme les nonnes.

— Mon bel inspecteur déjeune d'un sandwich en étudiant les dossiers pendant que je jouis des privilèges de mon ancienneté en votre compagnie. Cette chaise est-elle prise ? »

Gearing se rapprocha d'Ethel Brumfett pour lui faire de la place.

« Non, mais elle l'est maintenant » lui dit-elle avec un sourire.

II

Dalgliesh s'assit. Il ne lui avait pas échappé que Mavis Gearing était enchantée de sa compagnie, qu'Hilda Rolfe ne l'était pas, et qu'Ethel Brumfett, qui l'avait salué d'un bref signe de tête, s'en fichait complètement. Hilda Rolfe lui jeta un regard acerbe, puis lança à Mavis Gearing :

« Tu n'imagines pas que Mr. Dalgliesh est venu s'installer à notre table pour tes *beaux yeux**. Le commissaire a l'intention de glaner quelques informations tout en dégustant son veau braisé. »

Mavis Gearing pouffa.

« Ma chère, je m'en doutais, figure-toi ! De toute manière, si un homme séduisant se met en tête de me soutirer quelque chose, je suis incapable de lui résister. Commettre un meutre ne me rapporterait rien. Je n'ai pas une assez bonne tête pour ça ! Non pas que je pense une seconde que quelqu'un d'autre l'ait tuée je veux dire. Mais laissons ce sujet macabre pendant le repas. D'ailleurs, je suis déjà passée sur le gril, n'est-ce pas, commissaire ? »

Dalgliesh disposa ses couverts autour de son assiette et, se penchant en arrière sur sa chaise pour éviter de se lever, rangea son plateau sur la pile à côté de lui.

« Les gens ici ont l'air de prendre la mort de Fallon avec calme, remarqua-t-il.

— Vous attendiez-vous à ce qu'ils arborent des crêpes noirs, ne parlent qu'en chuchotant et refusent de manger ? Le travail continue. De toute manière, bien peu la connaissaient personnellement et Heather Pearce encore moins, répliqua Hilda Rolfe avec un haussement d'épaules.

— Elle n'était pas très aimée, n'est-ce pas ?

— Non, en effet. Trop pharisaïque, trop religieuse.

— Si l'on peut dire, grommela Mavis Gearing. Ce n'est pas l'idée que je me fais de la religion. *Nil nisi* et tout ça... C'était surtout une poseuse. Toujours beaucoup plus intéressée par les faiblesses des autres que par les siennes. C'est pourquoi les filles ne l'aimaient pas. Elles respectent les convictions religieuses sincères, comme tout le monde, pratiquement, mais ne supportent pas d'être espionnées à longueur de journée.

— Les espionnait-elle ? » demanda Dalgliesh.

Mavis Gearing eut l'air de regretter ce qu'elle venait de dire.

« Le mot est peut-être un peu fort. Mais si la moindre chose clochait dans la classe, vous pouviez être sûr que Pearce était au courant. Et elle s'empressait d'aller faire son rapport officiel. Toujours avec les meilleures intentions du monde, bien entendu !

— Elle avait la pénible habitude de se mêler des affaires des autres pour leur bien, ajouta sèchement Hilda Rolfe. Cela ne fait pas de vous quelqu'un de très populaire. »

Mavis Gearing poussa son assiette, plaça devant elle un bol de prunes à la crème anglaise et se mit à extraire les noyaux des fruits aussi soigneusement que s'il s'agissait d'une opération chirurgicale.

« Ce n'était pas une mauvaise infirmière, dit-elle. On pouvait lui faire confiance. Et les malades avaient l'air de bien l'aimer. Je suppose que cette pieuse hypocrisie les rassurait. »

Ethel Brumfett leva les yeux de son assiette et prit la parole pour la première fois :

« Tu n'es pas en mesure de juger si c'était une bonne infirmière. Pas plus que Rolfe. Vous ne voyez les élèves qu'à l'école. Moi, je les vois à l'œuvre en salle.

— Moi aussi je les vois en salle. C'est là que je les forme. N'oublie pas que je suis leur monitrice-surveillante. »

Ethel Brumfett, poursuivit, impénitente :

« Dans mon service, c'est moi qui m'occupe des élèves, tu le sais parfaitement. Ailleurs, les surveillantes te laissent volontiers leur place, mais dans le nouveau bâtiment, je me charge de tout leur apprendre. Et je préfère ça quand je vois le genre d'idées farfelues que tu leur mets dans la tête ! A propos, j'ai appris — c'est Pearce qui me l'a dit — que tu es venue faire ta séance dans ma salle le 7 janvier alors que j'étais en congé. A l'avenir, je souhaiterais que tu me consultes avant d'utiliser mes malades comme matériel clinique. »

Mavis Gearing devint écarlate. Elle eut un rire forcé et

chercha des yeux l'appui d'Hilda Rolfe mais celle-ci baissait obstinément la tête sur son assiette. Alors, avec l'agressivité d'un enfant décidé à avoir le dernier mot, elle contre-attaqua sur un autre terrain.

« Il s'est passé quelque chose dans ta salle qui semble avoir troublé Pearce. »

Ethel Brumfett lui lança un regard perçant.

« Dans ma salle ? Impossible ! »

La fermeté du ton impliquait que, dans sa salle, rien n'aurait pu se produire qui pût bouleverser une infirmière digne de ce nom. Miss Brumfett ne l'aurait pas toléré. Mavis Gearing haussa les épaules.

« En tout cas, elle a été perturbée. Cela n'avait peut-être pas de rapport avec l'hôpital, mais on a du mal à imaginer que cette pauvre Pearce ait eu une vie à elle en dehors de nos murs. C'était un mercredi, juste avant que ce groupe ne commence ses cours à Nightingale. Je suis allée m'occuper des fleurs de la chapelle — c'est pour ça que je me rappelle bien le jour — à cinq heures et je l'ai trouvée là, assise toute seule. Elle n'était pas agenouillée ou en prière, non ; juste assise. J'ai fait ce que j'avais à faire et je suis sortie sans la déranger. Après tout, la chapelle est destinée au repos et à la méditation et si une élève a envie de s'y recueillir, ce n'est pas moi qui vais l'en empêcher ! Mais j'avais oublié mes ciseaux dans la sacristie et je suis revenue les chercher trois heures plus tard. Elle était toujours là, assise à la même place, parfaitement immobile. D'accord, la méditation est une très bonne chose, mais quatre heures, c'est un peu excessif ! Je suis certaine qu'elle n'avait pas dîné et elle était très pâle. Je lui ai demandé si ça allait, si je pouvais faire quelque chose pour elle. Sans même me regarder, elle m'a répondu : " Non merci, mademoiselle. Je suis préoccupée et j'ai besoin de réfléchir. Je suis venue ici chercher de l'aide, mais pas la vôtre. " »

Pour la première fois depuis le début du repas, Hilda Rolfe daigna sourire.

« La petite garce ! Évidemment, elle était venue s'en

remettre à une plus haute puissance spirituelle que celle d'une monitrice-surveillante !

— Cela signifiait : " Mêlez-vous de ce qui vous regarde. " Je ne me le suis pas fait dire deux fois. »

Miss Brumfett se sentit obligée d'expliquer la présence de sa collègue dans un lieu de culte.

« Miss Gearing sait très bien s'occuper des fleurs, c'est pourquoi la directrice lui a confié celles de la chapelle. Elle y va tous les mercredis et les samedis. Et elle fait de charmants bouquets pour le dîner annuel des infirmières. »

Mavis Gearing la dévisagea un instant puis se mit à rire.

« Oui, la petite Mavis a plus d'un tour dans son sac ! Merci quand même pour le compliment ! »

Tout le monde se tut et Dalgliesh attaqua son veau braisé. Le silence ne le gênait pas et il n'avait pas l'intention de leur fournir un nouveau sujet de bavardage. Mais Mavis Gearing dut trouver ce manque de conversation gênant, en présence d'un étranger.

« J'ai lu dans les rapports que le comité de gestion a accepté les propositions du rapport Salmon. Mieux vaut tard que jamais. Cela signifie que la directrice sera à la tête de toutes les infirmières du groupe hospitalier. Infirmière générale ! C'est intéressant pour elle. Mais je me demande comment C.-B. va prendre ça ! Si ça n'avait été que de lui, on lui retirerait des responsabilités plutôt que de lui en rajouter. Déjà comme ça, c'est une telle épine dans son pied !

— Il était temps de faire quelque chose pour les services de psychiatrie et de gérontologie. Mais je ne comprends pas pourquoi ils veulent lui changer son titre. Si Florence Nightingale s'est contentée de " directrice ", ce devrait être bon pour Mary Taylor. Je ne crois pas qu'elle tienne particulièrement à être appelée " infirmière générale ". On dirait un grade de l'armée. Ça ne rime à rien ! »

Hilda Rolfe haussa ses étroites épaules.

« N'espérez pas me voir applaudir le rapport Salmon. Je commence à me demander ce qu'on veut faire de cette profession. Chaque décret et avis de commissions nous éloigne davantage des malades. Les diététiciens s'occupent de leurs menus, les physiothérapeutes leur font faire de l'exercice, les assistantes sociales écoutent leurs problèmes, les agents hospitaliers font leurs lits, les laborantins, les prises de sang, les réceptionnistes mettent les fleurs dans les vases et reçoivent la famille, les techniciens du bloc opératoire tendent les instruments au chirurgien. Si nous n'y prenons garde, nous n'aurons plus qu'une sorte de métier résiduel, fait de ce que toutes les catégories de techniciens auront bien voulu nous laisser. Et voilà que le rapport Salmon se met à parler de première, seconde et troisième gestion. Gestion de quoi, je vous le demande ? Nous sommes envahies de jargon technique. Demandez-vous quelle est la fonction de l'infirmière aujourd'hui. Que devons-nous exactement apprendre à ces filles ?

— L'obéissance aveugle aux ordres et la loyauté envers leurs supérieures. Ça suffit pour faire une bonne infirmière. »

Elle coupa sa pomme de terre en deux avec une telle énergie que le couteau grinça sur l'assiette. Mavis Gearing éclata de rire.

« Tu as vingt ans de retard, Brumfett. C'était bon pour notre génération, mais ces gamines veulent savoir si les ordres sont sensés avant de s'y soumettre, et en quoi leurs supérieures méritent leur respect. C'est une bonne chose dans l'ensemble. Comment diable veux-tu attirer des filles intelligentes vers ce métier si tu les traites comme des crétines ? Nous devrions les encourager à mettre en question tout comportement institutionnalisé, et même parfois, à oser répliquer. »

Ethel Brumfett avait l'air de quelqu'un qui se passerait volontiers d'intelligence si ses manifestations en étaient si déplaisantes.

« L'intelligence n'est pas la seule chose qui compte, bien que, malheureusement, tout le monde aujourd'hui semble le penser.

— Donne-moi une fille intelligente et je t'en fais une

bonne infirmière, avec ou sans vocation, dit Hilda Rolfe. Je te laisse les idiotes. Elles peuvent satisfaire ton ego mais elles ne seront jamais capables d'avoir leur propre clientèle. »

Hilda Rolfe avait regardé Ethel Brumfett en parlant et la nuance de mépris dans sa voix était claire. Dalgliesh baissa les yeux et fit semblant d'être absorbé par l'opération délicate consistant à séparer soigneusement la viande de la graisse et des cartilages. Ethel Brumfett réagit comme il s'y attendait :

« Leur propre clientèle ! Une infirmière est une infirmière, un point, c'est tout ! Mais on pense trop en termes de statut social de nos jours. L'important est de faire son travail.

— Mais quel travail ? N'est-ce pas la question que nous nous posons toutes ?

— Toi, peut-être. En ce qui me concerne, c'est parfaitement clair ; en ce moment, par exemple, il faut que je m'occupe d'une salle particulièrement chargée. »

Elle écarta son assiette, jeta son manteau sur ses épaules d'un geste sûr, leur adressa un bref signe de tête qui était autant un avertissement qu'un adieu, et sortit dignement de sa lourde démarche de palmipède, tandis que son sac en tapisserie ballottait à son flanc. Mavis Gearing la regarda partir en riant.

« Pauvre Brum ! Elle a toujours une salle particulièrement chargée !

— Ça ne changera jamais », renchérit sèchement Hilda Rolfe.

III

Durant la fin du repas, ils échangèrent à peine quelques mots. Mavis Gearing se leva la première en marmonnant une vague excuse à propos d'une séance de travail en O.R.L. Dalgliesh retourna à Nightingale en compagnie d'Hilda Rolfe. Il reprit son pardessus au portemanteau et ils sortirent ensemble de la salle à manger. Ils traversèrent d'abord un long corridor puis le service des consultations externes, lequel ne devait pas être ouvert au public depuis longtemps. Les meubles et la décoration étaient tout neufs. La grande salle d'attente avec ses tables plaquées de formica, ses fauteuils, ses bacs de plantes et ses tableaux quelconques était assez gaie, mais Dalgliesh n'avait pas l'intention de s'attarder. Comme tout homme en bonne santé, il éprouvait pour les hôpitaux un dégoût fondé en partie sur la peur, en partie sur la répugnance, et cette atmosphère de gaieté forcée, de fausse normalité, ne réussissait pas du tout à le convaincre ; il la trouvait même effrayante. L'odeur de désinfectant, qui était pour Miss Beale un élixir de vie, l'emplissait des pires pensées morbides. Il ne croyait pas avoir peur de la mort. Il l'avait frôlée une ou deux fois dans sa carrière et n'en avait pas été plus épouvanté que ça. Mais il avait peur de la vieillesse, de la maladie et de l'invalidité. Il redoutait la perte de son autonomie, les indignités de la sénilité, l'abandon forcé de toute vie privée, les horreurs de la douleur, les expressions de compassion sur le visage des amis assidus qui savent que leur patience ne sera pas mise longtemps à l'épreuve. Il lui faudrait un jour affronter tout cela, à moins que la mort ne l'emporte rapidement et proprement. Il ne se déroberait pas. Il n'était pas assez vaniteux pour se croire à l'abri du lot commun des mortels. Mais entre-temps, il préférait ne pas y songer.

Le service de consultations externes jouxtait l'entrée des urgences. Ils virent passer un chariot où était allongé un vieil homme émacié ; un infirmier tenait un bol sous ses lèvres humides d'où dégoulinait un filet de vomi. Il roulait avec effarement ses yeux immenses dans son visage décharné qui faisait penser à un crâne. Dalgliesh se rendit compte qu'Hilda Rolfe l'observait. Il détourna la tête mais eut le temps de saisir son regard de mépris.

« Vous n'aimez pas cet endroit, n'est-ce pas ? lui demanda-t-elle.

— Je n'y suis pas spécialement heureux, c'est certain.

— Moi non plus, mais pour des raisons différentes, je suppose. »

Ils continuèrent à marcher en silence, puis Dalgliesh lui demanda si Leonard Morris déjeunait dans la cafétéria quand il travaillait à l'hôpital.

« Rarement. Je crois qu'il amène des sandwichs et qu'il les mange dans la pharmacie. Il préfère être seul.

— Ou avec Miss Gearing. »

Elle rit dédaigneusement.

« Ah, vous êtes au courant ! Mais bien sûr ! Il est venu la voir cette nuit, d'après ce que j'ai entendu dire. Quelque chose n'a pas dû passer, soit dans la nourriture, soit dans les plaisirs subséquents. Vous les policiers, vous êtes de vrais éboueurs ! Quel drôle de travail vous faites, toujours à renifler le mal comme des chiens autour d'un arbre !

— Mal n'est-il pas un mot un peu fort en ce qui concerne les activités sexuelles de Leonard Morris ?

— Certes. C'était une manière de parler. Mais à votre place je ne me ferais pas de soucis pour l'histoire Gearing-Morris ; elle se poursuit, cahin-caha, depuis si longtemps qu'elle en a acquis une certaine respectabilité. Ce n'est même plus un sujet de ragots. Gearing est le genre de femme à avoir toujours besoin de quelqu'un à sa traîne ; quant à lui, il lui faut une oreille attentive pour écouter ses jérémiades sur l'horreur de sa situation familiale et l'infâme conduite des médecins. Ils refusent de le considérer exactement comme un égal. Savez-vous qu'il a quatre enfants ? Je suis sûre que si sa femme demandait le divorce et qu'il se retrouvait soudain libre d'épouser Gearing, rien ne pourrait le déconcerter davantage. Bien entendu, elle veut un mari, mais je ne crois pas qu'elle envisage de donner le rôle au petit Morris. Vraisemblablement, elle va... »

Elle s'interrompit.

« Vous pensez qu'elle a en tête un meilleur candidat ? » demanda Dalgliesh.

« Posez-lui la question. Elle ne me fait pas de confidences.

— Mais vous êtes responsable de son travail ? En tant que monitrice principale vous lui êtes hiérarchiquement supérieure, n'est-ce pas ?

— Je suis responsable de son travail, pas de ses mœurs. »

Ils avaient maintenant traversé le service des urgences. Au moment où ils s'apprêtaient à sortir, le docteur Courtney-Briggs entra, suivi d'une demi-douzaine d'internes jacassants revêtus de leur blouse blanche, le stéthoscope autour du cou. Le patron était entouré de deux jeunes gens qui acquiesçaient révérencieusement au moindre de ses mots. Il avait, se dit Dalgliesh, la suffisance, la patine de vulgarité et le *savoir-faire** un peu grossier, typiques de certains hommes qui ont réussi dans les professions libérales.

« Ils ne sont pas tous comme ça, vous savez, remarqua Hilda Rolfe, comme en écho à ses pensées. Prenez Mr. Molravey, notre chirurgien d'ophtalmologie. Il me fait penser à un loir. Tous les mardis matin il entre à petits pas pressés dans le bloc opératoire, moustaches retroussées, et il y reste cinq heures sans proférer une parole inutile, à farfouiller de ses petites pattes minutieuses dans un défilé d'yeux. Puis il remercie tout le monde, jusqu'à la moindre infirmière, très cérémonieusement, retire ses gants et, toujours à petits pas pressés, retourne jouer avec sa collection de papillons.

— Un homme modeste, en somme. »

Elle se tourna vers lui et il entrevit une fois de plus cet éclair de mépris qui le mettait si mal à l'aise.

« Modeste ? Certainement pas ! Mais il fait un show différent, voilà tout. Mr. Molravey est tout aussi persuadé que Mr. Courtney-Briggs qu'il est un remarquable praticien. Ce sont tous deux des orgueilleux, professionnellement parlant. La vanité, monsieur Dalgliesh, est le péché mignon des chirurgiens, tout comme la servilité, celui des infirmières. Je n'en ai jamais rencontré un qui ne soit pas persuadé de se situer un petit degré au-dessus du Tout-Puissant. Ils débordent tous d'outrecuidance... N'est-ce pas ce que l'on dit aussi des assassins ?

— De certains, oui. N'oubliez pas que le crime est d'abord le fait d'un individu.

— Vraiment ? J'aurais pensé que les moyens et les

mobiles étaient d'une terrible monotonie. Mais bien entendu, c'est vous l'expert !

— Les hommes ne semblent pas vous inspirer un grand respect, n'est-ce pas Miss Rolfe ?

— Si, beaucoup. Mais il se trouve que je ne les aime pas. On doit néanmoins respecter un sexe qui a su faire de l'égoïsme un art si poussé. C'est ça qui vous rend fort, cette aptitude à ne vous intéresser qu'à vous-même. »

Dalgliesh lui fit remarquer avec une pointe de malice qu'il était surprenant qu'elle n'ait pas choisi un métier plus masculin, si la docilité inhérente à son travail lui pesait à ce point. Pourquoi pas la médecine ? Elle eut un rire amer.

« C'est ce que je voulais faire, mais mon père ne croyait pas à l'éducation des femmes. J'ai quarante-six ans, ne l'oubliez pas. De mon temps, l'enseignement gratuit pour tous n'existait pas et mon père gagnait quand même trop d'argent pour que je bénéficie d'une bourse. Il a donc dû payer. Dès que j'ai eu seize ans, il a arrêté les frais. »

Dalgliesh ne trouva rien à répondre. La confidence l'avait surpris. Il ne l'aurait pas cru femme à raconter ses malheurs au premier étranger venu et il ne pouvait décemment pas se flatter de lui être sympathique. Quel homme aurait pu l'être, à ses yeux ? L'amertume, trop longtemps retenue, avait simplement dû jaillir spontanément, mais il était difficile de dire si elle était dirigée contre son père, contre le sexe masculin dans son ensemble, ou contre son travail.

Ils avaient quitté l'hôpital et cheminaient maintenant sur l'étroit chemin menant à Nightingale House. Ni l'un ni l'autre n'avait plus ouvert la bouche. Hilda Rolfe serrait son manteau autour d'elle et avait relevé sa capuche comme si elle redoutait d'autres agressions que la morsure du vent. Dalgliesh était plongé dans ses pensées. Ainsi, séparés par la largeur de la route, ils marchèrent en silence sous les arbres.

IV

L'inspecteur Masterson était consciencieusement en train de taper un rapport.

« Avant que la session théorique de Nightingale ne commence, Pearce a travaillé dans le service de Brumfett, lui dit Dalgliesh. Je veux savoir s'il s'est passé là-bas quelque chose de significatif. Je veux aussi un compte rendu détaillé de sa dernière semaine à Carpendar et son emploi du temps, heure par heure, pour le jour qui a précédé sa mort. Trouvez-moi qui étaient les autres infirmières, ses fonctions précises, ses heures de congé et voyez un peu l'impression qu'elle a faite sur les filles, là-bas. Il me faut les noms des malades hospitalisés dans le secteur privé de l'hôpital à cette période et leur histoire. Le meilleur moyen de procéder est de parler d'abord aux infirmières puis de consulter le livre de transmission. C'est là qu'elles notent chaque jour leur travail.

— Dois-je le demander à la directrice ?

— Non, à Brumfett, mais pour l'amour de Dieu, faites preuve de tact. Avez-vous fini ces dossiers ?

— Oui, monsieur. Ils sont tapés. Souhaitez-vous les lire maintenant ?

— Non. Dites-moi simplement ce que vous avez relevé d'important. Je les regarderai ce soir. J'imagine que ce serait trop simple si un de nos suspects avait déjà un casier judiciaire ?

— Si c'est le cas, ce n'est pas inscrit sur leur fiche. Mais on y trouve plusieurs petites informations intéressantes. Ainsi, Julia Pardoe a été renvoyée du lycée.

— Ah ! Et pourquoi ?

— On ne le dit pas. Apparemment, une aventure avec son professeur de maths. Son ancienne directrice a cru bon d'en informer Miss Taylor avant son admission à Nightingale. Ce n'est pas très clair. Elle écrit que Julia Pardoe n'est pas une fille essentiellement mauvaise mais qu'elle passe par une phase de révolte ; elle espère que l'hôpital lui donnera une chance d'embrasser la seule carrière pour laquelle elle ait manifesté quelques signes d'intérêt et qui pourrait lui convenir.

— Charmant commentaire à double sens ! Voilà pourquoi le centre hospitalier universitaire de Londres a refusé sa candidature. Je trouvais peu convaincantes les raisons avancées par Hilda Rolfe. Et les autres ? Se connaissaient-elles avant de se retrouver à John Carpendar ?

— Miss Taylor et Miss Brumfett ont fréquenté ensemble l'école d'infirmières de Nethercastle Royal Infirmary, dans le nord du pays, ont préparé, ensemble, leur diplôme de sage-femme au Municipal Maternity Hospital, puis sont venues ici, il y a quinze ans, toutes deux comme infirmières. Le docteur Courtney-Briggs était au Caire en 1946-1947 ainsi que Mavis Gearing. Il était commandant dans la Royal Army Medical Corpse tandis qu'elle était infirmière dans le Queen Alexandra's Royal Navy Nursing Service. Impossible de savoir s'ils se sont rencontrés.

— Si oui — ce qui me semble probable —, ce ne sera pas noté sur leurs fiches. Des copains de régiment m'ont dit que Le Caire, en 1945, était une ville plutôt familiale. Je me demande si Miss Taylor a elle aussi servi dans la Q.A.R.N.S. C'est un voile de l'armée qu'elle porte.

— Ce n'est pas dans son dossier, en tout cas. On ne mentionne que l'école d'où elle sortait quand elle est arrivée ici en tant qu'infirmière. Ils avaient une très haute opinion d'elle à Nethercastle.

— Ici aussi. Et Courtney-Briggs ?

— Oui, monsieur. Le portier de la loge a noté qu'il est sorti à minuit trente-deux.

— Plus tard, donc, qu'il ne nous l'a dit. Vérifiez son emploi du temps : l'heure précise à laquelle il a fini d'opérer doit être inscrite sur les registres du bloc. L'interne qui l'assistait doit certainement savoir quand il est parti ; Courtney-Briggs est le genre de type à se faire escorter jusqu'à sa voiture. Minutez le temps qui lui a été nécessaire pour conduire jusqu'à la loge. Ils ont sans doute dégagé la voie, mais il doit être possible de voir où l'arbre est tombé. Il ne lui a pas fallu plus de quelques minutes pour nouer son écharpe à une branche. Essayez d'en savoir plus là-dessus, bien qu'il n'ait certainement pas menti sur un détail aussi facile à vérifier. Mais Courtney-Briggs est assez présomptueux pour penser pouvoir se tirer de tout, y compris d'un meurtre !

— Greeson s'en chargera. Il adore les reconstitutions.

— Dites-lui de réfréner sa compulsion à l'exactitude parfaite. Inutile, par exemple, qu'il enfile une blouse avant d'entrer en salle d'opération. Y a-t-il des nouvelles de Sir Miles ou du labo ?

— Non monsieur, mais nous avons le nom et l'adresse du garçon avec qui Fallon a passé une semaine à l'île de Wight. Il travaille comme standardiste de nuit aux Postes et Télécommunications et habite North Kensington. La police locale, là-bas, a presque immédiatement retrouvé leur piste. Fallon leur a facilité la tâche, car elle a réservé sous son nom : deux chambres à un lit.

— C'était une fille attachée à son indépendance mais elle n'est pas tombée enceinte en restant enfermée dans sa chambre. J'irai voir ce garçon dès que j'en aurais fini avec le notaire de Fallon. Leonard Morris a-t-il réapparu ?

— Pas encore. J'ai vérifié à la pharmacie. Il a en effet téléphoné pour dire qu'il n'allait pas très bien. Il est atteint d'un ulcère duodénal. On suppose qu'il souffre d'une nouvelle crise.

— Et il risque d'aller encore moins bien s'il ne se présente pas rapidement pour l'interrogatoire. Je ne veux pas l'embarrasser en débarquant chez lui à l'improviste, mais nous ne pouvons pas attendre indéfiniment de vérifier la déclaration de Gearing. Dans cette affaire, tout repose sur un problème de minutage. Nous devons connaître très exactement les mouvements des uns et des autres, à la seconde près si possible. Le temps est un facteur crucial.

— C'est bien ce qui m'étonne dans l'empoisonnement de Pearce. Il a fallu verser le désinfectant dans le lait avec une grande minutie, replacer soigneusement la capsule de la bouteille, s'assurer qu'il y avait une concentration suffisante de phénol sans altérer la couleur et la substance du lait. Tout cela n'a pas pu se faire dans la précipitation !

— En effet, tout cela demande du temps. Mais je crois savoir comment ça s'est passé. »

Dalgliesh exposa sa théorie à Masterson.

« Oui, cela paraît vraisemblable », reconnut Masterson, furieux de n'y avoir pas pensé lui-même.

L'inspecteur avait quand même une objection à formuler, mais Dalgliesh y répondit aussitôt.

« Mais cela ne pose pas de problème pour une femme, et surtout pour celle à laquelle je pense en particulier. Je reconnais que ç'aurait été plus difficile pour un homme.

— Nous en concluons donc que le lait a été empoisonné par une femme ?

— Il y a de grandes chances pour que les deux filles aient été tuées par une femme. Mais ce n'est qu'une hypothèse. Savez-vous si Christine Dakers est maintenant en mesure de nous recevoir ? Le docteur Snelling devait la voir ce matin.

— La directrice a téléphoné juste avant le déjeuner pour dire qu'elle dormait encore mais qu'elle pourrait sûrement nous répondre à son réveil. Mais étant donné qu'elle est sous sédatif, il est difficile de prévoir une heure précise. Voulez-vous que j'y aille, en passant voir Brumfett ?

— Non. Je la verrai plus tard. Mais vérifiez cette histoire du retour de Fallon à Nightingale le 12 au matin. On l'a peut-être vue partir. Où garde-t-on les vêtements des malades pendant qu'ils sont alités à l'infirmerie ? Quelqu'un aurait-il pu les mettre pour faire croire qu'il s'agissait d'elle ? C'est assez improbable, mais il vaut mieux s'en assurer.

— L'inspecteur Bailey l'a déjà fait, monsieur. Personne n'a vu Fallon sortir mais on reconnaît qu'on peut très bien quitter l'infirmerie sans se faire remarquer. Tout le monde était très occupé et elle était seule dans sa chambre. Si une infirmière était entrée et l'avait trouvée vide, elle se serait dit que Fallon était aux toilettes. Ses vêtements étaient pendus dans le placard de sa chambre. N'importe qui aurait pu s'en emparer, pour peu, bien sûr, que Fallon dorme ou soit sortie de la pièce. Mais personne n'y croit vraiment.

— Moi non plus. Je crois savoir pourquoi Fallon est revenue à Nightingale House. Madeleine Goodale nous a dit qu'elle avait reçu confirmation de sa grossesse deux jours avant de tomber malade. Il est possible qu'elle ait oublié de détruire les résultats. Dans ce cas, elle ne voulait absolument pas qu'on mette la main dessus. Nous n'avons rien trouvé dans ses papiers. Je suppose qu'elle est revenue pour les récupérer, les déchirer et les jeter dans les W.-C.

— Elle aurait pu téléphoner à Goodale et lui demander de le faire à sa place.

— Pas sans exciter les soupçons. Elle n'était pas sûre d'avoir directement Goodale au bout du fil et n'aurait pas laissé de message. Cette insistance à vouloir parler à une élève bien précise en refusant l'aide de toute autre aurait pu paraître bizarre. Mais ce n'est encore qu'une hypothèse. Les fouilles dans Nightingale House sont-elles terminées ?

— Oui, monsieur. On n'a rien trouvé. Ni trace de poison, ni de récipient. Il y a des tubes d'aspirine dans presque toutes les chambres ; Gearing, Brumfett et Taylor ont, en plus, des somnifères. Mais Fallon n'a été tuée ni par des soporifiques ni par des hypnotiques, n'est-ce pas ?

— Non. La mort a été trop rapide. Nous n'avons plus qu'à attendre patiemment les résultats du labo.

V

A quatorze heures trente quatre précises, dans la chambre la plus vaste et la plus luxueuse du secteur privé, Miss Brumfett perdit un patient. Elle pensait toujours à la mort d'un malade en ces termes. La bataille était terminée et Ethel Brumfett se considérait comme personnellement vaincue. Le fait que tant de ses combats fussent voués à l'échec, que l'ennemi, même si elle réussissait à le repousser momentané-ment, était toujours assuré d'une victoire finale, n'adoucissait jamais son sentiment de faillite. On ne venait pas dans le service d'Ethel Brumfett pour y mourir. On venait pour y guérir. Et il n'était pas rare que les malades de Miss Brumfett, soutenus par son farouche désir de les tirer de cette mauvaise passe, guérissent en effet, souvent à leur propre étonnement, et parfois même, contre leur propre volonté.

Cette fois-là, elle n'avait pas vraiment compté sur une victoire, mais ce n'est que lorsque le docteur Courtney-Briggs leva la main pour arrêter le goutte-à-goutte qu'elle accepta sa défaite. Pourtant, le malade s'était battu vaillamment ; un malade difficile, exigeant, mais courageux. Mourir à quarante-deux ans n'entrait sûrement pas dans les projets d'avenir méticuleusement planifiés de cet opulent homme d'affaires. Elle revit le regard surpris, presque offensé, avec lequel il avait pris conscience que la mort était quelque chose que ni lui ni son comptable ne pouvaient programmer. Miss Brumfett avait trop vu sa jeune veuve, lors de ses visites, pour craindre que sa douleur fût inconsolable. Le défunt aurait été le seul à très mal prendre l'échec du docteur Courtney-Briggs, lequel n'avait pourtant épargné ni sa peine ni les techniques les plus coûteuses pour le sauver. Mais, heureusement pour le chirurgien, son patient n'était plus en mesure d'exiger explications ou excuses.

Le docteur Courtney-Briggs verrait la veuve, lui présenterait ses condoléances, toujours soigneusement tournées, et l'assurerait qu'on avait tenté tout ce qui était humainement possible. De ce point de vue, l'importance de la note serait une honorable garantie ainsi qu'un puissant antidote à la culpabilité qui suit d'ordinaire un deuil. Courtney-Briggs était vraiment très bon pour les veuves, et, pour lui rendre justice, riches et pauvres avaient également droit à la consolation de sa main sur leur épaule et au réconfort de ses formules stérotypées.

Elle remonta le drap sur le visage désormais vide de toute expression. En fermant les yeux du défunt de ses doigts experts, elle sentit que les globes oculaires étaient encore chauds sous les paupières. Elle ne ressentait ni douleur ni colère ; simplement ce poids de l'échec qui tirait presque physiquement sur son estomac et sa colonne vertébrale.

Ensemble, ils s'éloignèrent du lit. Miss Brumfett jeta un coup d'œil au chirurgien et fut frappée par la fatigue qui marquait ses traits. Pour la première fois, elle le vit comme un homme lui aussi menacé par l'échec et par l'âge. Certes, il n'arrivait pas souvent qu'un patient meure en sa présence et encore moins sous son bistouri, même si la sortie de la salle d'opération manquait parfois singulièrement de dignité. A la différence de Miss Brumfett, le docteur Courtney-Briggs n'avait pas à veiller ses malades jusqu'à leur dernier souffle. S'il était si affecté, ce devait être pour autre chose que ce simple décès, au fond, prévisible. Même enclin à l'autocritique, Courtney-Briggs n'aurait rien eu à se reprocher. Elle se doutait que quelque raison plus mystérieuse le préoccupait et se demanda si ce pouvait être la mort de Fallon. Il n'a plus aucun ressort, se dit-elle. On dirait qu'il a pris dix ans.

Il la précéda tandis qu'ils se dirigeaient tous deux vers son bureau. En passant devant la cuisine du service, ils entendirent des bruits de voix. La porte était ouverte. Une élève infirmière était en train de préparer un chariot avec les plateaux de thé des malades pendant que l'inspecteur Masterson, appuyé contre l'évier la regardait faire, très décontracté. A peine eut-elle aperçu Miss Brumfett et le docteur que la fille se mit à rougir, murmura un « Bon après-midi, monsieur » et s'empressa maladroitement de pousser le chariot dans le couloir. Masterson la suivit d'un regard protecteur, puis leva les yeux sur Ethel Brumfett. Il ignora le chirurgien.

« Bonjour, mademoiselle. Pourrais-je vous parler un instant ?

— Dans mon bureau, si vous le voulez bien, inspecteur, répondit-elle sans cacher son irritation. C'est là que vous auriez dû m'attendre. On n'entre pas dans mon service comme dans un moulin ; et ceci est également valable pour la police. »

Masterson, imperméable au reproche, arbora un petit air satisfait comme si la remarque de la surveillante confirmait quelque secrète intuition. Ether Brumfett fonça vers son bureau, lèvres serrées, prête au combat, tandis qu'à son grand étonnement, le docteur Courtney-Briggs leur emboitait le pas.

« Serait-il possible, mademoiselle, de voir le cahier de transmission de votre salle pour l'époque où Heather Pearce y travaillait ? Je m'intéresse particulièrement à la dernière semaine qu'elle y a passé. »

Courtney-Briggs prit sèchement la parole.

« Il me semble que ces cahiers sont confidentiels, n'est-ce pas, mademoiselle ? La police doit avoir un mandat pour pouvoir les consulter.

— Oh, cela m'étonnerait beaucoup, docteur. » La voix calme de Masterson, presque trop respectueuse, était néanmoins teintée d'un soupçon d'amusement qui n'échappa pas au chirurgien. « Les cahiers de transmission ne sont pas de réels dossiers médicaux. Je veux simplement savoir quels sont les malades qui ont été soignés durant cette période et s'il s'est produit quoi que ce soit qui pourrait intéresser le commissaire. Il paraît que Miss Pearce a été bouleversée par quelque chose. Rappelez-vous, c'était juste avant le début de la session théorique à Nightingale. »

Le visage d'Ethel Brumfett se couvrit de plaques rouges. Sa colère était si forte qu'elle ne laissait plus de place à la peur.

« Il ne s'est rien passé dans ma salle. Rien ! Ce ne sont que des racontars stupides. Si une infirmière fait correctement ce qu'elle a à faire et obéit aux ordres, je ne vois pas ce qui pourrait la troubler. Le commissaire est ici pour enquêter sur un crime et pas pour se mêler de mon travail !

— Et même si elle a été bouleversée — je crois que c'est le terme que vous avez employé, inspecteur —, quel rapport avec sa mort ? » demanda poliment Courtney-Briggs.

L'inspecteur Masterson sourit comme quelqu'un qui accepte de se plier au caprice d'un enfant entêté.

« Tout ce qui concerne Heather Pearce dans les jours qui précèdent son décès peut avoir son intérêt pour l'enquête, docteur. C'est la raison pour laquelle je veux voir le cahier de transmission. »

Comme Courtney-Briggs et Ethel Brumfett ne trouvaient rien à répondre, il ajouta :

« Il s'agit en fait de confirmer une information que nous avons déjà, car je sais ce qu'elle a fait durant la dernière semaine de sa vie, Miss Brumfett. Elle s'est essentiellement consacrée à un malade, Mr. Martin Dettinger. Heather Pearce était, en quelque sorte, son infirmière particulière. J'ai appris qu'elle n'a pour ainsi dire pas quitté sa chambre pendant tout le temps qu'elle a passé sous vos ordres. »

« Il a donc bavardé avec les élèves, se dit Ethel Brumfett. Naturellement, c'est bien leur méthode ! Inutile de vouloir défendre le secret médical. Cet impertinent jeune homme va fourrer son nez partout et ira tout raconter à son supérieur ! D'ailleurs, il n'y a rien dans le cahier de transmission qu'il ne puisse également découvrir par des procédés plus tortueux. Il va amplifier, déformer et utiliser tout ça pour semer la pagaille. » Rendue muette par une rage proche de la panique, elle entendit la voix rassurante et affable du docteur Courtney-Briggs :

« Dans ce cas, mademoiselle, vous feriez mieux de leur remettre la transmission. Ce n'est pas parce que la police tient à perdre son temps qu'il faut que nous gaspillions le nôtre. »

Sans un mot, Ethel Brumfett s'approcha de son bureau et se pencha pour ouvrir le profond tiroir de droite. Elle en sortit un grand livre relié qu'elle tendit à l'inspecteur Masterson, sans même le regarder. Masterson se confondit en remerciements puis se tourna vers Stephen Courtney-Briggs.

« Et maintenant, docteur, s'il est encore ici, j'aimerais m'entretenir un instant avec Mr. Dettinger. »

Le chirurgien ne tenta pas de cacher la satisfaction qui perçait dans sa voix.

« Malgré votre grande ingéniosité, je crains que ce ne soit très difficile, inspecteur. Mr. Martin Dettinger est décédé le jour où Heather Pearce a quitté le service. Si je m'en souviens bien, elle était avec lui quand il est mort. De sorte que tous deux sont à l'abri de vos questions. Je vous prie maintenant de nous excuser, mais Miss Brumfett et moi-même avons du travail. »

Il ouvrit la porte et s'effaça devant la surveillante. L'inspecteur Masterson se retrouva seul, le cahier de transmission entre les mains.

« Le salaud ! » marmonna-t-il.

Il demeura un moment indécis puis partit à la recherche des archives.

VI

Dix minutes plus tard, il était de retour. Sous le bras il avait le livre arraché à Ethel Brumfett ainsi qu'une chemise beige estampillée d'un cachet « CONFIDENTIEL » en lettres capitales noires, où était inscrits le nom de l'hôpital et un numéro d'identification — celui de Martin Dettinger. Il posa le cahier de transmission sur la table et tendit le dossier à Dalgliesh.

« Merci. Ça n'a pas été trop difficile ?

— Non, monsieur », répondit Masterson. Il jugea inutile de lui expliquer que le responsable étant sorti, il avait utilisé à la fois la persuasion et l'intimidation pour convaincre le jeune employé de lui confier le dossier Dettinger, en lui expliquant, ce que le jeune homme avait d'ailleurs eu du mal à croire, que les lois sur le secret médical n'étaient plus de rigueur une fois le malade décédé et que, de toute manière, quand un commissaire de Scotland Yard demandait quelque chose, il était en droit de l'obtenir sans délai. Ils se penchèrent ensemble sur les feuillets, que Dalgliesh se mit à lire à haute voix.

« “ Martin Dettinger. Âge : quarante-six ans. A donné l'adresse de son club, à Londres. Église Anglicane. Divorcé. Parent à prévenir, la mère : Mrs. Louise Dettinger, 23,

Saville Mansions, Marylebone. " Il serait bon que vous alliez voir cette dame, Masterson. Arrangez-vous pour obtenir un rendez-vous demain soir car, dans la journée, vous serez cloîtré ici ; je serai en ville. Et ne ménagez pas vos efforts ! Elle est certainement venue souvent rendre visite à son fils pendant son hospitalisation ; Miss Pearce étant son infirmière attitrée, les deux femmes ont dû se voir beaucoup. Je veux découvrir ce qui a tellement bouleversé Pearce. »

Il se replongea dans le dossier.

« Il y a beaucoup de choses, là-dedans. Le pauvre type a eu un passé médical rempli. Il a souffert de colites durant les dix dernières années de sa vie ; avant cela, nous avons toute une liste de maux non diagnostiqués ; peut-être des signes avant-coureurs de ce qui a fini par le tuer. Pendant son service militaire il a été hospitalisé trois fois, dont une à l'hôpital militaire du Caire en 1947, pour une période de deux mois. Il a été réformé en 1952 et a émigré en Afrique du Sud. Ça ne lui a pas réussi, apparemment. Je vois ici les notes d'un hôpital de Johannesburg, réclamées par Courtney-Briggs. Il s'est donné du mal et son propre rapport est fourni. Il s'occupait de Dettinger depuis deux ans, aussi bien, semble-t-il, en tant que généraliste que comme chirurgien. La colite entre dans une phase aiguë il y a un mois et Courtney-Briggs décide d'opérer. Il retire une bonne partie de l'intestin le vendredi 2 janvier. Dettinger survit à l'intervention, bien qu'il soit plutôt mal en point, et semble se remettre jusqu'au moment où il rechute, le lundi 5 janvier au matin. Il ne reprendra pratiquement pas conscience et mourra à dix-sept heures, le vendredi 9 janvier.

— En la présence de Pearce.

— Qui l'a soigné presque toute seule pendant la dernière semaine de sa vie. Voyons ce que le cahier de transmission peut nous apprendre. »

Mais il était plutôt décevant. Heather Pearce avait noté de son écriture d'écolière appliquée tout ce qui concernait la température de son malade, sa respiration, son pouls, ses heures de sommeil, de veille, ses médications et son alimentation. Chaque détail était méticuleusement consigné mais ils ne pouvaient rien en tirer. Dalgliesh referma le livre.

« Autant leur rendre tout cela maintenant. Ces dossiers nous sont inutiles, mais je mettrais ma main au feu que la mort de Dettinger est liée à notre affaire. »

Masterson ne répliqua pas. Comme tous ceux qui avaient secondé Dalgliesh, il éprouvait un grand respect pour les intuitions de son supérieur. Elles pouvaient paraître difficiles, invraisemblables ou alambiquées, mais elles s'étaient trop souvent vues confirmées pour qu'il puisse s'en moquer. Quant à faire une sortie à Londres dans la soirée du lendemain, il n'y voyait pas d'inconvénient. L'emploi du temps affiché dans le hall signalait que les cours des élèves se terminaient tôt le vendredi. Les filles seraient libres vers dix-sept heures. Il se demanda si Julia Pardoe accepterait un petit tour en ville. Pourquoi pas ? Dalgliesh ne serait pas encore rentré. Ça pourrait s'organiser. Il y avait certains suspects qu'il se ferait un plaisir d'interroger en tête à tête.

VII

Vers seize heures trente, Dalgliesh, faisant fi des conventions et de la prudence, alla prendre le thé dans le salon de Mavis Gearing. Elle l'avait croisé par hasard au rez-de chaussée alors que les élèves sortaient de leur dernier séminaire de la journée. Elle le lui avait proposé spontanément, sans fausse pudeur, mais avait ignoré Masterson. Lui eût-elle fait parvenir son invitation sur un carton rose parfumé, avec de criants sous-entendus sexuels, que Dalgliesh aurait quand même accepté. Après les interrogatoires de la matinée, il n'aspirait qu'à une chose : être confortablement assis à écouter le flot de ses cancans naïfs et un peu malveillants, se laisser flotter au gré de son bavardage, mais avec les griffes de son intelligence toujours prêtes à saisir une proie éventuelle. Il en avait plus appris sur les monitrices de Nightingale durant le déjeuner qu'en les interrogeant en bonne et due forme. Malheureusement, il ne pouvait passer son temps à traîner derrière toutes les infirmières pour ramasser des bribes d'informations comme des mouchoirs tombés de la poche de ces dames. Mavis Gearing voulait-elle lui apprendre, ou lui demander quelque chose ? De toute façon, cette heure en sa compagnie ne serait pas perdue.

Mis à part l'appartement de Mary Taylor, Dalgliesh n'était pas encore entré dans les chambres du troisième étage et il fut frappé par les proportions agréables de celle de Mavis Gearing. On n'y voyait pas l'hôpital, malgré les arbres dénudés, et il y régnait un calme reposant après l'agitation des salles et des couloirs. Dalgliesh se dit qu'en été, la large vue sur les collines, à peine coupée de quelques taches de feuillages au premier plan, devait être particulièrement jolie. Même au crépuscule, avec le gai ronronnement du poêle, la pièce était chaude et accueillante. Le lit-divan dans un coin, recouvert de cretonne et agrémenté d'une douillette rangée de coussins, devait avoir été fourni par le comité de gestion, ainsi d'ailleurs que les deux confortables fauteuils assortis et le reste de l'ameublement, fonctionnel mais sans intérêt. Pourtant, Mavis Gearing avait su marquer le salon de sa propre personnalité. Sur une grande étagère, elle avait disposé une collection de poupées en costumes régionaux. En face, un autre rayonnage, plus petit celui-ci, exhibait une série de chats en porcelaine de taille et de race différentes dont un spécimen, aux yeux protubérants, moucheté de bleu, avec un ruban bleu autour du cou, était particulièrement répugnant ; il servait d'appui à une carte de vœux. On y voyait, perché sur une branche, un rouge-gorge dont le tablier en ruché et le bonnet fleuri dénotaient le sexe ; à ses pieds un mâle de la même espèce écrivait les mots « Bonne chance » avec des vers de terre. Dalgliesh se hâta de détourner les yeux de cette horreur et continua à observer la chambre.

La table devant la fenêtre devait, à l'origine, servir de bureau, mais une demi-douzaine de photographies dans des cadres argentés réduisaient considérablement l'espace de travail. Dans un coin était posé un électrophone et, à côté, un casier pour ranger les disques ; punaisé sur le mur, juste au-dessus, trônait le poster de la dernière idole de pop music. Il y avait des tas de coussins de toutes formes et de toutes couleurs, trois poufs assez laids, un tapis tigré en nylon blanc et marron et une table basse sur laquelle Mavis Gearing avait servi le thé. Mais au yeux de Dalgliesh, l'objet le plus remarquable était un grand vase d'où jaillissait un merveilleux bouquet de chrysanthèmes et de feuillages. Il savait que Mavis Gearing avait l'art de s'occuper des plantes et cette composition, par la simplicité de ses couleurs et de ses lignes, était, en effet, admirable. Il s'étonna qu'une femme douée d'un goût si instinctif pour les fleurs pût vivre dans un décor aussi surchargé et vulgaire. Cette célibataire d'âge moyen, encombrée d'un tempérament ardent, ni vraiment intelligente, ni vraiment cultivée, qui cachait ses frustrations sous une gaieté artificielle, devait être un personnage plus complexe qu'il n'y paraissait à première vue. Vingt-cinq années de métier dans la police avait appris à Dalgliesh que tout individu avait ses zones d'ombre et ses contradictions. Seuls les jeunes, ou les gens particulièrement vaniteux, croient qu'il est possible de faire un portrait-robot de l'esprit humain.

Une fois dans son univers, Mavis Gearing jouait moins les coquettes qu'en compagnie. Certes, elle lui versait le thé lovée à ses pieds sur un pouf, mais il se doutait, d'après le nombre de coussins éparpillés dans la pièce, que c'était plus chez elle une habitude qu'une invitation à la rejoindre. Le thé était excellent et accompagné d'une profusion de toasts nappés de beurre d'anchois. Il remarqua l'absence admirable de napperons chichiteux et de gâteaux poisseux et apprécia que les tasses eussent des anses utilisables sans qu'il faille s'y tordre les doigts. Elle le servit avec savoir-faire, sans énervement inutile. Mavis Gearing devait considérer de son devoir, dans ses tête-à-tête, de flatter le bien-être et le narcissisme de son invité. D'autres femmes moins dévouées auraient sans doute jugé cela révoltant, mais on aurait difficilement pu demander à un homme d'y trouver à redire.

Détendue par l'ambiance chaleureuse de sa chambre et stimulée par le thé, Mavis Gearing se mit à bavarder avec un plaisir manifeste. Dalgliesh la laissa babiller, se contentant de la relancer parfois d'une question. Ni l'un ni l'autre ne mentionnèrent Leonard Morris. Les confidences spontanées que Dalgliesh espérait n'auraient pu jaillir dans une atmosphère de gêne et de contrainte.

« Évidemment, ce qui est arrivé à cette pauvre Pearce, quelle qu'en soit la cause, est absolument effroyable. Et dire que toute la classe y a assisté ! Je suis surprise que leur travail n'en ait pas été plus perturbé. Mais les jeunes sont sacrément forts, de nos jours. Il est vrai que personne ne lui était très attaché. Je n'arrive pourtant pas à croire que l'une d'elles ait pu verser ce corrosif dans le lait. Ce sont des élèves de troisième année. Elles savent que l'acide phénique est mortel à de telles concentrations. Enfin, bon Dieu, elles ont eu un cours sur les poisons lors de la précédente session ! Ça ne peut pas être une mauvaise farce qui a mal tourné, j'en suis sûre.

— C'est pourtant l'opinion générale.

— Normal, non ? Ça n'arrange personne de penser que Pearce a été assassinée. Des premières années, d'accord... Une élève aurait pu tripatouiller la bouteille sur un coup de tête en se disant, par exemple, que, le lysol étant un émétique, le spectacle de Pearce vomissant partout devant l'inspectrice de la D.A.S.S. risquait de mettre un peu d'animation dans la séance de travaux pratiques. Humour assez spécial, j'en conviens, mais les jeunes peuvent être très orduriers. Mais celles-ci, non ! Elles connaissent très bien les effets du phénol.

— Et que pensez-vous de la mort de Fallon ?

— Oh, je crois que c'est un suicide. La pauvre était enceinte, n'est-ce pas ? Elle s'est probablement sentie très déprimée, incapable de continuer à lutter. Trois années d'études gâchées... pas de famille pour la soutenir. Pauvre Fallon ! D'après moi, elle n'était pas le genre à se suicider, mais elle a dû succomber à une impulsion morbide. On a vaguement critiqué le docteur Snelling — il s'occupe des infirmières — de l'avoir laissé reprendre ses cours si vite. Mais elle détestait manquer et, après tout, ce n'est pas comme si elle avait dû travailler en salle ! A cette époque de l'année, on voit mal l'intérêt de l'envoyer quelque part en convalescence. Elle était aussi bien à l'école qu'ailleurs. Mais cette grippe n'a pas dû arranger les choses. Elle devait être complètement à plat. Ce virus est particulièrement méchant. Si seulement elle avait pu parler à quelqu'un ! Quand je pense qu'elle a mis un terme à ses jours comme ça, alors que tant de gens n'auraient demandé qu'à l'aider... Quelle horreur ! Mais reprenez donc une tasse de thé et essayez un de ces sablés. Ils sont faits maison. Ma sœur m'en envoie de temps en temps. »

Tout en se servant, Dalgliesh se dit qu'il y avait aussi ceux qui croyaient que la grossesse ne suffisait pas à expliquer le suicide de Fallon : la jeune femme aurait pu empoisonner le lait de Pearce. On l'avait aperçue à Nightingale à l'heure cruciale.

Curieux de sa réaction, il avança cette hypothèse qui ne pouvait la surprendre réellement. Tout le monde, à Nightingale, y avait pensé. Mais Mavis Gearing était trop naïve pour s'étonner qu'un détective confirmé éprouvât le besoin d'en discuter avec elle, et trop peu intelligente pour se demander pourquoi.

Elle écarta cette possibilité d'un haussement d'épaules.

« Non. Pas Fallon. C'eût été un tour stupide et elle ne l'était pas. Je viens de vous le dire, toutes les élèves de troisième année connaissaient parfaitement les risques. Et si vous êtes en train d'insinuer que Fallon a réellement voulu tuer Pearce — je me demande bien pourquoi, entre parenthèses ! —, je peux vous dire qu'elle n'était pas du genre à se laisser ensuite envahir par les remords. Si Fallon avait réellement décidé d'assassiner sa camarade, elle ne se serait pas supprimée quelques jours plus tard, sous le coup du repentir. Non, la mort de Fallon n'a rien de vraiment mystérieux. Cette grippe l'a complètement déprimée et l'histoire du bébé l'a achevée.

— Vous pensez donc qu'elles se sont tuées toutes les deux ?

— Je n'en suis pas si sûre en ce qui concerne Pearce. Il faut être cinglé pour choisir une fin aussi abominable, et c'était une fille qui me paraissait plutôt équilibrée. Mais c'est possible. De toute manière, je n'ai pas l'impression que vous allez réussir à prouver autre chose, quel que soit le temps que vous passiez ici ! »

Il crut déceler une note de défi dans sa voix et leva vivement les yeux. Mais le mince visage ne trahissait rien de plus que son air de vague insatisfaction habituelle. Elle grignotait son sablé avec des petits bruits secs de ses dents pointues et très blanches.

« " Quand une explication est impossible, l'improbable doit être vrai. " Qui donc a dit ça ? G. K. Chesterton, non ? Les infirmières ne s'entre-tuent pas. D'ailleurs, les infirmières ne tuent personne.

— Il y eut pourtant Miss Waddingham, dit Dalgliesh.

— Qui est-ce ?

— Un personnage fort antipathique qui empoisonna à la morphine une de ses malades, une certaine Miss Baguley. Cette dernière avait eu la mauvaise idée de lui léguer son argent et ses propriétés pour récompenser Miss Waddingham des soins qu'elle devrait lui dispenser pour le reste de ses jours. Elle a fait une mauvaise affaire. Miss Waddingham a été pendue. »

Mavis Gearing simula un frisson de dégoût.

« Quels horribles gens vous rencontrez ! Je suis sûre que votre Miss Waddingham n'était même pas diplômée. Vous n'allez tout de même pas me dire qu'elle était inscrite au registre général des infirmières ?

— En y repensant, je ne crois pas, en effet. Mais je ne l'ai jamais rencontrée. C'était en 1935.

— Vous voyez bien, s'exclama Mavis Gearing d'un air triomphant.

Elle tendit le bras pour lui verser une seconde tasse de thé puis se pelotonna à nouveau sur son pouf, s'adossant contre le bras de la chaise de Dalgliesh jusqu'à lui frôler le genou de ses cheveux. Il se retrouva à examiner avec un intérêt modéré les racines plus foncées, de chaque côté de la raie, qui avaient repoussé sous la teinture. Vu d'en dessus, son visage, raccourci par la perspective, paraissait plus vieux ; son nez plus pointu. Il remarqua les invisibles bouffissures sous les yeux et le réseau de vaisseaux éclatés sur les pommettes, à demi caché par le maquillage. C'était une femme plus toute jeune — il s'en était déjà aperçu — et qui avait eu une vie plus chargée que ne le révélait son dossier. Elle avait suivi ses études d'infirmière dans un hôpital du East End de Londres, après s'être essayée à plusieurs emplois de bureau peu rémunérateurs. Sa carrière d'auxiliaire médicale avait été assez mouvementée et ses références se cantonnaient dans un vague douteux. On s'était demandé s'il fallait appuyer sa demande d'enseigner comme monitrice-surveillante, motivée, soupçonnait-on, plus par le désir de se trouver un travail moins fatigant que par une réelle vocation pédagogique. Elle a une ménopause difficile, se dit Dalgliesh. Il en savait plus sur elle qu'elle ne le croyait, bien plus en tout cas qu'elle ne l'aurait voulu. Mais il ignorait toujours si c'était une meurtrière. Plongé dans ses pensées, il entendit à peine ce qu'elle était en train de lui dire.

« C'est curieux que vous soyez aussi un poète. Fallon avait votre dernier recueil de vers dans sa chambre, n'est-ce pas ? Rolfe me l'a dit. Il doit être difficile de concilier la poésie avec votre travail de commissaire.

— Je n'ai jamais pensé qu'il faille concilier d'une façon si œcuménique ces deux activités. »

Elle eut un petit rire gêné.

« Vous savez très bien ce que je veux dire. C'est quand même assez rare. On n'imagine pas un policier poète. »

Oui, il savait ce qu'elle voulait dire. Mais il n'avait aucune envie de s'engager sur ce sujet.

« Les policiers sont des individus comme les autres. Après tout, vous êtes bien ici trois monitrices qui avez peu de choses en commun. On peut difficilement imaginer des personnalités plus dissemblables que vous et Ethel Brumfett. Je ne vois pas Miss Brumfett en train de m'offrir des toasts au beurre d'anchois et des sablés faits maison. »

Elle réagit aussitôt, comme il s'y attendait.

« Oh, Brumfett est une fille bien quand on la connaît. Évidemment, elle retarde de vingt ans. Comme je le disais à midi, les gosses aujourd'hui n'ont rien à faire de ses topos sur le devoir, l'obéissance et la vocation. Mais c'est une infirmière extraordinaire. Je ne tolérerai pas un mot contre elle. Il y a quatre ans, j'ai subi une appendicectomie avec complications. La plaie s'est rouverte. Infection résistante aux antibiotiques et tout le tralala. De quoi paniquer ! On ne peut pas dire que ç'ait été un des grands succès de Courtney-Briggs ! Bref, ça n'allait pas du tout. Une nuit, la douleur est devenue intolérable. Je touchais le fond. Je croyais ne jamais plus revoir la lumière du jour. L'affolement complet. Parlez-moi de l'angoisse de la mort ! Je sais ce que c'est maintenant. Brumfett est venue me voir. C'était elle qui me soignait et jamais elle n'aurait laissé une élève prendre sa place. Je lui ai demandé : “ Je ne vais pas mourir, n'est-ce pas ? ” Elle m'a regardée droit dans les yeux. Elle ne m'a pas dit : “ Ne sois pas idiote ” ou ce genre de mensonge réconfortant qu'on réserve aux malades. Elle a simplement dit de sa voix bourrue habituelle : “ Non, si je peux y faire quelque chose, non. ” Je savais que Brumfett luttait avec moi et nous avons gagné. Dit comme ça, ça paraît un peu idiot et sentimental, mais c'est vraiment ce que j'ai senti. Et elle agit ainsi avec tous les cas graves. La confiance, ça existe. Brumfett vous ferait croire qu'elle est capable de vous arracher aux doigts crochus de la mort par la seule force de sa volonté. On n'en fait plus des comme ça ! »

Dalgliesh émit quelques grognements approbateurs puis tenta d'aiguiller la conversation sur Courtney-Briggs. Il lui demanda naïvement si le chirurgien avait beaucoup d'opérations qui se passaient si mal. Mavis Gearing éclata de rire.

« Seigneur, non ! D'habitude, les opérations de Courtney-Briggs se déroulent au gré de ses espoirs, même si ce ne sont pas ceux de ses malades, en admettant qu'ils soient en mesure de contrôler ce qui se passe. C.-B. est ce qu'on appelle un chirurgien héroïque, mais si vous voulez mon avis, ce sont surtout ses patients qui font preuve d'héroïsme. Néanmoins, il fait du très bon travail. C'est un des derniers grands patrons de chirurgie générale. Vous connaissez l'histoire : plus le cas est désespéré, mieux ça vaut. Un peu comme pour un avocat. Quelle gloire y aurait-il à disculper un accusé évidemment innocent ? A grand coupable, grand défenseur.

— Comment est Mrs. Courtney-Briggs ? Je suppose qu'il est marié. Est-ce qu'elle vient parfois à l'hôpital ?

— Pas très souvent, bien qu'elle fasse soi-disant partie de l'Amicale de John Carpendar. C'est elle qui a présidé à la remise des prix, l'année dernière, quand la princesse s'est décommandée au dernier moment. Plus jeune que lui, bien qu'elle commence à faire son âge maintenant. Pourquoi me demandez-vous ça ? Vous ne suspectez quand même pas Muriel Courtney-Briggs ? Elle n'a pas mis les pieds à l'hôpital la nuit où Fallon est morte. Elle était sûrement bien au chaud dans son lit, dans cette délicieuse maison qu'ils ont près de Selborne. Et je ne vois pas quel motif elle aurait eu de vouloir tuer cette malheureuse Pearce. »

Elle en avait donc un pour se débarrasser de Fallon ! La liaison de Courtney-Briggs était moins secrète qu'il ne le croyait. Dalgliesh ne s'étonna pas que Mavis Gearing fût au courant. Son nez pointu devait être particulièrement sensible à toute odeur de scandale sexuel.

« Serait-elle jalouse ? »

Mavis Gearing, sans se rendre compte de ce qu'elle avait dit ou pas, embraya aussitôt.

« Elle ne devait pas être au courant. Les épouses ne le sont jamais, de toute manière. Et C.-B. n'a jamais eu l'intention de briser son mariage pour Fallon. Mrs. C.-B. a une grosse fortune personnelle. Elle est l'unique descendante du Price de Price & Maxwell, de gros entrepreneurs. Avec ce que rapporte C.-B. et les gains mal acquis du papa, ils sont très à l'aise. Je ne crois pas que Muriel s'inquiète beaucoup, du moment que son mari la respecte et que l'argent continue de rentrer. Personnellement, ça me serait bien égal ! Par ailleurs, si l'on en croit la rumeur, Muriel n'est pas exactement qualifiée pour militer à la Ligue des Bonnes Mœurs.

— Elle a quelqu'un ?

— Oh non. Ce n'est pas ce que je voulais dire. Mais elle ne s'ennuie pas ; elle sort avec toutes les célébrités. On voit sa photo dans les pages de magazines à potins. Ils fréquentent aussi le monde du théâtre. C.-B. avait un frère qui était comédien. Il s'est pendu il y a trois ans. Vous avez dû lire des choses là-dessus. »

Dalgliesh avait un métier qui ne lui permettait pas d'aller souvent au spectacle, ce qui lui manquait beaucoup. Il n'avait vu jouer Peter Courtney qu'une seule fois mais n'était pas prêt de l'oublier. Il avait campé un Macbeth très jeune, sensible, aussi porté à l'introspection qu'un Hamlet, et sexuellement asservi à une femme beaucoup plus âgée. Il avait donné à son courage physique des composantes violentes et hystériques. En gros, une interprétation perverse mais intéressante. En y repensant, Dalgliesh retrouvait une certaine ressemblance entre les deux frères ; la forme des yeux, peut-être. Mais Peter devait être le cadet de près de vingt ans. Dalgliesh aurait aimé savoir quels avaient été les rapports de ces deux hommes, si différents par l'âge et le talent.

Il lui demanda brusquement :

« Et comment Pearce et Fallon s'entendaient-elles ?

— Mal. Fallon méprisait Pearce. Je ne veux pas dire qu'elle la détestait au point de vouloir lui nuire, mais elle la méprisait, voilà tout.

— Pourquoi ?

— Pearce est allée raconter à la directrice que Fallon prenait son petit coup de whisky tous les soirs. La garce ! Et bien-pensante en plus ! Voici ce qui se serait passé : Diane Harper — elle a quitté l'école maintenant — a attrapé un mauvais rhume quinze jours avant le début des cours. Fallon lui aurait préparé un citron chaud au whisky et Pearce, flairant l'odeur dans le couloir, en aurait conclu que Fallon tentait de débaucher sa jeune camarade et de la pousser à boire. Elle est donc entrée en robe de chambre à l'office — elles n'étaient pas à Nightingale à l'époque, mais à l'hôpital — et s'est mise à renifler comme un ange du Jugement Dernier. Elle les a menacées de tout raconter à la directrice à moins que Fallon ne promette, à genoux, de ne plus jamais toucher à cette boisson diabolique. Fallon lui a dit d'aller se faire voir ailleurs et quoi y faire, enfin un truc dans ce genre-là. Quand elle était en colère, elle pouvait avoir des expressions assez pittoresques. Christine Dakers a éclaté en sanglots, Diane Harper s'est énervée et tout ce bruit a alerté une monitrice. Pearce a donc tout raconté à Miss Taylor mais cela n'a pas donné grand-chose, si ce n'est que Fallon, depuis, gardait sa bouteille de whisky dans sa chambre. Mais l'histoire a beaucoup fait jaser les troisième année. Fallon n'a jamais été très appréciée — trop réservée et trop sarcastique — mais Pearce l'était encore moins !

— Et Pearce, détestait-elle Fallon ?

— Eh bien, c'est difficile à dire. Elle ne semblait pas se préoccuper de ce que l'on pensait d'elle. C'était une fille étrange, assez insensible. Elle pouvait ne pas aimer Fallon ni ses habitudes, mais ça ne l'a pas empêchée, par exemple, de lui emprunter sa carte de bibliothèque.

— Quand était-ce ? »

Dalgliesh se pencha pour mettre sa tasse sur le plateau. Il avait posé sa question d'une voix égale, presque indifférente, mais il ressentait cette excitation qu'il connaissait bien, ce sentiment qu'il venait de se dire quelque chose d'important. Plus qu'une intuition, c'était, comme toujours, une certitude. Quand il avait de la chance, cela pouvait se produire plusieurs fois au cours d'une enquête ; parfois jamais. C'était totalement extérieur à sa volonté et, lorsque cela lui arrivait, il évitait d'analyser trop précisément les racines de sa conviction de peur de la voir s'effriter sous le raisonnement logique.

« Juste avant la session théorique, donc une semaine avant

sa mort, à peu près. Je crois que c'était un jeudi ; en tout cas, les filles n'avaient pas encore emménagé à Nightingale House. Nous avions dîné dans la salle à manger. Fallon et Pearce sont sorties ensemble et Goodale et moi les suivions de près. Fallon s'est tournée vers Pearce et lui a dit : « Tiens, voici le jeton de bibliothèque que je t'ai promis. Il vaut mieux que je te le donne maintenant car je ne suis pas sûre qu'on se voie demain matin. Tu as intérêt à ne pas oublier la carte de lecteur, sinon ils risquent de ne pas te prêter le livre. » J'ai trouvé que Pearce n'était pas très aimable ; elle a saisi le jeton en marmonnant quelque chose et a à peine dit merci. C'est important ?

— Je ne vois pas pourquoi ça le serait », répondit Dalgliesh.

VIII

Durant le quart d'heure qui suivit, Dalgliesh fit preuve d'une patience exemplaire. Il manifesta la même attention courtoise au bavardage de Mavis Gearing et but tranquillement sa dernière tasse de thé. Comment aurait-elle pu deviner que désormais, chaque minute lui était accordée à contrecœur ? Quand ils eurent fini, il insista pour rapporter le plateau dans l'office au bout du couloir tandis qu'elle le suivait en protestant. Il remercia alors Mavis Gearing et partit.

Sans perdre une seconde, il se rendit dans la petite chambre à coucher qui contenait encore presque toutes les affaires de Pearce. Il lui fallut un moment avant de trouver la bonne clé dans le lourd trousseau qu'il gardait dans sa poche. La pièce avait été fermée après sa mort. Il entra et alluma la lumière. Le lit était fait ; la pièce était propre et nette, tel un cadavre toiletté pour l'enterrement. Les rideaux n'étaient pas tirés et, de l'extérieur, rien ne devait donc la distinguer des autres. Bien que la fenêtre fût ouverte, il y flottait une légère odeur de désinfectant, comme si l'on avait voulu effacer toute trace du drame par une sorte de rituel purificatoire.

Dalgliesh n'avait pas besoin de rafraîchir sa mémoire. Les

restes de cette vie étaient pathétiquement pauvres. Mais il examina à nouveau sa garde-robe, espérant que le contact des étoffes ou du cuir lui révélerait quelque chose. Cela ne lui prit pas longtemps. On n'avait touché à rien depuis sa première inspection. Le placard, identique à celui de la chambre de Fallon, était plus approprié aux tristes robes en laine de Pearce qui, sous ses mains curieuses, se mirent à se balancer sur leur ceintre en dégageant des relents d'antimite. L'épais manteau beige était de bonne qualité mais usé. Il en fouilla une fois de plus les poches. Il n'y trouva qu'un mouchoir de coton blanc, roulé en boule et qui sentait l'haleine aigre.

Il alla vers la commode. Ici aussi, il y avait largement assez de place pour ses quelques effets. Les deux premiers tiroirs étaient pleins de linge de corps, maillots et culottes adaptés aux rudes hivers anglais mais qui ne faisaient aucune concession à la mode ou au sex-appeal. Il passa la main sous les feuilles de journaux tapissant l'intérieur, bien qu'elles eussent déjà été retirées, et ne sentit rien que la surface rêche du bois nu. Dans les derniers tiroirs se trouvaient des jupes, des chandails et des cardigans ; un sac de cuir soigneusement enveloppé dans du papier chiffon ; une paire de bonnes chaussures dans leur étui de feutre ; un coffret de douze mouchoirs soigneusement pliés ; un assortiment de foulards ; trois paires de bas nylon identiques, toujours dans leur pochette.

Il se tourna vers la table de chevet. La lampe, le petit réveille-matin depuis longtemps arrêté dans son étui en cuir, la boîte de mouchoirs en papier dont l'un, tout chiffonné, sortait à moitié de la fente, et la carafe d'eau, n'avaient pas bougé. Il y avait aussi une Bible reliée en cuir et un nécessaire de correspondance. Dalgliesh ouvrit la Bible et lut à nouveau la dédicace gravée sur la page de garde : « A Heather Pearce pour son assiduité. Collège St Mark. » Assiduité : un mot démodé, un peu rébarbatif, mais qui avait dû faire plaisir à Pearce.

Il ouvrit le nécessaire sans grand espoir d'y trouver ce qu'il cherchait. Rien n'avait changé depuis sa première visite. Il y avait toujours la lettre inachevée à sa grand-mère, morne et impersonnel compte rendu de sa semaine faisant penser aux notes d'un cahier de transmission, ainsi qu'une grande enveloppe adressée à Miss Pearce. Postée le jour de sa mort, elle avait sans doute été glissée là par quelqu'un qui, après l'avoir ouverte, n'avait su qu'en faire. C'était une brochure illustrée sur un établissement du Suffolk qui se consacrait aux victimes du fascisme ; elle avait sans doute été envoyée dans l'espoir d'une donation.

Il jeta un coup d'œil sur les quelques volumes posés sur l'étagère, juste au-dessus. Il les avait déjà regardés mais il fut à nouveau frappé par le côté conventionnel de sa petite bibliothèque. Un manuel de couture gagné à une distribution des prix. *Les Contes tirés de Shakespeare* de Lamb. Dalgliesh n'avait jamais cru qu'ils soient vraiment lus par les enfants et rien n'indiquait qu'ils l'aient été par Heather Pearce. Deux livres de voyage : *Sur les pas de saint Paul* et *Sur les pas du Seigneur*. Il y avait aussi un cours d'infirmières, connu, mais dans une vieille édition. La date sur la page de garde remontait à quatre ans. L'avait-elle acheté en prévision de ses études pour se rendre compte, quelques années plus tard, que les conseils relatifs à l'application des sangsues et l'administration des lavements étaient périmés ? Il trouva aussi un exemplaire du *Golden Treasury* de Palgrave, livre de distribution des prix également, mais cette fois moins recommandable. Lui non plus ne semblait pas avoir été feuilleté. Enfin, trois éditions de poche : deux romans d'une femme écrivain à succès portant en gros sur la jaquette : « Le livre du film » et les aventures terriblement sentimentales d'un chien et d'un chat perdus à travers l'Europe dont Dalgliesh se souvenait qu'elles avaient fait un best-seller quelque cinq ans plus tôt. Sur celui-ci était inscrit : « A Heather, avec l'amour de sa tante Edie, Noël 1964. » L'ensemble ne pouvait pas lui apprendre grand-chose sur la victime, sinon que ses lectures avaient été aussi limitées que sa vie. Nulle part il ne trouva ce qu'il cherchait.

Il ne retourna pas dans la chambre de Fallon. On en avait

déjà fouillé les moindres recoins et lui-même aurait pu la décrire dans tous ses détails et faire un inventaire précis de ce qui s'y trouvait. Il gravit d'un pas alerte le grand escalier jusqu'à un téléphone mural qu'il avait remarqué en rapportant à l'office le plateau de Mavis Gearing. Une fiche avec tous les numéros de poste de l'hôpital était punaisée à côté. Après une seconde de réflexion, il appela le salon des élèves. Maureen Burt lui répondit. Oui, Madeleine Goodale était là. Presque aussitôt, il l'eut en ligne et lui demanda de le rejoindre dans la chambre de Heather Pearce.

Il avait à peine eu le temps de revenir sur ses pas qu'il vit sa silhouette en blouse se profiler en haut de l'escalier. Madeleine Goodale avait son air calme habituel. Il s'effaça pour la laisser entrer. Elle regarda sans véritable curiosité le lit refait, le réveil silencieux, la Bible fermée. Dagliesh alla près de la fenêtre et leurs yeux se croisèrent au-dessus du lit.

« Je sais que Jo Fallon a prêté une carte de bibliothèque à Heather Pearce dans la semaine qui a précédé sa mort. Vous sortiez de la salle à manger en compagnie de Mavis Gearing. Vous rappelez-vous la scène ? »

Madeleine Goodale n'était pas du genre à manifester une quelconque surprise.

« Oui, je crois. Jo m'avait dit que Heather voulait aller dans une bibliothèque à Londres et lui avait demandé de lui prêter sa carte de lecteur et un jeton. Jo était inscrite à la bibliothèque de Westminster. Elle a plusieurs annexes dans la City mais, théoriquement, elle n'est ouverte qu'aux personnes qui vivent, ou travaillent, à Westminster. Jo avait un appartement à Londres avant de venir à John Carpendar et elle a gardé sa carte et ses jetons. C'est une excellente bibliothèque, bien meilleure que celle que nous avons ici, et il est bien utile de pouvoir emprunter un livre de temps en temps. Je crois que Miss Rolfe y est également inscrite. Jo a pris sa carte et un jeton avant d'aller déjeuner et les a donnés à Heather en sortant de la salle à manger.

— Heather Pearce a-t-elle dit pourquoi elle en avait besoin ?

— Pas à moi. A Jo, peut-être, je ne sais pas. Jo aurait prêté ses jetons à n'importe qui sans demander d'explications.

— A quoi ressemblent-ils, exactement ?

— Ce sont de petits rectangles de plastique bleu pâle marqués aux armes de la Cité. La bibliothèque vous en distribue quatre quand vous vous inscrivez et le lecteur doit en remettre un à chaque retrait. Jo n'en avait plus que trois. Peut-être a-t-elle perdu le quatrième. Et puis, il y a aussi la carte qui porte le nom, l'adresse et la date de validité. Il arrive que les employés demandent à voir la carte et c'est sans doute pourquoi Jo l'a donnée à Heather avec le jeton.

— Savez-vous où se trouvent les deux restants ?

— Oui. Dans ma chambre. Je les lui ai empruntés il y a une quinzaine de jours. Mon fiancé et moi sommes allés à Londres pour assister à un service religieux à l'abbaye. Je croyais avoir le temps ensuite d'aller à l'annexe de Great Smith Street voir s'ils avaient le nouveau Iris Murdoch. Or nous avons rencontré des amis du collège théologique de St Mark après le service et j'ai dû laisser tomber. J'avais l'intention de rendre les jetons à Jo mais je les ai rangés dans mon nécessaire de correspondance et j'ai oublié. Elle ne m'en a pas reparlé. Je peux vous les montrer si vous voulez.

— Oui, je vous remercie. Heather Pearce a-t-elle utilisé son jeton ?

— Je crois, car je l'ai vue à l'arrêt du bus de la Ligne Verte qui va à Londres, l'après-midi de ce même jour. Nous étions toutes deux en congé. Ce devait donc être le jeudi. Je suppose qu'elle avait l'intention de se rendre à la bibliothèque. »

Elle prit soudain un air perplexe.

« Je suis sûre qu'elle a sorti ce livre mais je n'arrive pas à me souvenir pourquoi.

— Faites un effort, je vous en prie. »

Madeleine Goodale était toujours debout, les mains jointes, comme en prière, sur sa blouse blanche empesée. Il ne la pressa pas. Son regard fixe, tourné au loin, se posa soudain sur le lit.

« Ça y est, je m'en souviens maintenant, finit-elle par dire posément. Je l'ai vue en train de lire un livre de bibliothèque. C'était la nuit où Jo est tombée malade, la veille même de la mort de Heather. Je suis entrée dans sa chambre vers vingt-trois heures trente et lui ai demandé d'aller s'occuper de Jo, le temps que je prévienne une monitrice. Elle était assise sur son lit, les cheveux nattés, en train de lire. Oui je m'en souviens ; c'était un grand livre avec une reliure sombre, bleu marine je crois ; il y avait un numéro de référence inscrit au fer à doré en bas du dos. Il avait l'air vieux et assez lourd. Je ne pense pas que c'était un roman. Elle le tenait contre ses genoux relevés. Quand je suis entrée, elle l'a refermé rapidement et l'a glissé sous son oreiller. C'était plutôt bizarre, mais je n'y ai pas prêté attention sur le coup. Heather était le genre à faire des secrets de tout. En plus, j'étais trop préoccupée par Jo. Mais je m'en souviens bien. »

Elle garda le silence quelques instants. Dalgliesh attendit.

« Je sais ce qui vous inquiète : où se trouve ce livre ? Il n'était pas dans sa chambre quand Miss Rolfe et moi sommes allées la ranger pour dresser un inventaire de ses affaires. La police était avec nous et nous ne l'avons pas vu. Et où est la carte de lecteur ? reprit-elle. Elle n'était pas non plus dans les affaires de Jo.

— Que s'est-il passé exactement cette nuit-là ? Vous dites que vous avez vu Jo Fallon, vers onze heures et demie. Je croyais qu'elle ne montait jamais avant minuit.

— Pas cette fois-ci. Sans doute qu'elle ne se sentait pas très bien et espérait qu'en se couchant tôt, ça irait mieux. Elle n'a dit à personne qu'elle était malade. Ce n'était pas son genre. Elle est venue me réveiller vers onze heures et demie avec une mine épouvantable. Elle avait une fièvre de cheval et tenait à peine debout. Je l'ai aidée à retourner dans son lit, je suis allée chercher Heather puis j'ai téléphoné à Miss Rolfe. C'est elle qui est responsable de nous quand nous sommes à Nightingale House. Elle est descendue et a appelé l'ambulance afin qu'on transporte Jo à l'infirmerie. Miss Rolfe a aussi appelé Miss Brumfett pour l'avertir. Miss Brumfett aime savoir ce qui se passe dans son service même quand elle ne travaille pas. Elle aurait très mal pris la chose si elle avait trouvé Jo malade en arrivant à l'hôpital le lendemain, sans qu'on l'ait prévenue. Elle est passée voir Jo mais n'est pas montée dans l'ambulance avec elle. Ce n'était pas nécessaire.

— Qui l'a accompagnée ?

— Moi. Miss Rolfe et Miss Brumfett sont retournées dans leur chambre, ainsi que Heather. »

Le livre n'avait donc pas pu être subtilisé cette nuit-là, se dit Dalgliesh. Pearce aurait évidemment remarqué son absence. Même si elle n'avait pas repris sa lecture en revenant se coucher, elle aurait retiré le gros volume de sous son oreiller avant de s'endormir. Quelqu'un s'en était donc emparé après sa mort. Une chose était certaine : la veille de sa mort, elle était en possession d'un livre qui n'était plus dans sa chambre quand la police locale, Hilda Rolfe et Madeleine Goodale avaient fait une première inspection vers dix heures dix, le lendemain matin. Qu'il appartînt ou non à la bibliothèque de Westminster, il avait disparu ; et si ce n'était pas un livre de bibliothèque, alors où étaient le jeton et la carte de lecteur ? Eux aussi avaient disparu. Et si Pearce les avait rendus à Fallon parce qu'elle n'avait plus l'intention de les utiliser, pourquoi n'étaient-ils pas non plus dans les affaires de Fallon ?

Il demanda à Madeleine Goodale ce qui s'était passé immédiatement après la mort de Pearce.

« La directrice nous a fait monter dans son salon et nous a priées d'attendre là-bas. Miss Gearing nous a rejointes une demi-heure après, environ, et puis on nous a servi du café. Nous sommes restées dans le salon à parler et à essayer de lire jusqu'à ce que l'inspecteur Bailey et la directrice arrivent. Il devait être onze heures ou un peu plus tôt.

— Et pendant ce temps-là, vous ne vous êtes pas quittées ?

— Si. Je suis allée chercher un livre dont j'avais besoin à la bibliothèque ; cela m'a pris trois minutes. Christine Dakers aussi est sortie. Je ne me rappelle plus très bien, mais elle a vaguement murmuré qu'elle allait aux toilettes. Sinon, il me semble bien que nous sommes toujours restées ensemble. Miss Beale, l'inspectrice de la D.A.S.S., était avec nous. »

Elle s'arrêta.

« Vous pensez que cette histoire de livre disparu a quelque chose à voir avec la mort de Pearce, n'est-ce pas ? Pour vous, c'est important.

— Peut-être. C'est pourquoi j'aimerais que vous ne parliez à personne de notre conversation.

— Si vous y tenez. Mais, ajouta-t-elle, ne puis-je pas essayer de découvrir ce qui est arrivé à ce livre ? Je pourrais demander aux autres, comme ça, en passant, si elles ont la carte et le jeton, sous prétexte d'en avoir besoin. »

Dalgliesh sourit.

« Laissez-moi le soin de mener l'enquête. Je préférerais vraiment que vous gardiez le silence. »

Il ne crut pas nécessaire d'ajouter que dans ce genre d'affaire criminelle, il pouvait être dangereux d'en savoir trop. C'était une fille intelligente. Elle comprendrait toute seule. Madeleine Goodale, interprétant son silence comme un congé, s'apprêtait à partir mais, arrivée à la porte, elle hésita et fit demi-tour.

« Commissaire Dalgliesh, pardonnez-moi de me mêler de tout cela. Qu'on ait voulu assassiner Heather me semble incroyable, mais si c'est le cas, le livre a pu être pris dans sa chambre à partir de neuf heures moins cinq, heure à laquelle elle est entrée en salle de travaux pratiques. Le meurtrier savait qu'elle n'en sortirait pas vivante et qu'il — ou elle — avait intérêt à le faire disparaître. Après la mort de Heather, n'importe qui a pu le prendre pour des raisons parfaitement innocentes. Avant, ça ne peut être que l'assassin. Et ce serait vrai même si cet ouvrage n'avait rien à voir avec le crime. Or, la question que Heather nous a posées à propos de quelque chose qui avait disparu de sa chambre, suggère que le livre a été emporté avant sa mort. Et pourquoi l'assassin se serait-il donné ce mal si le livre n'était pas lié, d'une manière ou d'une autre, à son crime ?

— Exactement, dit Dalgliesh. Vous êtes une jeune femme très intelligente. »

Pour la première fois, il vit Madeleine Goodale décontenancée. Ses joues devinrent écarlates et Dalgliesh lui trouva soudain l'air d'une jeune et jolie épousée, toute rougissante. Elle lui sourit, puis partit. Dalgliesh, surpris par cette métamorphose, se dit que le pasteur avait fait preuve de discernement en la choisissant pour femme. Ce que le conseil paroissial ferait de sa lucide intelligence était une autre affaire. Mais il espérait ne pas avoir à l'arrêter pour meurtre avant qu'il n'ait une chance de lui trouver un rôle à sa mesure.

Il la suivit dans le couloir toujours aussi obscur, à peine éclairé par les deux faibles ampoules fixées dans leurs tiges de cuivre travaillé. Il était déjà arrivé en haut de l'escalier lorsque quelque chose le fit s'arrêter et retourner sur ses pas. De sa torche allumée, il balaya le bas du mur, jusqu'aux deux seaux d'incendie remplis de sable. Le premier était recouvert d'une couche de poussière grise ; il n'avait visiblement pas été touché depuis longtemps. Mais la surface du second avait un aspect plus frais. Dalgliesh enfila ses minces gants de coton, alla chercher dans la commode de Pearce une feuille de papier journal, l'étala sur le sol du couloir et, soigneusement, se mit à verser le sable, qui s'amoncela en pyramide. Il ne trouva pas de carte de lecteur. Mais il vit soudain tomber un petit vaporisateur avec un bouchon vissé, portant une étiquette salie. Dalgliesh épousseta les grains de sable et vit alors apparaître une tête de mort noire avec le mot POISON écrit en lettres capitales. En dessous, on pouvait lire : « Tue les insectes sans endommager vos plantes. A utiliser avec précaution en se conformant au mode d'emploi. »

Il n'eut pas besoin de consulter les instructions pour savoir ce qu'il venait de découvrir. C'était de la nicotine pure. Il avait entre les mains le poison qui avait tué Josephine Fallon.

CHAPITRE SIX

La fin d'une longue journée

I

Cinq minutes plus tard, le directeur du laboratoire et Sir Miles Honeyman étaient informés de la trouvaille de Dalgliesh. Masterson, l'air renfrogné, écoutait les remontrances de son chef.

« Je commence à comprendre pourquoi la police veut à tout prix entraîner des civils pour les recherches. J'ai dit à l'agent chargé des investigations de s'en tenir à la chambre et que nous nous occupions du reste. Je croyais que les policiers étaient capables de se servir de leurs yeux. »

L'inspecteur Masterson, d'autant plus furieux que le reproche était justifié, avait du mal à se contenir. N'importe quelle critique était pour lui difficile à encaisser, mais celles de Dalgliesh plus que toute autre. Il se raidit, comme un vieux soldat sous le blâme, sachant pertinemment que sa susceptibilité chatouilleuse exaspérerait encore davantage Dalgliesh, et répondit sur un ton à la fois contrit et vexé :

« Greeson est un bon investigateur. Je ne l'ai jamais vu rater quoi que ce soit. Il est tout à fait capable de se servir de ses yeux.

— Greeson a en effet une très bonne vue. Mais le problème, c'est la liaison entre son œil et son cerveau ! Et c'est là que l'on comptait sur vous. Enfin, tant pis ! Inutile d'interrompre l'autopsie. Nous ne pouvons pas savoir si ce vaporisateur était déjà dans le seau quand on a découvert le corps de Fallon, ce matin, mais au moins nous l'avons retrouvé. A propos, le laboratoire est en train d'examiner les viscères. Sir Miles m'a prévenu il y a une heure. Ils font une chromatographie. Maintenant que l'on sait ce qu'on cherche, ça devrait aller plus vite. Nous ferions mieux de leur envoyer ce truc au plus vite, mais je veux d'abord l'examiner. »

Il alla chercher une sacoche d'où il tira la poudre de charbon, l'insufflateur et la loupe. Sous ses mains, le petit atomiseur devint tout noir mais il ne révéla aucune empreinte, seulement quelques taches amorphes sur l'étiquette.

« Bon, dit Dalgliesh. Allez me chercher les trois monitrices, s'il vous plaît, inspecteur. Elles savent certainement d'où vient ce produit. Elles habitent ici. Mavis Gearing est dans sa chambre et les autres ne doivent pas être très loin. Si Ethel Brumfett est toujours dans son service, à l'hôpital, il faudra bien qu'elle se résolve à l'abandonner, pour une fois. Tant pis pour celui de ses malades qui déciderait de mourir dans l'heure qui suit ! Il devra le faire sans son aide.

— Voulez-vous les voir ensemble ou séparément ?

— Aucune importance. Gearing est celle qui pourra le mieux nous renseigner. C'est elle qui s'occupe des fleurs. »

Mavis Gearing arriva la première d'un pas léger, le visage pétillant de curiosité, encore toute à l'euphorie de ses succès d'hôtesse. Son regard tomba immédiatement sur la bombe insecticide. La transformation fut si brusque et si radicale que c'en était presque comique. « Oh non ! » hoqueta-t-elle en portant la main à sa bouche avant de s'effondrer sur une chaise, face à Dalgliesh, affreusement pâle.

« Où avez-vous... Mon Dieu ! Ne me dites pas que Fallon a pris de la nicotine !

— A moins qu'on ne lui en ait donné. Reconnaissez-vous cet objet ? »

La voix de Mavis Gearing n'était plus qu'un murmure.

« Bien sûr. C'est mon... N'est-ce pas l'insecticide pour les roses ? Où l'avez-vous trouvé ?

— Par là… Où et quand l'avez-vous vu pour la dernière fois ?

— Il est toujours dans le placard blanc de la serre, à gauche de la porte. C'est là que je range tout mon matériel de jardinage. Je ne me souviens plus quand je l'ai vu pour la dernière fois. »

Elle était au bord des larmes ; l'heure des joyeuses confidences était loin.

« C'est abominable ! Horrible ! J'en suis toute bouleversée, vraiment. Mais comment aurais-je pu prévoir que Fallon connaissait l'existence de ce truc et s'en servirait ? Je ne m'en souvenais pas moi-même. Sinon, j'imagine que je serais allée immédiatement vérifier s'il était encore là. Vous en êtes sûr, elle est bien morte d'un empoisonnement par la nicotine ?

— Tant que nous n'aurons pas le rapport d'autopsie, les doutes subsistent. Mais le simple bon sens indique que c'est ce qui l'a tuée. Quand l'avez-vous acheté ?

— Franchement, je ne me rappelle plus. L'été dernier avant la floraison des roses. Une autre monitrice s'en souviendra peut-être mieux que moi. Je suis responsable de presque toutes les plantes de la serre. Pas officiellement, bien sûr. Ce n'est qu'un arrangement tacite. Mais j'aime les fleurs et il n'y a que moi pour en prendre soin ; je fais ce que je peux. Je voulais faire pousser un petit parterre de roses devant la salle à manger et j'avais besoin de cet insecticide. Je l'ai acheté chez le pépiniériste Bloxham, dans Winchester Road. Regardez, l'adresse est écrite sur l'étiquette. Je l'ai rangé avec les gants, la ficelle, les arrosoirs, le déplantoir et tout le reste dans le buffet de la serre.

— Vous ne vous rappelez vraiment pas quand vous l'avez vu pour la dernière fois ?

— Non. Mais je suis allée chercher mes gants samedi dernier, le matin. Nous avions un service spécial à la chapelle le dimanche et je voulais la décorer. Je me disais que je trouverais sans doute dans le jardin quelques branchages d'hiver intéressants ou quelques boutures. Je ne sais plus si l'atomiseur y était encore, mais je pense que je me serais aperçue de son absence. Enfin, je suppose. Je ne m'en suis pas servie depuis plusieurs mois.

— Qui d'autre connaissait son existence ?

— Tout le monde. Je veux dire que le buffet n'est pas fermé à clé et que n'importe qui peut voir ce qu'il y a dedans. Peut-être aurais-je dû le fermer à clé, mais on n'est pas censé... Vous comprenez, si les gens veulent se tuer, ils trouvent toujours un moyen. Je suis réellement bouleversée mais je refuse d'être tenue pour responsable. Non, ce ne serait pas juste ! Elle aurait pu prendre n'importe quoi d'autre. N'importe quoi !

— Qui ?

— Mais Fallon, pour se tuer. Oh, je ne sais plus ce que je raconte !

— Est-ce que Fallon savait qu'il y avait de la nicotine dans la serre ?

— Non. A moins qu'elle n'ait ouvert le buffet pour regarder à l'intérieur. Brumfett et Rolfe, en tout cas, le savaient. Je me souviens très bien qu'elles étaient avec moi quand j'ai rangé le pulvérisateur. Je leur ai montré en leur disant un truc idiot, du genre qu'il y avait là assez de poison pour tuer toute l'école. Brumfett m'a dit que je devrais le mettre sous clé.

— Et vous ne l'avez pas fait ?

— Eh bien, je l'ai rangé dans le buffet et comme il n'y a pas de verrou... De toute manière, l'étiquette était assez claire. N'importe qui pouvait voir que c'était du poison. On n'est pas toujours à se dire que les gens vont se suicider, n'est-ce pas ? Et d'abord, pourquoi la nicotine ! Les infirmières ont accès à des tas de drogues. C'est injuste de m'en faire porter la responsabilité. Après tout, le désinfectant qui a tué Pearce était tout aussi dangereux. Et l'on n'accuse personne d'en avoir laissé une bouteille pleine aux toilettes. On ne s'organise pas dans une école d'infirmières comme dans un service psychiatrique. Je ne me laisserai pas faire ! Nous sommes censées vivre au milieu de gens sains et pas de maniaques homicides. Je refuse de me sentir coupable !

— Si vous n'avez pas utilisé le poison pour tuer Fallon, je ne vois pas pourquoi vous vous sentiriez coupable. Et Miss Rolfe, a-t-elle réagi quand vous avez montré l'atomiseur ?

— Non, je ne crois pas. Elle a à peine levé les yeux de son livre. Mais tout cela est assez vague. Je ne pourrais même pas vous dire quand c'était. Une belle journée ensoleillée, en tout cas. Fin mai ou début juin. Si Rolfe ne s'en souvient pas, Brumfett pourra vous aider, j'en suis sûre.

— Nous les interrogerons. En attendant, accompagnez-moi. Je veux jeter un coup d'œil sur ce buffet. »

Il laissa le vaporisateur de nicotine à Masterson pour qu'il l'envoie au laboratoire, lui demanda de faire venir Miss Rolfe et Miss Brumfett dans la serre, et sortit du bureau derrière Mavis Gearing. Elle le conduisit au rez-de-chaussée, protestant toujours avec indignation. Ils traversèrent la salle à manger déserte. Mais la porte de la serre était fermée à clé, ce qui permit à Mavis Gearing d'interrompre son chapelet de jérémiades.

— Zut ! J'ai complètement oublié. La directrice nous a recommandé de fermer quand le soir tombe, car une des vitres n'est pas très sûre. Vous vous souvenez, l'orage en a cassé une. Elle craint qu'on ne puisse s'introduire par là. D'habitude, nous verrouillons toutes les portes de Nightingale House en même temps à la tombée de la nuit. La clé doit se trouver sur le tableau, dans le bureau de Rolfe. Je reviens de suite. »

Elle réapparut presque aussitôt. A peine entrés, ils furent assaillis par une tiède odeur d'humus. Mavis Gearing trouva immédiatemment l'interrupteur ; les deux longs tubes de lumière fluorescente suspendus à la haute voûte du plafond clignotèrent capricieusement avant d'éclairer une jungle de végétation abondante. La serre offrait un spectacle étonnant. Dalgliesh l'avait déjà trouvée très belle lors de sa première inspection, mais il fut réellement ébloui par le jeux des lumières miroitant sur les feuilles luisantes et les vitres. Autour de lui, une incroyable forêt ondulait, rampait et éclatait dans une menaçante profusion tandis qu'à l'extérieur, son pâle reflet suspendu dans l'air du soir, immobile et immatériel, prolongeait à l'infini sa verte luxuriance.

Certaines plantes paraissaient aussi vieilles que la serre elle-même. Elles s'élançaient, telles des palmiers miniatures, de leurs urnes ornées, ramifiant leur feuillage comme un dais lustré sous la coupole. D'autres, aux tiges balafrées et dentelées, jaillissaient en gerbes vertes et écumeuses ; d'autres encore, semblables à des cactus géants, entrouvraient leurs lèvres de caoutchouc, spongieuses et obscènes, pour aspirer l'air humide. Les fougères ombreuses balançaient leur fronde fragile dans le courant d'air de la porte ouverte. Sur les blanches étagères murales se trouvaient des plantes en pot d'une grâce plus domestique — sans doute réservées aux soins attentifs de Mavis Gearing —, chrysanthèmes rouges, roses, blancs et saintpaulias. La serre évoquait un tendre tableau d'intimité victorienne, d'éventails palpitants et de jeunes filles murmurant des confidences derrière leur main. Pourtant, Dalgliesh sentit peser, comme partout ailleurs à Nightingale House, le lourd climat du crime ; les plantes mêmes semblaient tirer leur substance d'une atmosphère viciée.

Mavis Gearing se dirigea immédiatement vers un long buffet en bois peint, d'un mètre quarante de long, encastré sous l'étagère située à gauche de l'entrée. On le voyait à peine derrière le rideau de fougères ondoyantes. Il avait une porte mal ajustée, fixée par une petite poignée sans loquet. Tous deux s'accroupirent pour scruter ses profondeurs. Malgré la lumière crue du néon, l'intérieur était obscur, encore assombri par l'ombre de leurs deux têtes. Dalgliesh alluma sa torche qui lui révéla les accessoires habituels du jardinier amateur. Il procéda mentalement à un rapide inventaire : deux pelotes de ficelle verte ; deux arrosoirs ; un nébulisateur ; des paquets de graines, certains à demi utilisés mais soigneusement refermés ; un sachet en plastique de terreau et un autre d'engrais ; environ deux douzaines de pots de fleurs de tailles différentes ; quelques plateaux à semence empilés ; des sécateurs ; une truelle et une petite fourche ; des catalogues de grainetiers entassés sans soin ; trois manuels de jardinage dont la reliure de toile était noircie et tachée ; plusieurs vases et quelques mètres de fil métallique emmêlé.

Mavis Gearing tendit un doigt.

« Il était là. Je le mettais bien au fond. Ça ne pouvait tenter personne. On ne le remarquait même pas en ouvrant la porte. Il était bien caché, en fait. Vous voyez, là, exactement. »

Elle parlait avec une véhémence justificatrice. On aurait dit que la place vide la délivrait de toute responsabilité. Puis soudain, sa voix descendit d'un ton, se fit voilée, implorante, comme une actrice amateur abordant une scène de séduction.

« Je sais que ça se présente mal. D'abord, c'est moi qui dirigeais la séance de travaux pratiques quand Pearce est morte. Et maintenant, ça ! Mais je n'y ai pas touché depuis l'été dernier, je vous le jure. Il y en a qui ne voudront jamais le croire, évidemment ! Au contraire, elles seront bien contentes — oui, bien contentes — et soulagées que les soupçons retombent sur moi et Len. Ça les innocente. En plus, elles sont jalouses. J'ai quelqu'un dans ma vie et pas elles ! Mais vous, vous me croyez, n'est-ce pas ? Il faut que vous me croyez. »

C'était pathétique et humiliant. Elle pressait son épaule contre la sienne tandis qu'ils étaient tous deux accroupis dans une grotesque parodie de prière. Il sentait son souffle sur sa joue. Sa main droite glissa fébrilement sur le sol pour venir chercher la sienne.

Mais elle s'immobilisa soudain en entendant la voix de Hilda Rolfe.

« L'inspecteur m'a dit de venir vous retrouver ici. J'espère que je ne vous dérange pas. »

Dalgliesh sentit la pression sur son épaule se relâcher. Mavis Gearing bondit sans grâce sur ses pieds. Dalgliesh, lui, prit son temps pour se relever. Il n'était, ni ne paraissait, gêné, mais il regrettait simplement que Hilda Rolfe ait choisi ce moment pour faire son apparition.

Mavis Gearing se lança aussitôt dans des explications.

« C'est l'insecticide pour les roses. Il contenait de la nicotine. Fallon doit l'avoir pris. C'est horrible, mais comment aurais-je pu prévoir ? Le commissaire a trouvé le vaporisateur. »

Elle se tourna vers Dalgliesh.

« Vous ne m'avez pas dit où ?

— Non. Saviez-vous qu'il y avait du poison dans le buffet ? demanda-t-il à Miss Rolfe.

— Oui. J'étais là quand Gearing l'a rangé. L'été dernier, n'est-ce pas ?

— Vous ne m'en aviez pas parlé.

— Je n'y ai pas du tout pensé. Jamais il ne me serait venu à l'idée que Fallon ait pu prendre de la nicotine. D'ailleurs, rien n'est encore prouvé.

— Il faut attendre le rapport de toxicologie.

— Et même, commissaire. Comment pourrez-vous être sûr que la drogue vient de ce vaporisateur ? On peut certainement se procurer de la nicotine ailleurs dans cet hôpital. Il se pourrait que ce soit une fausse piste.

— Oui, mais c'est fort improbable. Le laboratoire de médecine légale nous le dira. La nicotine est mélangée à une certaine concentration de détergent. La chromatographie le révélera. »

Elle haussa les épaules.

« Eh bien, nous serons fixés.

— Que veux-tu dire, “ trouver de la nicotine ailleurs ” ? Qui accuses-tu ? Ils ne gardent pas de nicotine à la pharmacie, d'après ce que je sais. De toute manière, Len a quitté l'hôpital avant la mort de Fallon.

— Je n'accusais pas Leonard Morris. Mais il était ici quand les deux filles sont mortes, rappelle-toi, et il se trouvait avec nous dans la serre quand tu as rangé le vaporisateur dans le buffet. C'est un suspect, au même titre que nous.

— M. Morris vous accompagnait-il quand vous avez acheté la nicotine ?

— Oui, mais je ne m'en souvenais pas, sinon je vous l'aurais dit. Nous sommes sortis ensemble cet après-midi-là et il est revenu ici prendre le thé. »

Furieuse, elle fit face à Hilda Rolfe.

« Tout ça n'a rien à voir avec Len ! Tout juste s'il connaissait Pearce ou Fallon. Et il n'y avait aucun micmac entre lui et Pearce.

— J'ignorais qu'il y en eût avec d'autres, répliqua calmement Hilda Rolfe. Je ne sais quelles idées tu essaies de mettre dans la tête de M. Dalgliesh, mais moi, je commence à me poser des questions. »

Les traits de Mavis Gearing se décomposèrent. Elle se mit à secouer la tête en gémissant, comme quelqu'un que l'on abandonne à son désespoir sans même lui tendre la main. La lumière verte de la serre illuminait de façon presque surréaliste son visage douloureux.

Hilda Rolfe lança un rapide regard à Dalgliesh, fit un pas vers sa collègue et lui dit, avec une douceur inattendue :

— Je suis désolée, Gearing. Je n'accuse ni Leonard Morris ni toi, tu le sais bien. Mais ils auraient fini par apprendre, d'une manière ou d'une autre, qu'il était avec nous ce jour-là. Ne te laisse pas démonter par la police. Elle a ses méthodes. Que ce soit toi, moi, ou Brumfett l'assassin, le commissaire s'en fiche complètement. Ce qu'il veut, ce sont des preuves. Laisse-le faire son travail et réponds à ses questions en gardant ton calme. »

Mavis Gearing geignait comme un petit enfant qui veut se faire consoler.

« Mais c'est tellement horrible !

— Bien sûr. Mais cette histoire ne va pas durer éternellement. Entre-temps, si tu éprouves le besoin de te confier à un homme, trouve-toi un conseiller juridique, un psychiatre ou un prêtre. Au moins, tu seras sûre de les avoir de ton côté. »

Mavis Gearing posa alternativement ses yeux inquiets sur Dalgliesh et Hilda Rolfe. Elle avait l'air d'une gamine qui ne sait pas très bien à qui elle doit obéir. Puis les deux femmes se rapprochèrent imperceptiblement et regardèrent Dalgliesh ;

Mavis Gearing avec une expression de reproche étonné, Hilda Rolfe avec le petit sourire satisfait de celle qui vient de réussir une bonne blague.

II

Juste à ce moment, Dalgliesh entendit des bruits de pas. Quelqu'un était en train de traverser la salle à manger. Il se tourna vers la porte, s'attendant à voir arriver Ethel Brumfett. A la place de la silhouette trapue de la monitrice, il vit entrer un homme grand, tête nue, avec un imperméable serré à la taille et un pansement de gaze sur l'œil gauche.

« Que se passe-t-il, ici ? Pourquoi êtes-vous tous si lugubres ? On se croirait à la morgue », dit-il d'une voix maussade.

Avant que personne n'ait pu répondre, Mavis Gearing s'était précipitée sur lui et s'accrochait à son bras, Dalgliesh remarqua avec amusement son froncement de sourcils et son mouvement de recul involontaire.

« Len ! Tu es blessé ? Tu ne m'as rien dit ! Je croyais que c'était ton ulcère.

— C'était mon ulcère, mais ce coup n'a pas arrangé les choses. »

Il s'adressa directement à Dalgliesh.

« Commissaire Dalgliesh de Scotland Yard, je présume ? Miss Gearing m'a dit que vous vouliez me voir. Je dois aller en chirurgie générale mais je suis à votre disposition pour une demi-heure. »

Mais Mavis Gearing n'était pas disposée à laisser détourner la conversation.

« Tu ne m'as jamais parlé d'un accident ! Comment est-ce arrivé ? Pourquoi ne m'as-tu rien raconté au téléphone ?

— Parce que nous avions d'autres choses à nous dire et que je ne voulais pas que tu en fasses toute une histoire. »

Il dégagea son bras et alla s'asseoir sur une chaise en osier. Tous trois firent cercle autour de lui. Il y eut un silence.

Dalgliesh fut obligé de réviser ses idées préconçues sur l'amant de Mavis Gearing. Il aurait pu avoir l'air ridicule, assis dans son imperméable bon marché avec son bandeau sur l'œil, son visage contusionné et son ton grinçant et sarcastique, mais curieusement, il avait de l'allure. Hilda Rolfe lui avait donné l'image d'un petit homme nerveux, inefficace et facilement intimidable. En fait, il dégageait une grande force ; peut-être la manifestation d'une simple nervosité contenue, ou encore l'énergie défensive de ceux qui sont voués à l'échec ou à l'impopularité. Mais ce n'était certainement pas une personnalité fade ou négligeable.

« Quand avez-vous appris la mort de Josephine Fallon ? lui demanda Dalgliesh.

— En appelant la pharmacie, ce matin vers neuf heures et demie pour les prévenir de mon absence. C'est mon assistant qui me l'a dit. La nouvelle devait déjà s'être répandue dans tout l'hôpital.

— Quelle a été votre réaction ?

— Ma réaction ? Aucune. Je la connaissais à peine. J'ai été surpris. Deux morts si rapprochées... C'est pour le moins inhabituel, atterrant, même. Disons que cela m'a fait un coup. »

Il parlait comme une personnalité politique qui condescend à donner son opinion à un minable reporter.

« Mais vous n'avez pas lié les deux morts ?

— Pas sur le coup. Mon assistant m'a simplement annoncé qu'une autre Nightingale — nous surnommons ainsi les élèves de l'école —, Jo Fallon, avait été trouvée morte dans son lit. Je lui ai demandé de quoi, et il a vaguement parlé d'une crise cardiaque suivant une grippe. J'ai pensé à une mort naturelle, comme tout le monde, je suppose, au début.

— Quand avez-vous commencé à voir les choses autrement ?

— Quand Miss Gearing m'a appelé une heure plus tard pour m'avertir de votre présence. »

Ainsi, elle lui avait téléphoné chez lui. Il fallait qu'elle ait eu quelque chose d'urgent à lui dire pour avoir pris ce risque. Voulait-elle le mettre en garde ? Faire concorder leurs histoires ? Dalgliesh était en train de se demander quel prétexte elle avait bien pu donner à Mrs. Morris, quand le pharmacien répondit à sa question informulée :

« Miss Gearing n'a pas l'habitude de me téléphoner. Elle sait que j'aime séparer ma vie privée et ma vie professionnelle. Mais elle s'est inquiétée quand on lui a dit que je ne viendrais pas travailler. Je souffre d'un ulcère du duodénum.

— Votre femme a dû la rassurer. »

Il répondit calmement, mais avec un regard perçant à l'intention de Hilda Rolfe, qui opérait un discret recul :

« Ma femme mène les enfants chez sa mère tous les vendredis. »

Ce que Mavis Gearing n'ignorait pas, bien sûr. Ils avaient donc eu l'occasion de se consulter et de mettre au point leurs versions. Mais s'ils avaient concocté un alibi, pourquoi minuit, précisément ? Avaient-ils une bonne — ou une mauvaise — raison de savoir que Fallon était morte à cette heure-là ? Ou, connaissant ses habitudes, en avaient-ils déduit que c'était une fourchette horaire vraisemblable ? Seul l'assassin — et encore ! — pouvait savoir exactement l'heure de sa mort. Cela aurait pu se passer avant minuit. Miles Honeyman lui-même, avec ses trente ans d'expérience, avait été incapable, d'après les signes cliniques, d'en déterminer le moment précis. Une seule chose était sûre : Fallon était morte après avoir bu son whisky. Mais quand ? Elle avait l'habitude de se préparer une boisson chaude quand elle montait se coucher. Personne ne l'avait aperçue après qu'elle avait quitté le salon des élèves. Peut-être était-elle encore vivante quand Miss Brumfett et les jumelles avaient vu un rayon de lumière filtrer à travers le trou de sa serrure, vers deux heures du matin. Et dans ce cas, qu'avait-elle fait entre minuit et deux heures ? Même à cette heure-là, il pouvait y avoir eu des allées et venues à Nightingale. Fallon aurait pu sortir pour se rendre à un rendez-vous amoureux ; ou encore, ne pas faire tout de suite son citron chaud au whisky parce qu'elle attendait une visite. En arrivant le matin, la police avait trouvé toutes les issues normalement verrouillées, mais il lui aurait été possible de faire entrer quelqu'un pendant la nuit et de refermer la porte derrière elle.

Mavis Gearing, elle, n'avait toujours qu'une seule préoccupation : le visage meurtri de son amant.

« Que t'est-il arrivé, Len ? Dis-le-moi. Serais-tu tombé de ta bicyclette ? »

Hilda Rolfe rit méchamment et reçut, en retour, un regard méprisant de Leonard Morris.

« Si tu veux le savoir, Mavis, eh bien oui ! Ça s'est passé cette nuit, quand je t'ai quittée. Un grand orme s'est abattu sur le chemin et je suis rentré dedans.

— Comment se fait-il que vous ne l'ayez pas vu avec votre phare ? demanda Hilda Rolfe.

— Mon phare est fait pour éclairer la route. J'ai donc bien vu le tronc, mais je ne me suis pas aperçu à temps qu'une haute branche faisait saillie. J'ai eu de la veine de ne pas perdre un œil. »

Mavis Gearing poussa un cri prévisible.

« Quand cela s'est-il passé ? demanda Dalgliesh.

— Je viens de vous le dire. La nuit dernière en quittant Nightingale House. Ah, je vois ! Vous voulez savoir l'heure exacte. Eh bien, il se trouve que je peux justement vous répondre. En effet, le choc m'a fait tomber de bicyclette et j'ai voulu vérifier si ma montre n'était pas cassée. Heureusement, elle ne l'était pas. Elle marquait exactement minuit passé de dix-sept minutes.

— N'avez-vous pas remarqué quelque signe d'avertissement — une écharpe blanche nouée à une branche ?

— Bien sûr que non, commissaire. Sinon je n'aurais pas foncé dessus.

— Si elle avait été attachée très haut, elle aurait pu vous échapper.

— Il n'y avait rien. Quand je me suis relevé, j'ai soigneusement inspecté l'arbre. J'avais l'espoir de pouvoir le déplacer de manière à libérer un peu le passage. Mais c'était impossible. Il m'aurait fallu tout un attirail et un tracteur. A minuit dix-sept, il n'y avait pas d'écharpe, à aucune branche de cet arbre.

— Mr. Morris, il serait temps que nous ayons tous deux une petite conversation », dit Dalgliesh en l'entraînant vers son bureau.

Ethel Brumfett l'attendait derrière la porte. Avant que Dalgliesh ait pu ouvrir la bouche, elle attaqua :

« On m'a dit que vous vouliez me parler. Je suis venue aussitôt, malgré les problèmes que cela posait dans ma salle. Vous n'étiez pas dans votre bureau. On m'a alors demandé d'aller vous retrouver dans la serre. Je n'ai pas l'intention de vous courir après dans tout Nightingale House. Maintenant, je n'ai plus qu'une demi-heure à vous accorder.

— Miss Brumfett, vous semblez décidée à me donner l'impression que c'est vous qui avez tué les deux filles. Ce serait tout à fait possible. Je tirerai mes conclusions dès que je serai en mesure de le faire. En attendant, je vous prie de maîtriser votre antipathie pour la police et d'attendre que je puisse vous voir, dès que j'en aurai fini avec Mr. Morris. Vous pouvez attendre devant mon bureau ou aller dans votre chambre, cela m'est égal. Mais j'aurai besoin de vous dans une demi-heure. Moi non plus je n'ai pas l'intention de vous courir après dans tout Nightingale House. »

Il ne savait pas du tout comment elle allait prendre son discours, mais il fut surpris de sa réaction. Derrière les épaisses lunettes, ses yeux s'adoucirent. Son visage s'éclaircit d'un sourire fugitif et elle acquiesça de la tête, comme un professeur ayant enfin réussi à susciter, chez un élève particulièrement docile, un éclair d'intelligence.

« J'attendrai ici. »

Elle s'enfonça dans un fauteuil puis désigna Morris d'un petit signe de tête.

« Et à votre place, je ne lui laisserais pas tout le temps la parole, car sinon, vous n'en serez jamais débarrassé d'ici une demi-heure ! »

III

Mais l'interrogatoire fut plus rapide que prévu, bien que Morris ait commencé par passer deux bonnes minutes à se mettre à l'aise. Il retira son imperméable minable, le secoua, l'épousseta soigneusement de la main en respectant les plis, comme s'il avait été contaminé en entrant à Nightingale House, puis le posa avec une précision tâtillonne sur le dossier de sa chaise. Il s'assit alors face à Dalgliesh et prit l'initiative de la conversation.

« Je vous serais reconnaissant, commissaire, de ne pas me bombarder de questions. Je déteste être interrogé. Je préfère raconter mon histoire à ma manière. Ne vous inquiétez pas. Je sais être précis. Je n'aurais pu devenir le pharmacien principal d'un grand hôpital si je n'avais le goût du détail et une bonne mémoire des faits.

— Alors, puis-je avoir quelques faits, Mr. Morris, demanda Dalgliesh avec douceur, à commencer par cette nuit. »

Morris poursuivit, sans tenir compte de cette requête, pourtant raisonnable.

« Miss Gearing m'accorde le privilège de son amitié depuis six ans. Je ne doute pas que certaines personnes ici aient interprété à leur façon notre affection. Il fallait, bien sûr, s'y attendre. Dans une communauté de femmes seules qui ne sont plus dans leur première jeunesse, vous vous trouvez forcément en butte aux jalousies sexuelles. »

Dalgliesh l'interrompit gentiment : « Mr. Morris, je ne suis pas ici pour enquêter sur vos rapports avec Miss Gearing ou sur ceux qu'elle entretient avec ses collègues. S'il y a là quelque chose qui puisse éclairer les deux morts, parlez-m'en. Sinon, laissons les banalités psychologiques et tenons-nous-en aux faits.

— Mes rapports avec Miss Gearing vous intéressent dans la mesure où ce sont eux qui expliquent ma présence ici au moment où Pearce et Fallon sont mortes.

— Parfait. Racontez-moi cela.

— Pour ce qui est du matin de cette fameuse séance de travaux pratiques, vous connaissez certainement les détails. Bien entendu, j'ai expliqué les choses à l'inspecteur Bailey, car il avait fait épingler une note sur tous les tableaux d'affichage demandant à ceux qui étaient venus à Nightingale House de se faire connaître. Mais je ne vois pas d'inconvénient à recommencer. J'ai donc fait un saut ici avant d'aller à la pharmacie pour laisser un mot à Miss Gearing, une carte de vœux, en réalité, de celles qu'on envoie habituellement à ses amis avant un événement important. Je savais qu'elle devait diriger la séance puisque Miss Manning, l'assistante de Miss Rolfe, avait la grippe. Miss Gearing était d'autant plus nerveuse qu'une inspectrice de la Direction des Affaires Sanitaires et Sociales devait y assister. Je n'avais malheureusement pas pu la poster à temps, la veille. Comme je tenais à ce qu'elle reçoive cette carte avant son cours, je l'ai glissée dans son casier. Je suis donc venu à Nightingale un peu en avance, quelques minutes après huit heures, pour repartir aussitôt. Je n'ai vu personne. Tout le monde devait être en train de déjeuner. Je ne suis pas entré dans la salle de travaux pratiques. Je n'avais pas particulièrement envie de me faire remarquer. J'ai juste glissé l'enveloppe dans le casier de Miss Gearing, puis je suis sorti. C'était une carte assez amusante ; on y voyait deux rouges-gorges, le mâle écrivant les mots “ Bonne chance ” à l'aide de vers de terre aux pieds de la femelle. Il se peut que Miss Gearing l'ait gardée. Elle adore ce genre de babioles. Elle vous la montrerait certainement, si vous le lui demandiez. Ce serait une preuve de ma bonne foi.

— Je l'ai déjà vue, dit gravement Dalgliesh. Saviez-vous ce qui se passerait en travaux pratiques ?

— Je savais qu'il s'agissait de la pose d'une sonde gastrique, mais j'ignorais que Fallon était tombée malade, et qui devait jouer le rôle du malade.

— Avez-vous une idée de la manière dont le lait a pu être empoisonné ?

— C'est justement ce que j'étais sur le point de vous dire si vous m'en aviez laissé le temps. Non, commissaire, je n'en ai aucune idée. L'explication la plus vraisemblable est que quelqu'un a voulu faire une farce idiote, sans se rendre compte que les conséquences pourraient être fatales. Ça, ou un accident. Il y a des précédents. Un nouveau-né a été tué dans le service de maternité de l'hôpital — qui n'est heureusement pas sous notre responsabilité — il y a à peine trois ans : on avait pris une bouteille de désinfectant pour du lait. Je ne vois pas comment cet accident a pu se produire ni qui, à Nightingale, pouvait être assez ignorant et stupide pour imaginer divertir quiconque aussi bêtement. »

Il fit une pause, comme pour mettre Dalgliesh au défi de l'interrompre d'une autre question. Mais comme il ne rencontrait qu'un silence attentif, il daigna poursuivre.

« Et voilà pour la mort de Pearce. Je ne peux vous en dire davantage. Quant à Fallon, c'est une autre histoire.

— Il s'est passé quelque chose la nuit dernière ? Quelque chose que vous auriez vu ? »

Morris ne put maîtriser son irritation.

« Rien à voir avec cette nuit, commissaire. Miss Gearing vous a déjà tout dit. Nous n'avons vu personne. Nous sommes sortis tout de suite après minuit et avons emprunté l'escalier privé de Miss Taylor. Je suis allé chercher ma bicyclette que j'avais laissée dans les buissons, derrière le bâtiment — je ne vois pas pourquoi chacune de mes visites devrait être annoncée à grand renfort de publicité — et nous avons marché ensemble jusqu'au premier tournant. Nous sommes restés un peu à parler puis j'ai raccompagné Miss Gearing à la porte — elle l'avait laissée ouverte — et j'ai attendu qu'elle entre. Je suis alors parti et, comme je vous l'ai dit, suis tombé sur cet orme à minuit dix-sept. Il se peut que quelqu'un soit passé après moi et ait noué une écharpe à une branche. Mais en ce qui me concerne, je n'ai rien vu. Si cette personne est venue en voiture, elle a dû la garer de l'autre côté de Nightingale. Il n'y avait aucun véhicule. »

Il y eut un autre silence. Dalgliesh ne broncha pas, mais

Masterson s'autorisa un soupir de lassitude résignée en tournant une page de son calepin.

« Ce que je veux vous raconter, commissaire, s'est passé au printemps dernier, lors de la session théorique des deuxième année. Miss Fallon en était. Comme c'est l'usage, je leur ai fait une conférence sur les poisons. A la fin du cours, toutes les élèves ont pris leurs livres et sont sorties, excepté Miss Fallon. Elle est venue au bureau me demander si je connaissais un poison capable de tuer instantanément, sans douleur, et qu'on puisse se procurer facilement. J'ai trouvé sa question insolite, mais pourquoi aurais-je refusé d'y répondre ? Je n'ai pas pensé une seconde qu'elle s'intéressait au problème pour des motifs personnels, et, de toute manière, elle aurait pu trouver l'information dans n'importe quel bouquin de pharmacologie ou de médecine légale à la bibliothèque.

— Et que lui avez-vous répondu, Mr. Morris ?

— La nicotine. Je lui ai dit qu'il y en avait dans tous les insecticides pour les roses. »

Disait-il la vérité ? Comment le savoir ? Dalgliesh, d'ordinaire, détectait assez vite les mensonges de ses suspects, mais celui-ci était différent. Et si Morris maintenait son histoire, comment pourrait-il jamais prouver le contraire ? En tout cas, s'il mentait, son but était clair : suggérer que Fallon s'était suicidée. Et son mobile évident : protéger Miss Gearing. Il l'aimait. Ce pédant vaguement ridicule et cette coquette vieillissante s'aimaient. Pourquoi pas ? L'amour n'est pas l'apanage des êtres jeunes et désirables. Mais il complique toujours les enquêtes — pitoyable, tragique ou grotesque, selon les cas, mais jamais négligeable. Les notes de l'inspecteur Bailey montraient que son prédécesseur n'avait jamais cru complètement à l'histoire de la carte de vœux. C'était, selon lui, un acte puéril, indigne d'un homme adulte, et particulièrement invraisemblable pour un personnage tel que Morris. Par conséquent, il s'en méfiait. Mais Dalgliesh n'était pas de cet avis. Cela concordait avec les visites furtives du pharmacien à sa maîtresse, avec son habitude de cacher honteusement sa bicyclette dans les buissons à l'arrière de Nightingale, avec leur lente promenade à deux dans la froide nuit de janvier pour prolonger la soirée de quelques précieuses minutes, et enfin, avec sa défense maladroite, mais digne, de la femme qu'il aimait. Et cette dernière déclaration, vraie ou fausse, n'arrangeait pas les choses, pour ne pas dire plus. S'il la maintenait, ce serait un puissant argument en faveur de ceux qui défendaient la thèse du suicide. Et il la maintiendrait. Il le regardait maintenant avec l'intransigeance illuminée du futur martyr, ne lâchant pas les yeux de son bourreau, le mettant au défi d'émettre le moindre doute. Dalgliesh soupira :

« Bien. Ne perdons pas notre temps en spéculations et revenons à vos mouvements de cette nuit. »

IV

Ethel Brumfett, fidèle à sa promesse, attendait derrière la porte lorsque Dalgliesh fit sortir Leonard Morris. Mais sa bonne humeur coopérative de tout à l'heure s'était évanouie. Elle s'installa devant Dalgliesh, prête pour la bataille. Face à ce regard matriarcal il eut l'impression d'être une jeune élève infirmière, fraîchement débarquée. Mais il ressentait aussi quelque chose de plus fort, de terriblement familier. Il réussit à faire remonter cet inexplicable malaise jusqu'à sa source. C'était ainsi que la directrice de son école l'avait regardé quand, petit garçon de huit ans, perdu et solitaire, il s'était pour la première fois présenté devant elle. Il dut faire un effort sur lui-même pour la regarder dans les yeux.

C'était la première fois qu'il avait l'occasion de l'observer seule, et de près. Elle avait un visage laid mais, en même temps, d'une grande banalité. Les petits yeux perspicaces le dévisageaient à travers les lunettes cerclées d'acier, la barre de la monture à moitié enfoncée dans le profond repli de la chair, à la cassure du nez. Ses cheveux gris fer étaient coupés court, encadrant les joues rebondies et la ligne énergique des mâchoires. L'élégante coiffe gaufrée qui sur Mavis Gearing évoquait une délicate meringue de dentelles et qui flattait même les traits androgynes de Hilda Rolfe, tombait bas sur le front d'Ethel Brumfett comme de la gélatine couronnant un pâté en croûte particulièrement inappétissant. Dalgliesh n'avait qu'à enlever mentalement ce symbole d'autorité, à le remplacer par un chapeau ordinaire, à couvrir l'uniforme d'un simple manteau beige, pour avoir, devant lui, le prototype de la ménagère de banlieue se dandinant dans son supermarché, un cabas à la main, à l'affût des promotions de la semaine. Et pourtant, c'était une des meilleures infirmières de John Carpendar. Et, ce qui était plus surprenant encore, l'amie intime de Mary Taylor !

Avant qu'il n'ait pu commencer l'interrogatoire, elle prit la parole.

« Josephine Fallon s'est suicidée. Elle a tué Pearce, puis s'est tuée elle-même. Oui, Fallon a tué Pearce. Il se trouve que je le sais. Dans ces conditions, pourquoi persister à créer des soucis à notre directrice et à perturber le travail de l'hôpital ? Vous ne pouvez plus rien pour elles. Elles sont mortes. »

Cette déclaration, pleine de sous-entendus évocateurs, fut proférée sur un ton d'autorité qui avait tout d'un ordre. Dalgliesh répliqua sans pouvoir maîtriser son irritation. Sacrée bonne femme ! Il ne se laisserait pas intimider.

« Si vous en êtes tellement certaine, c'est que vous avez des preuves. Et vous devez nous dire tout ce que vous savez. Je fais une enquête sur un meurtre, Miss Brumfett, et non sur le vol d'un urinal ! Vous êtes tenue de ne rien dissimuler. »

Elle rit, d'un rire aigu, sarcastique, comme une toux d'animal.

« Des preuves ! Ce n'est pas ce que vous appelleriez des preuves. Je le sais, c'est tout !

— Fallon vous a-t-elle parlé lorsqu'elle était malade ? Aurait-elle laissé échapper quelque chose sous l'emprise de la fièvre ? »

Ce n'était qu'une supposition. Elle émit une sorte de grognement ironique.

« Si cela avait été le cas, je ne serais pas tenue de vous le dire. On ne s'empresse pas d'aller répandre partout, comme un ragot, ce qu'un malade raconte quand il délire. Pas dans mon service, en tout cas ! Ce ne serait d'ailleurs pas non plus une preuve. Vous n'avez qu'à me croire, sans faire d'histoire. Fallon a tué Pearce. Sinon, pourquoi serait-elle revenue ce matin-là à Nightingale avec 40° de fièvre ? Et pourquoi croyez-vous qu'elle ait refusé de s'expliquer quand la police locale lui a posé la question ? Fallon a tué Pearce. Vous les hommes, vous ne pouvez vous empêcher de tout compliquer. Mais c'est si simple en réalité. Elle a tué Pearce et avait sûrement ses raisons.

— Il n'y a pas de raisons valables pour commettre un meurtre. Et en admettant que Fallon ait tué Pearce, comme vous le dites, je doute fort qu'elle se soit suicidée ensuite. Vos collègues ont dû vous parler de cet insecticide que nous avons découvert. Rappelez-vous que Fallon n'a pas mis les pieds à Nightingale House depuis que ce vaporisateur a été rangé dans le buffet de la serre. Sa dernière session de formation théorique a eu lieu au printemps de l'année dernière ; or, Mavis Gearing l'a acheté en été. Josephine Fallon est tombée malade la veille de la reprise des cours, ici. Elle n'y est revenue que le soir où elle est morte. Comment aurait-elle pu savoir où trouver la nicotine ? »

Ethel Brumfett n'avait nullement l'air déconcertée. Il y eut un moment de silence, puis elle marmonna quelque chose d'inintelligible. Dalgliesh attendit.

« J'ignore comment elle a pu mettre la main dessus, finit-elle par dire agressivement. C'est à vous de le découvrir. Mais il est clair qu'elle l'a fait.

— Saviez-vous où était la nicotine ?

— Non. Je ne m'intéresse ni au jardinage ni à la serre. Quand je suis en congé, je sors. Je vais me promener ou jouer au golf avec la directrice. Nous essayons de nous arranger pour prendre nos heures de liberté ensemble. »

Il y avait dans sa voix une fierté évidente. Que voulait-elle insinuer ? Était-ce une manière de dire qu'en tant qu'intime de Mary Taylor, elle devait être traitée avec respect ?

« Ne vous trouviez-vous pas dans la serre l'été dernier quand Miss Gearing a rapporté l'insecticide ?

— Je ne m'en souviens pas.

— Eh bien, faites un effort, Miss Brumfett. Ce ne doit pas être si difficile. D'autres personnes s'en souviennent très bien, elles.

— Alors, si elles le disent, c'est que c'est vrai.

— Miss Gearing affirme qu'en vous montrant le vaporisateur, elle a bêtement plaisanté en disant qu'il y avait de quoi empoisonner toute l'école. Vous lui auriez conseillé de mettre la nicotine sous clé. Cela ravive-t-il votre mémoire ?

— C'est bien le genre de plaisanterie stupide digne de Mavis Gearing. Oui, je l'ai prévenue. Il est regrettable qu'elle ne m'ait pas écoutée.

— Ces morts vous laissent très froide, Miss Brumfett.

— Toutes les morts me laissent froide. Sinon, je serais incapable de faire mon travail. On en voit tous les jours dans un hôpital. Et c'est peut-être ce qui se produit en ce moment même dans mon service, comme c'est arrivé tout à l'heure à l'un de mes malades ! »

Sa voix s'était soudain enflée d'une véhémente indignation ; elle se raidissait sous l'outrage, comme incapable d'accepter que les doigts de la mort aient pu emporter quelqu'un dont elle était responsable. Dalgliesh s'étonna de cette brusque métamorphose ; ce corps épais, peu séduisant, abritait un tempérament de prima donna passionnée et irrationnelle. Une seconde plus tôt, les petits yeux, derrière les verres épais de ses lunettes, le regardaient avec une morne hostilité, la bouche inflexible débitait ses maussades récriminations, et voilà qu'elle s'animait soudain, le visage brillant et exalté. Il entrevoyait maintenant cet amour fervent et possessif dont elle entourait ceux qui étaient sous sa garde. Cette femme, d'apparence banale, avait dédié sa vie à un seul but avec une remarquable détermination. Jusqu'où pourrait-elle aller si quelque chose — ou quelqu'un — se mettait en travers de ce qu'elle pensait être le juste et le bien ? Dalgliesh la soupçonnait de manquer d'intelligence. Mais le meurtre était fréquemment le dernier pion des moins doués. Et ces deux crimes, malgré toute leur complexité, étaient-ils vraiment l'œuvre d'un assassin intelligent ? S'emparer rapidement d'une bouteille de désinfectant, aller chercher un vaporisateur de nicotine prêt à l'emploi... Dalgliesh y voyait plutôt un geste impulsif, irraisonné, qui s'en remet aux moyens les plus faciles. Il devait certainement y avoir dans un hôpital des méthodes plus subtiles de se débarrasser des gens.

Elle le fixait toujours avec animosité. L'interrogatoire représentait pour elle un affront. Il eût été inutile de chercher à apaiser un tel témoin et Dalgliesh n'en avait pas le courage.

« Je voudrais que vous me disiez exactement ce que vous avez fait le matin où Pearce est morte, ainsi que la nuit dernière.

— Pour Pearce, j'ai déjà tout dit à l'inspecteur Bailey, et pour Fallon, je vous ai envoyé un compte rendu.

— En effet, et je vous en remercie, mais je veux l'entendre de votre bouche. »

Sans protester davantage, elle lui rapporta ses faits et gestes, comme s'il s'agissait des horaires d'un indicateur de chemin de fer.

Son récit concordait exactement avec le rapport écrit qu'elle avait remis à l'inspecteur Bailey. Elle se borna à énoncer ses mouvements sans s'encombrer de théories ou de commentaires. Après avoir fait éclater son indignation, elle avait apparemment décidé de s'en tenir au strict nécessaire.

Le matin du meurtre de Pearce, elle s'était réveillée à six heures et demie et était allée, comme toujours, boire son thé avec Mary Taylor dans son appartement. Elle avait quitté la directrice à sept heures et quart, puis avait fait sa toilette et s'était habillée. Elle était restée dans sa chambre jusqu'à huit heures moins dix, heure à laquelle elle était descendue dans le hall pour prendre son courrier avant d'aller déjeuner. Elle n'avait croisé personne. Mavis Gearing et Hilda Rolfe l'avaient rejointes dans la salle à manger et elles avaient pris ensemble leur petit déjeuner. Elle avait été la première à se lever de table. Il lui était difficile de donner une heure exacte mais il devait être huit heures vingt, au maximum. Elle était ensuite remontée dans sa chambre, au troisième étage, puis s'était dirigée vers l'hôpital où elle était arrivée un peu avant neuf heures. Oui, elle savait qu'une inspectrice de la D.A.S.S. devait venir. Miss Taylor lui en avait évidemment parlé. Elle était au courant de ce qui était prévu pour la séance de travaux pratiques car les programmes sont affichés dans le hall. Elle ne pouvait ignorer que Jo Fallon était tombée malade puisque Hilda Rolfe l'avait prévenue pendant la nuit. Mais elle ne savait pas que Pearce devait la remplacer. Elle reconnut qu'un simple coup d'œil sur le tableau le lui aurait appris, mais elle n'avait même pas pensé à regarder. Elle n'avait aucune raison de le faire. S'intéresser d'une manière générale au contenu des cours était une chose ; savoir précisément qui fait quoi en était une autre.

Elle ignorait que Fallon était revenue à Nightingale ce matin-là. Si elle l'avait appris, elle l'aurait sévèrement réprimandée. Quand elle était arrivée à l'infirmerie, Fallon était gentiment couchée dans son lit. Personne ne s'était aperçu de son absence. Visiblement, l'infirmière de garde avait dû penser qu'elle était dans la salle de bains ou aux toilettes. Certes, elle avait eu tort de ne pas s'en assurer, mais il y avait beaucoup de malades et en général, on fait confiance aux patients — et surtout aux infirmières — pour ne pas se conduire comme des imbéciles ! Josephine Fallon n'avait pas dû s'absenter plus de vingt minutes. Sa promenade dans le petit matin n'avait eu aucune conséquence fâcheuse pour sa santé. Elle s'était rapidement remise de sa grippe et ne lui avait pas paru particulièrement déprimée. Si quelque chose l'avait tourmentée, elle n'en avait rien dit à Miss Brumfett. D'après elle, Fallon était totalement guérie lorsqu'elle avait quitté l'infirmerie pour rejoindre ses camarades à Nightingale.

Elle aborda alors ses faits et gestes de la nuit passée sur le même ton monocorde. Miss Taylor étant à une conférence internationale à Amsterdam, elle avait passé sa soirée seule à regarder la télévision dans le salon des monitrices. Elle s'était mise au lit à dix heures et avait été réveillée vers minuit moins le quart par le coup de fil du docteur Courtney-Briggs. Elle avait emprunté le raccourci coupant à travers les bois pour rejoindre l'hôpital et avait aidé la jeune infirmière à préparer le lit du malade. Elle était restée à ses côtés pour s'assurer que le masque à oxygène et la perfusion étaient bien en place et que son état ne posait pas de problème. Elle était revenue à Nightingale House un peu avant deux heures du matin et avait vu Maureen Burt sortir des toilettes. L'autre jumelle avait fait son apparition, et elle avait échangé quelques mots avec elles. Les sœurs Burt lui avaient proposé de lui faire une tasse de chocolat chaud, mais elle avait refusé et était aussitôt remontée dans sa chambre. Oui, il y avait bien de la lumière dans la chambre de Fallon, mais elle n'était pas entrée et ne pouvait absolument pas savoir si elle était morte ou vivante à cette heure-là. Elle avait bien dormi et avait été réveillée vers sept heures par Hilda Rolfe, qui lui avait appris la mort de Fallon. En fait, elle ne l'avait pas revue depuis qu'elle avait quitté l'infirmerie, le mardi après le dîner.

Il y eut un silence.

« Aimiez-vous bien Heather Pearce, ou Jo Fallon, Miss Brumfett ? lui demanda Dalgliesh.

— Non. Mais je ne les détestais pas non plus. Je ne crois pas nécessaire d'établir des rapports personnels avec les élèves. La sympathie ou l'antipathie n'entrent pas en ligne de compte. Ce sont de bonnes infirmières ou pas, c'est la seule chose qui importe.

— Et étaient-elles de bonnes infirmières ?

— Fallon, bien meilleure que Pearce. Elle avait plus d'intelligence et plus d'imagination. Non que ce fût une collègue facile, mais les malades l'appréciaient. Parfois on la disait sans cœur, mais vous n'auriez jamais entendu un patient le lui reprocher. Quand à Pearce, elle en faisait trop. Elle se prenait pour Florence Nightingale et se préoccupait sans cesse de l'impression qu'elle produisait. Une fille assez bête, au fond. Mais on pouvait lui faire confiance. Elle faisait toujours ce qu'il fallait. Fallon, elle, faisait mieux. L'instinct alors compte autant que la formation. Attendez donc d'arriver à votre dernière heure, mon cher monsieur, et vous verrez la différence ! »

Ainsi, Jo Fallon était une fille intelligente et imaginative. Dalgliesh voulait bien le croire, mais il n'aurait jamais pensé que Miss Brumfett pût faire l'éloge de ces qualités. Il se souvenait de la conversation autour de la table de la cafétéria, et de la manière dont elle avait insisté sur la nécessité d'une soumission absolue.

« Je m'étonne que vous comptiez l'imagination au rang des vertus nécessaires à une infirmière, remarqua-t-il prudemment. Je croyais que vous mettiez l'obéissance au-dessus de tout. Il est difficile de réconcilier l'imagination, cette faculté si individuelle, parfois même iconoclaste, avec le respect de l'autorité. Excusez-moi si j'ai l'air prétentieux ; je sais que cela n'a pas grand-chose à voir avec l'affaire qui m'amène ici, mais je suis curieux. »

Cela avait tout à voir, au contraire et sa curiosité n'était pas hors de propos, mais il était préférable qu'elle n'en sache rien.

« Le respect de l'autorité vient en premier, dit-elle rudement. Cela fait partie du métier, vous ne l'ignorez pas. Mais une fois que l'obéissance est devenue automatique, une fois que la discipline n'est plus seulement quelque chose que l'on subit mais que l'on trouve souhaitable, alors seulement on peut faire appel au courage et au discernement, qui permettent de transgresser les règles quand le moment se présente. L'imagination et l'intelligence sont dangereuses lorsqu'elles ne se fondent pas sur la discipline. »

Son conformisme n'était donc pas aussi simple ni aussi obtus qu'elle voulait le faire croire à ses collègues. Elle aussi avait de l'imagination. Était-ce cette Brumfett-là que Mary Taylor connaissait et appréciait ? Et pourtant, il était convaincu de la justesse de sa première impression. Ce n'était pas une femme intelligente, au fond. Était-elle en train de se faire l'écho des mots d'un autre ? « Le courage et le discernement qui permettent de transgresser les règles. » Oui, il y avait à Nightingale quelqu'un qui n'avait pas manqué de courage. Ils se regardèrent. Il commençait à se demander si Nightingale House ne lui avait pas jeté un charme et si son atmosphère menaçante n'affectait pas ses facultés intellectuelles. Il crut soudain lire dans ses yeux, derrière les lunettes, un besoin pressant de communiquer, d'être comprise, presque un appel à l'aide. Puis l'illusion s'évanouit. Il se retrouvait à nouveau face au suspect le plus banal, le plus intraitable, le moins complexe de tout Nightingale House. L'interrogatoire était terminé.

V

Il était plus de neuf heures du soir, mais Dalgliesh et Masterson étaient toujours dans leur bureau. Il leur restait encore deux bonnes heures de travail avant de pouvoir regagner le Falconer's Arms : vérifier et comparer les déclarations, chercher la contradiction révélatrice, organiser les activités du lendemain. Dalgliesh décida de laisser Masterson continuer tout seul et composa le numéro de Mary Taylor. Il lui demanda si elle avait vingt minutes à lui accorder. La courtoisie exigeait qu'il l'informât des progrès de l'enquête, mais il avait une autre raison de vouloir la voir avant de quitter Nightingale House pour la nuit.

La porte de son escalier privé était ouverte quand il arriva. Il traversa le couloir, frappa et entra. La pièce baignait dans une douce lumière mais il y faisait étonnamment froid. Le feu, dans la cheminée, la réchauffait à peine. La directrice était chaudement vêtue d'un pantalon de velours brun dessinant ses longues jambes et d'un sweater en cachemire beige clair dont elle avait relevé les manches sur ses fins poignets. Un foulard de soie verte était noué autour de son cou.

Ils s'assirent côte à côte sur le canapé. Il avait dû l'interrompre en plein travail. Un porte-documents ouvert était appuyé contre un des pieds de la table basse, elle-même couverte de papiers. Une cafetière chauffait dans le foyer et la pièce embaumait d'une chaude odeur de café et de bois brûlé.

Elle ne lui proposa rien d'autre qu'un whisky ou un café, qu'il accepta. Elle se leva pour aller chercher une seconde tasse.

« On vous a avertie, je suppose, que nous avions trouvé le poison ?

— Oui. Gearing et Rolfe sont venues me parler après vous avoir vu. Cela signifie, j'imagine, qu'il s'agit bien d'un meurtre ?

— Oui, à moins que Jo Fallon n'ait elle-même caché le vaporisateur. Mais cela me paraît tout à fait improbable. Faire délibérément un mystère de son suicide, avec l'intention de créer à tout le monde le maximum d'ennuis, relèverait d'un tempérament exhibitionniste ou névrotique. Pour moi, elle n'était ni l'un ni l'autre, mais j'aurais aimé avoir votre avis.

— Je suis d'accord avec vous. Fallon était, selon moi, quelqu'un d'essentiellement rationnel. Si elle avait décidé de se supprimer, c'eût été pour des raisons valables à ses yeux et elle aurait certainement laissé une note, brève mais lucide, afin de les expliquer. Beaucoup de gens se tuent pour faire du mal aux autres, mais pas Fallon.

— C'est bien ce que je pensais.

— Qu'en dit Madeleine Goodale ?

— Elle penchait pour le suicide, mais c'était avant que nous ne découvrions la nicotine. »

Il ne précisa pas où, et elle ne posa aucune question. Il n'avait pas l'intention de le révéler. Il y avait à Nightingale House une personne qui le savait ; avec un peu de chance, elle se trahirait peut-être. Il poursuivit :

« Il y a un autre point dont j'aimerais discuter avec vous. Miss Gearing m'a dit qu'elle avait reçu la visite d'un ami, la nuit dernière, dans sa chambre. Il paraît qu'elle l'a fait monter par votre escalier. Cela vous surprend-il ?

— Non. Quand je pars, je laisse l'escalier ouvert pour que les monitrices puissent l'utiliser et avoir ainsi un semblant de vie privée.

— Au prix de la vôtre, j'imagine ?

— Oh, il est entendu qu'elles n'entrent pas chez moi. Je fais confiance à mes collègues. De toute manière, il n'y a rien ici qui puisse les intéresser. Tous les papiers officiels sont dans mon bureau, à l'hôpital. »

Elle avait, bien sûr, raison. Il n'y avait rien ici qui pût intéresser quiconque, sauf lui-même. Le salon, par son élégante simplicité, lui rappelait le sien, au-dessus de la Tamise à Queenhithe. C'était sans doute pourquoi il s'y sentait si bien. Il n'y avait aucune photographie pour inciter aux conjectures ; pas d'amoncellement de babioles personnelles sur le bureau ; pas de tableau au mur pour révéler ses goûts ; pas de carton d'invitation pour témoigner de l'existence d'une quelconque vie sociale. Mais Dalgliesh, lui, avait fait de son appartement un lieu inviolable. Il lui eût été intolérable d'imaginer qu'on pût y entrer et en sortir à sa guise. Ici, il était en présence d'une réserve plus grande encore ; la sérénité d'une femme si secrète qu'elle ne pouvait craindre d'être trahie, fût-ce par ses affaires personnelles.

« Mr. Courtney-Briggs m'a dit qu'il a été l'amant de Jo Fallon pendant quelque temps. Le saviez-vous ?

— Oui. De la même façon que je sais que, hier soir, Mavis Gearing a reçu Leonard Morris. Dans un hôpital, les cancans se répandent comme par osmose. On ne se souvient pas toujours par qui, ni comment, on a été mis au courant du dernier ragot. On est au courant, c'est tout.

— Et y en a-t-il beaucoup ?

— Plus, sans doute, qu'ailleurs. Est-ce si surprenant ? Les hommes et les femmes qui assistent chaque jour aux souffrances et aux dégradations des corps luttant contre la mort ne peuvent être trop scrupuleux dans la recherche des plaisirs de la vie. »

Quand et avec qui, se demanda-t-il, recherchait-elle les plaisirs de la vie ? Dans le pouvoir que lui conférait sa situation professionnelle ? Dans l'astronomie, lorsqu'elle suivait le déplacement des étoiles au cours de ses longues nuits solitaires ? Avec Brumfett ? Oh, pitié, non ! Pas avec Brumfett.

« Si vous croyez que Stephen Courtney-Briggs l'a tuée pour préserver sa réputation, eh bien je pense que vous vous trompez. Je connais l'histoire, comme la moitié des gens ici, certainement. Courtney-Briggs n'est pas spécialement discret. En outre, seul un homme sensible à l'opinion publique pourrait avoir un tel mobile.

— Tout homme est, d'une manière ou d'une autre, sensible à l'opinion publique. »

Elle lui lança un regard perçant de ses extraordinaires yeux exophtalmiques.

« Bien sûr. Je suis certaine que Stephen Courtney-Briggs serait capable de tuer, comme tout le monde, pour éviter une catastrophe personnelle ou une disgrâce publique. Mais pas pour empêcher les gens d'apprendre qu'une séduisante jeune femme a accepté de coucher avec lui, ou qu'il est encore capable, à son âge, d'avoir des fantaisies sexuelles. »

Y avait-il une trace de mépris, voire de jalousie, dans sa voix ? L'espace d'une seconde, il crut entendre l'écho de Hilda Rolfe.

« Et l'amitié entre Hilda Rolfe et Julia Pardoe ? Étiez-vous au courant ? »

Elle eut un sourire amer.

« Amitié ? Oui, et c'est même une chose que je crois comprendre. Je ne suis pas sûre que ce soit votre cas. On imagine d'emblée que Rolfe a corrompu Pardoe. Mais si l'on doit parler de corruption, je soupçonne que cela s'est passé bien avant que cette jeune fille n'arrive à John Carpendar. Je n'ai pas l'intention d'intervenir. Les choses s'arrangeront d'elles-mêmes. Julia Pardoe sera, dans quelques mois, une infirmière diplômée, et elle n'a pas l'intention de rester ici. Je crains que Miss Rolfe ne doive s'attendre à passer par une période bien douloureuse. Mais nous y ferons face au moment voulu. »

Son ton impliquait qu'elle surveillait l'affaire, qu'elle l'avait bien en main, et qu'il était inutile de s'apesantir davantage sur la question.

Il termina son café en silence et se leva pour partir. Il n'avait plus rien à lui demander et avait l'impression désagréable de ressentir dans chaque nuance de sa voix, dans le moindre de ses silences, à quel point sa présence lui était pénible. Certes il était rarement le bienvenu et il le savait. Comment aurait-on pu accueillir avec joie quelqu'un qui apportait au mieux de mauvaises nouvelles, au pire des catastrophes ? Au moins pouvait-il éviter de s'imposer plus qu'il n'était nécessaire.

Comme elle le raccompagnait jusqu'à la porte, il fit une petite remarque sur l'architecture du bâtiment et lui demanda quand l'hôpital en avait fait l'acquisition.

« C'est une histoire tragique et assez affreuse. Cet endroit a été construit en 1880 par un certain Thomas Nightingale, un fabricant de cordages enrichi, désireux d'asseoir sa nouvelle position sociale. Le nom est tout à fait approprié, quoi qu'il n'ait rien à voir avec Florence ou l'oiseau. Nightingale vécut ici avec sa femme — le couple n'avait pas d'enfant — jusqu'en 1886. En janvier de cette année-là, une des domestiques de Mrs. Nightingale, Nancy Gorringe, une jeune fille de dix-neuf ans qu'elle avait retirée de l'orphelinat, fut trouvée pendue à un arbre du parc. Lorsqu'on détacha son cadavre, on s'aperçut qu'il portait des signes de violence systématique : elle avait été battue et torturée pendant plusieurs mois. Du sadisme délibéré. Une des choses les plus horribles est que les autres domestiques, sans doute au courant, avaient laissé faire. Ils étaient apparemment bien traités. Durant le procès, ils témoignèrent d'une touchante reconnaissance à l'égard de Nightingale, qu'ils décrivirent comme un maître bon et juste. On pourrait comparer cette histoire aux exemples de sévices exercés aujourd'hui sur des enfants ; un membre de la famille est martyrisé sans que les autres protestent. Un cas de sadisme par procuration, si l'on peut dire. A moins que les domestiques de Nightingale n'aient simplement eu besoin de garder leur place. C'est pourtant curieux. Aucun d'entre eux ne se retourna jamais contre lui, même dans les semaines qui suivirent le procès, lorsque la fureur locale était à son comble. Nightingale et sa femme furent déclarés coupables et passèrent plusieurs années en prison. Je crois qu'ils y sont morts. En tout cas, ils ne revinrent jamais à Nightingale House. La propriété fut vendue à un fabricant de chaussures à la retraite qui y passa deux ans puis décréta qu'il ne l'aimait pas. Il la vendit à l'un des directeurs de l'hôpital, lequel y vécut le reste de ses jours, et le légua à John Carpendar. Ce n'était pas un cadeau ; l'hôpital ne savait pas très bien qu'en faire. Le bâtiment n'est pas vraiment adapté à une école d'infirmières, mais on ne voit pas très bien à quoi il le serait. On dit qu'à cette époque de l'année, on peut entendre le fantôme de Nancy Gorringe pleurer dans le parc. Je ne l'ai jamais entendu. C'est une histoire que nous ne racontons jamais aux élèves. Mais enfin, ça n'a jamais été une maison heureuse. »

Et aujourd'hui moins que jamais, se dit Dalgliesh en retournant à son bureau. A ce passé de violence et de haine s'ajoutaient maintenant deux meurtres.

Il conseilla à Masterson d'aller se coucher puis se mit à étudier les rapports. L'inspecteur venait à peine de partir quand le téléphone sonna. C'était le directeur du laboratoire de médecine légale. Les analyses étaient faites. Josephine Fallon avait succombé à un empoisonnement par la nicotine, laquelle provenait bien du vaporisateur à insecticide pour les roses.

VI

Il était deux heures du matin lorsque Dalgliesh referma la porte de Nightingale House derrière lui pour regagner le Falconer's Arms.

La route était éclairée par de vieux réverbères, si espacés, et équipés d'ampoules si faibles, qu'il fit pratiquement tout le trajet dans le noir. Il ne croisa personne. Pas étonnant que les élèves ne s'y aventurent pas le soir ! La pluie avait cessé, mais le vent se levait, faisant tomber les dernières gouttes des branches d'ormes longeant les bas-côtés d'herbe détrempée. Elles s'écrasaient sur son visage et glissaient sous le col de son manteau. Dalgliesh regretta de n'avoir pas pris sa voiture en partant le matin. Malgré le vent, la nuit était tiède, et une légère brume s'enroulait autour des réverbères. La route, large d'environ trois mètres, avait autrefois constitué l'accès principal à Nightingale House, mais elle serpentait illogiquement autour des bosquets d'ormes et de bouleaux comme si le premier propriétaire avait voulu qu'on mesurât son importance à sa longueur.

Tout en marchant, il repensa à Christine Dakers. Il l'avait vue à quatre heures moins le quart cet après-midi-là. Dans le nouveau bâtiment, l'infirmerie était très calme ; peut-être Ethel Brumfett était-elle dans les parages, mais elle avait fait ce qu'il fallait pour l'éviter. Il avait été conduit dans sa chambre par une infirmière. Christine Dakers, appuyée contre ses oreillers, l'avait reçu, rougissante et heureuse telle une jeune accouchée s'attendant à recevoir des félicitations et un bouquet de fleurs. Quelqu'un lui avait déjà apporté des jonquilles, et deux pots de chrysanthèmes trônaient derrière le plateau à thé, sur la table de chevet. Sur son lit s'étalaient des magazines.

Elle avait pris un ton détaché, un peu gêné pour lui raconter son histoire, mais son jeu n'était pas convaincant. Elle irradiait de bonheur. Et c'était compréhensible. La directrice lui avait rendu visite. Elle s'était confessée et avait été pardonnée. Elle savourait la douce euphorie de l'absolution. De plus, les deux filles qui représentaient pour elle une réelle menace étaient parties pour de bon : Diane Harper avait quitté l'hôpital ; Heather Pearce était morte.

Et jusqu'à quel point Christine Dakers s'était-elle confessée ? Pourquoi cette extraordinaire libération ? Il aurait aimé le savoir, mais il n'était pas sorti de sa chambre plus renseigné qu'il n'y était entré. En tout cas, elle avait confirmé le témoignage de Madeleine Goodale : toutes deux s'étaient retrouvées dans la bibliothèque entre sept heures et quart et huit heures moins dix. A moins qu'elles ne se soient concertées, ce qui était assez improbable, elles se donnaient ainsi, mutuellement, un alibi pour le temps qui précédait le petit déjeuner. Après elle était allée prendre une dernière tasse de café dans la serre, où elle était restée à lire le *Nursing Mirror*, jusqu'au moment où elle s'était rendue en salle de travaux pratiques. Julia Pardoe et Diane Harper l'avaient accompagnée. Les trois élèves avaient quitté la serre ensemble, fait un tour rapide aux toilettes du second étage, puis était redescendues. Il était difficile d'imaginer qu'elle ait pu empoisonner le lait de Pearce.

Dalgliesh avait parcouru près de cinquante mètres lorsqu'il s'arrêta soudain, retenant son souffle. Était-ce bien une femme en train de pleurer ? Il resta immobile, essayant d'identifier cette voix inconnue. Tout était redevenu silencieux. Même le vent s'était tu. Puis, à nouveau, des sanglots percèrent la nuit. Il ne pouvait s'y tromper : ce n'était ni le cri d'un animal ni une hallucination de son esprit surchauffé. Quelque part, dans les bosquets d'arbres à sa gauche, une femme gémissait.

Sans être superstitieux, Dalgliesh avait toujours été sensible aux atmosphères qui l'entouraient. Seul dans la nuit noire, cette plainte humaine faisant écho aux hurlements du vent le fit frissonner de terreur. Il fut subitement touché par l'angoisse solitaire de cette servante du XIXe siècle, comme si elle l'avait frôlé d'un de ses doigts inertes et froids. Il eut l'impression de participer à sa misère et à son désespoir. Le passé se confondit avec le présent dans la même épouvante infinie. C'était ici, maintenant, que se déroulait le dernier acte de cette affreuse tragédie. Puis cela passa. Les pleurs étaient réels, la femme bien vivante. Allumant sa torche, il se précipita dans l'obscurité.

A quelque vingt mètres du chemin, il aperçut une cabane de bois de quatre mètres carrés ; la faible lumière qui filtrait de son unique fenêtre dessinait un rectangle lumineux sur l'écorce d'un orme voisin. Il approcha sans faire de bruit, ses pieds s'enfonçant silencieusement dans la terre mouillée, et poussa la porte. Il sentit aussitôt le riche et chaud parfum du bois brûlé et du pétrole. Mais il y avait encore autre chose : l'odeur de la vie. Pelotonnée sur une chaise en osier cassée, une lance-tempête posée sur une caisse retournée derrière elle, se trouvait une femme.

On aurait dit une bête piégée dans sa tanière. Ils se regardèrent sans mot dire. Ses terribles sanglots cessèrent instantanément lorsqu'il entra, comme des pleurs de théâtre. Elle plongea dans les siens des yeux clairs, durs et menaçants. L'animal était peut-être en détresse, mais il se sentait dans son domaine, tous ses sens en alerte.

« Qui êtes-vous ? demanda-t-elle agressivement mais sans paraître vraiment effrayée.

— Je m'appelle Adam Dalgliesh. Et vous ?

— Morag Smith.

— J'ai entendu parlé de vous, Morag. Vous êtes rentrée ce soir.

— Oui. Et y paraît qu' faut que j'aille dormir avec les agents hospitaliers à John Carpendar. C'est Miss Collins qui m' l'a dit. Si j' pouvais pas rester à Nightingale, j' voulais retourner dans la résidence des médecins. Mais pas question ! Pas de danger ! Faut croire que j' m'entendais trop bien avec les docteurs. Alors, ouste, dehors ! Ils vous foutent à la porte en moins de deux, là-dedans ! J' voulais voir la directrice, mais Miss Brumfett m'a dit qu' fallait pas la déranger. »

Elle interrompit ses récriminations pour monter la mèche de la lampe. La lumière se fit plus vive et elle le regarda en plissant les yeux.

« Adam Dalgliesh. Drôle de nom ! Vous êtes nouveau ici, hein ?

— Je suis arrivé ce matin. Vous devez être au courant de l'histoire de Miss Fallon. Je suis détective. Il faut que je découvre comment elle et Heather Pearce sont mortes. »

Il crut que cette information allait déclencher un nouvel

accès de lamentations. Elle ouvrit la bouche mais, se reprenant, la referma après avoir étouffé un hoquet.

« J' l'ai pas tuée, dit-elle d'un ton bourru.

— Pearce ? Sûrement pas. Pourquoi l'auriez-vous tuée ?

— C'est pas c' que l'autre croyait !

— Quel autre ?

— Ce salaud d'inspecteur Bill Bailey. J' voyais exactement dans sa tête. Me poser toutes ces questions avec ses yeux qui m' lâchaient pas ! " Qu'avez-vous fait en vous levant ? " Et qu'est-ce qu'y croit ? J' travaillais, pardi ! " Et vous aimiez Heather Pearce ? ", " A-t-elle été méchante avec vous ? " J'aurais bien voulu voir ça ! J' la connaissais même pas. J' suis pas retournée à Nightingale depuis plus d'une semaine. Mais j' sais bien ce qu'il avait dans la tête. Toujours la même chose ! Ça retombe toujours sur les domestiques ! »

Dalgliesh alla s'asseoir sur un banc, contre le mur de la cabane. Puisqu'il devait interroger Morag Smith, autant le faire maintenant.

« Vous vous trompez. L'inspecteur Bailey ne vous a jamais soupçonnée. Il me l'a dit. »

Elle eut un rire sarcastique.

« On va pas s' mettre à croire ce que la police raconte ! Bon Dieu ! Votre père vous a jamais appris ça ? Et comment qu'il me soupçonnait ! Ce salopard de Bailey ! Y peut bêler tant qu'y voudra ! Mon père, y pourrait vous en raconter de belles sur la police ! »

Et la police pourrait certainement en raconter de belles sur son père, pensa Dalgliesh mais il préféra passer à autre chose. S'attarder sur la question n'arrangerait pas ses affaires. Le nom de l'inspecteur se prêtait à des abus allitératifs et Morag était bien d'humeur à en abuser. Dalgliesh s'empressa de prendre la défense de son collègue.

« L'inspecteur Bailey ne faisait que son travail. Il n'avait pas l'intention de vous embêter. Je suis aussi policier et il faut que je vous pose quelques questions. Sans votre aide, je ne pourrai pas avancer. Si Pearce et Fallon ont été assassinées, je dois découvrir le meurtrier. Elles étaient jeunes, vous savez. Elles n'avaient sûrement pas envie de mourir. »

Il ne savait pas comment Morag Smith réagirait à ce vibrant appel à son sens de la justice, mais il voyait ses petits yeux perçants briller dans la semi-obscurité.

« Mon aide, hein ? rétorqua-t-elle avec mépris. Quelle blague ! Comme si les gens de votre espèce avaient besoin d'aide ! Vous n'avez pas besoin de moi pour savoir comment le lait vient aux noix de coco ! »

Dalgliesh réfléchit à cette étonnante métaphore et, en l'absence de preuve contraire, décida de la prendre comme un compliment. Il balaya de sa torche le toit de la cabane, s'adossa bien fermement contre le mur, appuyant sa tête contre un épais paquet de raphia accroché à un clou juste au-dessus de lui. Il était étonnemment à son aise.

« Vous venez souvent ici ?, lui demanda-t-il sur le mode de la conversation.

— Seulement quand ça va pas. » Son ton suggérait que c'était une éventualité contre laquelle toute femme sensée devait prendre ses précautions.

« C'est privé, ici, ajouta-t-elle d'un air bourru. Ça l'était, en tout cas. »

Le reproche n'échappa pas à Dalgliesh.

« Je suis désolé. Je ne reviendrai plus vous déranger.

— Oh, vous, ça m'est égal. Vous pouvez venir quand ça vous chante. »

La voix n'était pas très aimable, mais le compliment, incontestable. Ils restèrent un moment sans rien dire, curieusement unis dans la nuit solitaire.

Les murs épais de la cabane les enveloppaient d'un silence quasi surnaturel ; ils n'entendaient presque pas les mugissements du vent à l'extérieur. L'air froid sentait le moisi, l'âcre odeur du bois brûlé, le pétrole et l'humus. Dalgliesh jeta un coup d'œil autour de lui. L'endroit ne manquait pas de confort. Il y avait un ballot de paille dans un coin, une autre vieille chaise en rotin, semblable à celle où Morag était pelotonnée, et, en guise de table, un cageot retourné couvert d'une toile cirée. Il discernait à peine le réchaud à pétrole posé dessus. Sur l'une des étagères murales se trouvait une théière en métal blanc et deux bols. La cahute avait dû autrefois servir de lieu de repos au jardinier, ainsi que de remise à outils et de dépotoir. Au printemps et en été, isolée dans la quiétude du bois et entourée de chants d'oiseaux, ce devait être une agréable cachette. Mais on était en plein hiver.

« Excusez-moi de vous poser cette question, mais ne serait-il pas plus confortable d'aller dans votre chambre quand ça ne va pas ?

— C'est pas tellement douillet à Nightingale House. Pas plus qu' les chambres des agents hospitaliers ! J'aime bien, moi, ici. Ça sent comme dans la baraque de mon père. Et puis y a personne qui vient la nuit. Ils ont trop peur du fantôme.

— Pas vous ?

— J'y crois pas. »

C'était, se dit-il, l'ultime argument du sceptique convaincu. Vous ne croyez pas en quelque chose, donc cette chose n'existe pas. L'imagination en paix, vous pouvez alors jouir de votre propre certitude, fût-ce pour venir pleurer sur votre sort dans un misérable abri de jardinier. Devait-il lui demander les raisons de sa crise de larmes ? Lui suggérer d'aller se confier à la directrice ? Ces sanglots déchaînés n'avaient-ils pour cause que la curiosité d'un Bill Bailey, si fougueusement haï ? C'était un bon inspecteur, mais qui manquait de subtilité avec les gens. Le critiquer eût été stupide. Tout détective, quelles que soient ses compétences, savait ce qu'il lui en coûtait de heurter, sans le vouloir, un témoin — surtout une femme. Une fois le mal fait, on ne pouvait plus rien en tirer, même si l'antipathie n'était qu'inconsciente. Le succès des enquêtes criminelles dépendait largement de l'aptitude à faire parler les gens, à les amener à vouloir vous aider. Bill Bailey avait échoué avec Morag Smith. Adam Dalgliesh avait parfois échoué lui aussi.

Il se rappela ce que Bailey lui avait dit des deux domestiques au cours de leur brève entrevue.

« Elles ne sont pas dans le coup. La vieille, Miss Martha

Collins, travaille à l'hôpital depuis quarante ans et si elle avait eu des pulsions homicides, elles n'auraient pas attendu si longtemps pour se manifester. Ce qui l'inquiète le plus, c'est le vol de la bouteille de désinfectant. Elle prend la chose pour un affront personnel. Il est clair qu'elle se sent responsable des toilettes mais pas du crime. La plus jeune, Morag Smith, est à moitié toquée, si vous voulez mon avis, et entêtée comme une armée de mules. Elle peut très bien être coupable, mais franchement, je ne lui vois aucun mobile. Heather Pearce ne lui a jamais rien fait, d'après ce que j'en sais. D'ailleurs, Morag n'aurait pas eu beaucoup de temps. Elle n'a été transférée de la résidence des médecins à Nightingale que la veille de la mort de Pearce. J'ai l'impression que le déménagement ne lui a pas plu, mais cela ne fait pas vraiment un mobile pour tuer des élèves infirmières. Par ailleurs, elle n'a pas l'air d'avoir peur. Obstinée peut-être, mais pas effrayée. Si c'est elle, je doute que vous réussissiez à le prouver. »

Ils étaient toujours silencieux. Dalgliesh n'était pas pressé de sonder sa douleur et la soupçonnait de s'être laissée aller au simple besoin de pleurer un bon coup. Elle s'était réfugiée dans sa cachette pour le faire et, bien qu'il eût physiquement dérangé sa solitude, elle avait droit au secret de ses émotions. Dalgliesh était trop réservé pour faire preuve de cette curiosité que tant de gens confondent avec la bienveillance. C'était un sentiment qu'il éprouvait rarement. Les êtres humains n'avaient jamais cessé de l'intéresser et rien chez eux ne pouvait le surprendre, mais il préférait ne pas s'engager. Qu'elle aimât la cabane, avec cette odeur qui lui rappelait son enfance, ne le surprenait pas.

Il l'entendit soudain marmonner confusément. Elle avait repris ses jérémiades.

« Il a pas arrêté de m' regarder, et de m' demander de lui répéter tout le temps la même histoire. Et prétentieux avec ça ! Ça se voit bien qu'y se prend pas pour rien ! »

Elle se tourna soudain vers Dalgliesh.

« Vous vous croyez sexy, vous ? »

Dalgliesh répondit à sa question avec sérieux.

« Non. Je suis trop vieux pour me croire sexy quand j'ai froid et que je suis fatigué. A mon âge, on a besoin de confort si l'on veut jouer le jeu en faisant plaisir à sa partenaire sans perdre le respect de soi-même. »

Elle lui lança un regard où l'incrédulité se mêlait à la commisération.

« Vous êtes pas si vieux qu' ça. Merci pour le mouchoir, en tout cas. »

Elle le lui rendit avec un dernier hoquet convulsif. Dalgliesh le glissa rapidement dans sa poche, résistant à la tentation de le jeter discrètement derrière le banc. Il étira ses jambes ; s'apprêtant à partir, il entendit à peine ce qu'elle était en train de lui dire.

« Pardon ? demanda-t-il en s'efforçant de garder une voix neutre.

— J' disais, reprit-elle d'un air maussade, qu'il n'a jamais su qu' j'avais bu le lait, en tout cas, le salopard ! J' lui ai pas dit.

— Le lait de la séance de travaux pratiques ? Quand l'avez-vous bu ? »

Il avait fait en sorte d'avoir toujours un ton dégagé et de ne laisser percer qu'un vague intérêt, mais soudain, il prit conscience du silence qui régnait dans la cabane et des deux yeux brillants fixés sur lui. Ne se rendait-elle vraiment pas compte de ce qu'elle était en train de lui dire ?

« C'était huit heures du matin, p't-être une minute avant. J' suis entrée dans la salle de T.P. parce que j' croyais qu' j'y avais oublié ma boîte de cirage. Y avait c'te bouteille de lait sur le chariot et j'en ai bu. Juste une goutte.

— Comme ça, au goulot ?

— Eh ben, y avait pas de tasse, pas vrai ? J'avais soif, et quand j'ai vu c' lait, ça m'a fait envie. J'en ai pris une lampée. »

C'était le moment de poser la question cruciale.

« Vous avez juste pris la crème sur le dessus ?

— Y avait pas de crème. C'était pas du lait à crème. »

Son cœur bondit.

« Et qu'avez-vous fait ensuite ?

— Rien.

— Vous n'avez pas eu peur que la monitrice se rende compte que la bouteille n'était pas pleine ?

— Elle était pleine. J' l'ai remplie de l'eau du robinet. De toute façon, j'avais pris que deux gorgées.

— Et vous avez remis la capsule ?

— Exactement. Bien soigneusement, pour qu'on s'en rende pas compte.

— Et vous ne l'avez dit à personne ?

— On m' l'a pas demandé. Cet inspecteur, y voulait juste savoir si j'avais été dans la salle de travaux pratiques et j' lui ai dit que oui, vers sept heures, pour faire un peu de ménage. Pas question que j' lui raconte ça ! C'était pas son lait, hein ? Il l'a pas payé, pas vrai ?

— Morag, êtes-vous certaine de l'heure ?

— Oui. La pendule de la salle de T.P. marquait huit heures. J'ai bien regardé parce qu'y fallait que j'aille aider à servir les déjeuners, parce que les autres domestiques étaient malades avec la grippe. Y en a qui croient qu'on peut être partout à la fois ! De toute façon, j' suis entrée dans la salle à manger et les monitrices et les élèves avaient toutes commencé de déjeuner. Et Miss Collins m'a envoyé un de ces regards ! Du genre " Encore en retard, Morag ! ". Y devait donc être huit heures. Le p'tit déjeuner commence toujours à huit heures.

— Et elles étaient toutes là !

— Évidemment qu'elles étaient toutes là. J' vous l'ai dit. Elles déjeunaient. »

En effet ; c'était les vingt-cinq minutes, entre huit heures et huit heures vingt-cinq, où toutes les suspectes avaient mangé ensemble sous l'œil de Miss Collins. Si l'histoire de Morag était vraie, ce dont il ne doutait pas une seconde, le champ de l'enquête se rétrécissait considérablement. Seules six personnes n'avaient pas d'alibi entre huit heures du matin et le moment où la séance avait commencé, à neuf heures moins vingt. Il faudrait naturellement qu'il vérifie les déclarations, mais leurs noms lui vinrent immédiatement à l'esprit. C'était un exercice mental auquel il était bien entraîné : Hilda Rolfe, Mavis Gearing, Ethel Brumfett, Madeleine Goodale, Leonard Morris et Stephen Courtney-Briggs.

Il aida gentiment la fille à se relever.

« Venez Morag. J'aimerais que vous rentriez dans votre chambre à l'hôpital. Vous êtes un témoin très important et je ne veux pas vous voir attraper une pneumonie avant que j'aie pu prendre votre déclaration.

— J' veux rien écrire. J' suis pas une savante, moi !

— On la tapera pour vous. Vous n'aurez qu'à signer.

— Ça oui. J' suis pas idiote. J' peux quand même signer mon nom. »

Il faudrait qu'il soit là pour s'en assurer. Dalgliesh avait le sentiment que Masterson ne saurait pas plus s'y prendre que Bailey avec Morag. Il serait même plus sûr qu'il veille à tout faire lui-même, même si la procédure risquait de retarder son départ pour Londres.

Mais ce ne serait pas du temps perdu. En fermant la porte de la cabane derrière eux, Dalgliesh eut le même sentiment d'allégresse qu'au moment où il avait trouvé la nicotine. Dans l'ensemble, ça n'avait pas été une trop mauvaise journée.

CHAPITRE SEPT

Danse macabre

I

Le lendemain matin, à sept heures moins cinq, l'inspecteur Masterson et l'agent de la police judiciaire Greeson, retrouvaient Miss Collins et Mrs. Muncie dans la cuisine de Nightingale House. Masterson avait l'impression d'être en pleine nuit tellement il faisait froid et noir. La pièce sentait la bonne odeur réconfortante du pain chaud d'autrefois, à peine sorti du four. Mais Miss Collins n'était pas exactement le prototype de la cuisinière plantureuse et avenante. Lèvres serrées, mains sur les hanches, elle regardait Greeson placer une bouteille de lait pleine sur le devant du compartiment médian du réfrigérateur.

« Laquelle doivent-elles prendre ? demanda-t-elle.

— La première qui leur tombe sous la main. C'est bien ainsi que ça s'est passé, n'est-ce pas ?

— Il paraît. J'avais mieux à faire que de rester assise à les regarder. Et j'ai mieux à faire maintenant.

— Ne vous inquiétez pas. Nous nous occupons de tout. »

Quatre minutes plus tard, les jumelles arrivèrent. Tout le monde se tut. Shirley ouvrit la porte du réfrigérateur et Maureen prit la première bouteille venue. Suivie de Masterson et de Greeson, elles traversèrent le hall désert, résonnant de l'écho de leurs pas. La salle de travaux pratiques était silencieuse, rideaux tirés. Les deux néons éclairèrent un demi-cercle de chaises vides ; sur le haut lit étroit se trouvait un grotesque mannequin, appuyé contre des oreillers, avec une bouche ouverte comme un O et deux orifices noirs et béants en guise de narines. Sans mot dire, les jumelles se mirent à leurs préparatifs. Maureen posa la bouteille sur le chariot puis tira l'appareil à perfusion vers le lit. Shirley sortit des placards divers instruments et bassines qu'elle rangea à côté de la bouteille. Les deux policiers, muets, les regardaient faire.

« Voilà, dit Maureen une vingtaine de minutes plus tard. Nous avons tout laissé dans cet état pour aller prendre notre petit déjeuner.

— Parfait, répondit Masterson. Nous allons maintenant tous avancer nos montres jusqu'à à neuf heures moins vingt, heure à laquelle vous êtes revenues. Inutile de perdre du temps. Appelons les autres. »

Dociles, les jumelles réglèrent les aiguilles de leur montre tandis que Greeson passait un coup de fil à la bibliothèque pour faire descendre le reste des élèves, qui attendaient. Elles arrivèrent presque aussitôt, dans l'ordre prescrit. Madeleine Goodale d'abord, suivie de Julia Pardoe et de Christine Dakers. Il n'y eut pas un mot d'échangé. Elles s'assirent en frissonnant, comme s'il avait fait froid dans la salle. Masterson remarqua qu'elles évitaient de poser les yeux sur l'absurde pantin couché sur le lit.

« Bien. Reprenez, mademoiselle, dit alors Masterson. Faites chauffer le lait. »

Maureen lui lança un regard perplexe.

« Le lait ? Mais personne n'a encore pu... »

Sa voix s'éteignit.

« L'empoisonner, c'est cela ? N'importe. Continuez mais essayez de reproduire exactement vos gestes de la dernière fois. »

Elle emplit un grand pot d'eau chaude du robinet puis y plongea la bouteille quelques secondes. Sur un signe de tête impatient de Masterson, elle retira la capsule, versa le lait dans un verre gradué et vérifia la température du liquide à l'aide d'un thermomètre. La classe suivait, fascinée. Maureen jeta un coup d'œil à Masterson. Il n'eut aucune réaction. Elle prit alors la sonde et l'introduisit, d'un geste sûr, dans la bouche inerte. Elle souleva ensuite l'entonnoir bien haut au-dessus de la tête inanimée et attendit.

« Continuez, mademoiselle. Quelle importance, si vous le mouillez un peu ? Il est fait pour ça. Quelques millilitres de lait chaud ne vont pas lui tordre les boyaux ! »

Cette fois, le fluide blanc était visible dans le tuyau et tous les yeux suivirent son cheminement onduleux. Brusquement, Maureen s'arrêta, bras en l'air, immobile comme un mannequin abandonné à son attitude maladroite dans une vitrine de mode.

« Alors ? demanda Masterson. C'est bien ça ? »

Maureen descendit le verre jusqu'à ses narines puis, sans un mot, le passa à sa sœur qui le renifla à son tour.

« Ce n'est pas du lait, n'est-ce pas ? C'est du désinfectant. Vous avez voulu voir si nous pouvions nous en rendre compte.

— Voulez-vous dire que c'était aussi du désinfectant la dernière fois ? renchérit Maureen. Le lait était-il déjà empoisonné quand nous l'avons sorti du frigidaire ?

— Non, tout était normal à ce moment-là. Qu'avez-vous fait de la bouteille après avoir versé son contenu dans le verre gradué ?

— Je l'ai rincée dans l'évier, répondit Shirley. Je suis désolée. J'ai oublié. J'aurais dû y penser tout à l'heure.

— Aucune importance. Faites-le maintenant. »

Maureen avait laissé la bouteille sur la table, près de l'évier, avec sa capsule froissée à côté. Shirley la ramassa, puis s'immobilisa.

« Que se passe-t-il ? » demanda Masterson tranquillement.

La jeune fille se tourna vers lui, perplexe.

« Il y a quelque chose qui ne colle pas. Ce n'était pas comme ça.

— Non ? Essayez de vous souvenir. Mais détendez-vous. Vous énerver ne servirait à rien. »

Il régnait dans la pièce un silence presque surnaturel. Brusquement, Shirley se tourna vers sa jumelle.

« Ça y est, je sais, Maureen ! C'est la capsule. La dernière fois, nous avons pris au frigidaire une bouteille de lait pasteurisé, avec une capsule en papier aluminium. Mais lorsque nous sommes revenues après le petit déjeuner, ce n'était plus la même. Tu ne te rappelles pas ? La capsule était dorée. C'était du lait des îles anglo-normandes.

« Oui, je m'en souviens aussi, dit alors Madeleine Goodale de sa chaise. La capsule était dorée. »

Maureen lança à Masterson un regard inquiet.

« Alors, quelqu'un aurait changé la capsule ? »

Avant que l'inspecteur n'ait pu ouvrir la bouche, Madeleine Goodale intervint à nouveau :

« Pas forcément. On a pu changé toute la bouteille. »

Masterson garda le silence. Son chef avait donc raison ! Le désinfectant avait été soigneusement et tranquillement versé dans le lait, et l'on avait simplement substitué à la bouteille saine — dont Morag Smith avait bu quelques gorgées — celle qui contenait le mélange fatal. Mais qu'était-il advenu de la première ? Sans doute était-elle restée à l'office des infirmières. Mavis Gearing ne s'était-elle pas plainte à Miss Collins que le lait était coupé ?

II

Dalgliesh acheva rapidement ce qu'il avait à faire dans les bureaux de Scotland Yard et, vers onze heures, arriva à North Kensington. Au numéro 49, Millington Square, W. 10, se trouvait une grande façade délabrée, de style italien, dont les stucs s'effritaient. Elle n'avait rien de particulier. Il y en avait des centaines du même genre dans cette partie de Londres. L'immeuble était visiblement divisé en studios, car toutes les fenêtres étaient garnies de rideaux différents ; certaines, même, étaient nues. On y sentait cette promiscuité triste et solitaire des quartiers surpeuplés. Sous le porche ouvert, il ne vit ni interphone ni liste des locataires. Il poussa la porte vitrée du vestibule et fut assailli par une âcre odeur de cuisine, de cirage et de linge sale. L'épais papier mural gaufré avait été recouvert d'une couche de peinture marron qui luisait comme si elle exsudait la graisse et la transpiration. Le sol et les marches des escaliers étaient tapissés d'un linoléum à motifs, usé et plein d'accrocs, que l'on avait cependant rafistolé, aux endroits dangereux, en collant des pièces d'un modèle plus récent aux couleurs plus fraîches. Les murs de la cage d'escalier étaient peints d'un classique vert bouteille. Il ne croisa personne mais, même à cette heure, il devinait une vie grouillante derrière les portes closes, numérotées.

L'appartement numéro quatorze se trouvait au dernier étage, au bout du palier. En s'approchant, il entendit le crépitement d'une machine à écrire. Il frappa fort. Le bruit cessa aussitôt, mais une bonne minute s'écoula avant que la porte ne s'entrouvre sur une paire d'yeux soupçonneux.

« Qui êtes-vous ? Je travaille et mes amis savent très bien que je ne reçois personne le matin.

— Je ne suis pas un ami. Puis-je entrer ?

— Si vous voulez, mais je n'ai que quelques minutes à vous accorder. De toute manière, vous perdez votre temps. Je ne veux adhérer à aucune organisation car je suis trop occupé, et ne vous acheterai rien car je n'ai pas d'argent. D'ailleurs, j'ai tout ce qu'il me faut. »

Dalgliesh lui montra sa carte.

« Je ne vends ni n'achète rien, pas même les informations qui motivent ma visite. C'est à propos de Josephine Fallon. Je suis commissaire de police et j'enquête sur sa mort. Vous êtes bien Arnold Dowson, n'est-ce pas ? »

La porte s'ouvrit toute grande. Dalgliesh ne vit pas de trace de peur dans les yeux gris du jeune homme mais, peut-être, une certaine méfiance.

C'était une chambre extraordinaire, une petite mansarde avec un toit incliné troué d'une lucarne, entièrement meublée de caisses de bois blanc, pas même peintes, dont certaines portaient encore la marque d'origine de l'épicier ou du marchand de vins. Ingénieusement assemblées, elles tapissaient les murs du sol jusqu'au plafond, de sorte que la pièce ressemblait ainsi à une ruche garnie de cellules de bois clair, toutes de formes et de dimensions différentes, abritant les objets nécessaires à la vie quotidienne. Certaines étaient bourrées de volumes reliés, d'autres de livres de poche à dos orange. Un des cageots contenait un petit radiateur électrique à deux barres chauffantes, largement suffisant pour l'exiguïté du lieu ; un autre, une pile de linge propre, pas encore repassé ; un autre, des tasses à bords bleus et diverses pièces de vaisselle ; un autre, quelques *objets trouvés**, des coquillages, un chien en terre cuite du Staffordshire, des plumes dans un petit pot de confiture. Le lit à une place, recouvert d'une courtepointe, se trouvait juste sous la fenêtre. Une caisse retournée faisait office de table de chevet. Quant aux deux uniques chaises, c'étaient des pliants en tissu que l'on vend pour les pique-niques. Dalgliesh se souvint soudain d'un article paru dans le supplément du dimanche d'un journal où l'on indiquait l'art et la manière de meubler son studio pour moins de cinquante livres. Arnold Dowson n'en avait certainement pas dépensé la moitié, mais l'ensemble n'était pas déplaisant. Tout était simple et fonctionnel, bien que la mansarde pût paraître un peu claustrophobique au goût de certains et que la façon méticuleuse et obsessionnelle dont chaque centimètre carré était rentabilisé ne créait pas vraiment une atmosphère propice à la détente. C'était la chambre d'un homme bien organisé, qui, ainsi qu'il venait de le lui dire, avait tout ce qu'il lui fallait.

Le locataire ressemblait à son décor. Il était excessivement net et soigné. Dalgliesh ne lui donna pas plus de vingt ans. Le jeune homme portait un chandail beige très propre, dont les deux manches étaient retroussées avec une parfaite similitude sur une chemise blanche au col impeccable. Son jean délavé avait été soigneusement repassé de manière à bien marquer le pli le long des deux jambes. Il avait pris soin de coudre un ourlet pour les avoir à la bonne longueur, ce qui donnait une impression assez curieuse pour un vêtement si décontracté. Il était pieds nus dans des sandales en cuir fermées par une boucle, telles qu'en mettent les enfants. Ses cheveux très blonds coiffés en casque, avec une frange lisse, comme les pages du Moyen Âge, encadraient un visage sensible mais solidement charpenté, avec un nez crochu et trop large. Sa bouche, petite et bien dessinée, avait quelque chose de pincé. Mais le plus étonnant chez lui étaient ses oreilles : Dalgliesh n'en avait jamais vu de si petites ni de si blêmes ; même les lobes étaient vides de toute couleur. On les aurait crues en cire. Assis sur un cageot à oranges retourné, les bras ballants entre ses genoux, les yeux fixés sur Dalgliesh, il faisait penser au motif central d'un tableau surréaliste : jeune homme sur fond d'alvéoles. Dalgliesh tira à lui une caisse et s'assit en face de lui.

« Vous savez qu'elle est morte ? dit-il.

— Oui, je l'ai lu dans les journaux ce matin.

— Et saviez-vous qu'elle était enceinte ? »

Il parut enfin s'émouvoir. Il blêmit, secoua la tête puis regarda Dalgliesh en silence.

« Non. Je l'ignorais. Elle ne m'a rien dit.

— De trois mois. Auriez-vous pu être le père ? »

Dowson se mit à contempler ses mains.

« C'est possible. Je ne prenais aucune précaution, si c'est le sens de votre question. Elle m'avait dit de ne pas m'inquiéter ; que c'était son problème. Après tout, elle était infirmière. Je pensais qu'elle savait se débrouiller.

— Apparemment, c'est une chose qu'elle n'a jamais su faire. Pouvez-vous m'en dire davantage ?

— Est-ce que j'y suis obligé ?

— Non. Vous pouvez exiger un avocat, faire un tas d'histoires, créer toutes les difficultés possibles pour retarder l'enquête. Personne ne vous accuse de meurtre. Pourtant, quelqu'un l'a tuée. Vous l'avez connue et probablement aimée, au moins pour un temps. Si vous voulez nous aider, dites-moi tout ce que vous savez d'elle. »

Dowson se leva avec la lenteur et la maladresse d'un

vieillard, jeta un coup d'œil désorienté autour de lui, puis dit :

« Je vais faire du thé. »

Traînant les pieds, il s'approcha d'un réchaud à deux feux qui se trouvait à droite d'une petite cheminée inutilisée, souleva la bouilloire, évaluant par son poids s'il restait assez d'eau, et alluma le gaz. Il prit deux bols et les plaça sur un cageot qu'il poussa devant Dalgliesh. La boîte était pleine de journaux aussi soigneusement pliés que s'ils n'avaient jamais été ouverts. Il en étala un sur lequel il disposa les bols à bords bleus et une bouteille de lait avec le même soin qu'à l'occasion d'un Derby royal. Il n'ouvrit la bouche que lorsque le thé fut servi.

« Je n'étais pas son seul amant.

— Vous a-t-elle parlé des autres ?

— Non, mais l'un d'eux devait être médecin. Je ne serais pas étonné qu'elle en ait eu plusieurs. Nous avons un jour parlé de sexe ; elle disait que la vraie nature des hommes se révèle toujours quand ils font l'amour ; qu'au lit, il est impossible de cacher son égoïsme, son insensibilité ou sa brutalité, quelle que soit l'attitude qu'on adopte une fois habillé. Elle m'a aussi raconté qu'elle avait couché une fois avec un chirurgien et que l'on voyait tout de suite qu'il avait toujours eu des corps anesthésiés entre les mains ; qu'il était si plein d'admiration pour sa propre technique qu'il ne se rendait même pas compte qu'il touchait une femme bien vivante. Elle en riait. Je crois qu'elle s'en fichait. Jo riait beaucoup, à tout propos.

— Mais croyez-vous qu'elle était heureuse ? »

Il eut l'air de réfléchir un instant. Pourvu qu'il ne me réponde pas : « Qui l'est, au fond ? » pensa Dalgliesh.

« Non, pas vraiment, la plupart du temps. Mais elle savait l'être parfois, et c'est ça l'important.

— Comment l'avez-vous rencontrée ?

— Je veux être écrivain. Je m'y exerce. Il n'y a que cela qui m'intéresse, mais je dois gagner ma vie en attendant que mon premier roman soit achevé et publié. Je travaille donc la nuit comme opérateur téléphonique avec le continent. Je sais assez de français pour me débrouiller. C'est correctement payé. J'ai peu d'amis, par manque de temps, et n'avais jamais fait l'amour avant d'avoir connu Jo. Je n'ai pas beaucoup de succès avec les femmes. Je l'ai rencontrée l'été dernier au parc St. James. C'était un de ses jours de congé ; moi, je voulais voir les canards et faire un tour pour prendre des notes ; j'avais l'intention de situer une des scènes de mon roman au parc de St. James en juillet. Elle était toute seule, allongée sur l'herbe à regarder le ciel. Une page de mon bloc-notes s'est détachée et le vent l'a emportée sur son visage. J'ai couru après, me suis excusé auprès d'elle et nous avons tous les deux essayé de la rattraper. »

Il fixait sa tasse de thé comme si c'eût été la surface miroitante du lac.

« C'était une journée bizarre, très chaude, sans soleil, venteuse. L'eau était lourde comme de l'huile. »

Il se tut un instant, mais comme Dalgliesh gardait le silence, il poursuivit :

« Nous avons donc fait connaissance et je lui ai proposé de venir prendre le thé chez moi. Je n'avais pas d'idée spéciale en tête. Nous avons continué à parler, puis elle m'a fait l'amour. Plus tard, elle m'a dit qu'elle n'en avait pas eu l'intention, au départ, mais qui sait ? Je ne sais même pas pourquoi elle est revenue. Peut-être qu'elle s'ennuyait.

— C'est ce que vous vous disiez ?

— Pas vraiment, non... Tout ce que je sais, c'est que j'avais envie de faire l'amour avec une femme. Je voulais connaître ça. C'est une expérience impossible à décrire tant qu'on ne l'a pas vécue.

— Et parfois même quand on l'a vécue. Combien de temps vous a-t-elle fourni matière à roman ? »

Il ne parut pas saisir l'ironie.

« Elle venait une fois par quinzaine, pendant son jour de congé. Nous ne sortions jamais, sauf de temps en temps, dans un pub. Elle apportait quelques provisions et préparait le repas. Nous restions ici à discuter et à faire l'amour.

— De quoi discutiez-vous ?

— En fait, c'est surtout moi qui parlais. Elle ne m'a pas dit grand-chose sur elle. Je sais seulement que ses parents sont morts quand elle était petite et qu'elle a été élevée à Cumberland par une vieille tante, qui est morte aujourd'hui. Je ne crois pas que Jo ait eu une enfance très heureuse. Elle a toujours voulu être infirmière, mais elle a attrapé la tuberculose à dix-sept ans. Ce n'était pas très grave. Elle a passé dix-huit mois dans un sanatorium en Suisse puis est rentrée guérie. Mais les médecins lui ont déconseillé de s'engager dans cette voie. Elle a donc fait une quantité de boulots. Elle a été actrice pendant trois ans, sans grand succès ; puis serveuse et vendeuse. Elle s'est alors fiancée, mais sans suite. Elle a rompu.

— Savez-vous pourquoi ?

— Non, si ce n'est qu'elle a appris quelque chose sur cet homme qui rendait le mariage impossible.

— Vous a-t-elle dit quoi ? Et qui est cet homme ?

— Je n'en sais rien. Je ne lui ai pas demandé. Mais je pense que c'était un homosexuel. »

Devant l'expression de Dalgliesh, il enchaîna rapidement.

« Vraiment, ce ne sont que des suppositions. La plupart des choses que je sais sur Jo, elle y a fait allusion comme ça, en passant. Elle ne parlait jamais d'elle-même longtemps. C'est une idée qui m'est passée par la tête, sans plus. Elle évoquait toujours ses fiançailles avec une sorte d'amertume fataliste.

— Et ensuite ?

— Eh bien, elle a décidé de revenir quand même à son désir d'être infirmière. Elle croyait qu'avec un peu de chance, l'examen médical ne serait pas un obstacle. Si elle a choisi John Carpendar, c'est qu'elle voulait être près de Londres, sans vivre vraiment en ville, et qu'elle pensait qu'il serait moins pénible de travailler dans un petit hôpital. Je suppose qu'elle ne voulait pas prendre de risques pour sa santé.

— Vous parlait-elle de sa vie là-bas ?

— Très peu. Elle semblait s'y plaire, mais elle me faisait grâce des détails sur les urinaux.

— Savez-vous si elle avait des ennemis ?

— Sûrement, si on l'a tuée ! Mais elle ne m'a jamais cité qui que ce soit. Peut-être qu'elle l'ignorait elle-même ?

— Ces noms vous disent-ils quelque chose ? »

Dalgliesh lui énuméra toutes les personnes — les élèves, les monitrices, le chirurgien, le pharmacien — présentes à Nightingale House la nuit du meurtre.

« Elle a dû me parler de Madeleine Goodale. J'ai l'impression qu'elles étaient amies. Et Courtney-Briggs me dit quelque chose, mais très vaguement.

— Quand l'avez-vous vue pour la dernière fois ?

— Il y a trois semaines. Elle avait une nuit de libre et a préparé à dîner.

— Comment vous a-t-elle paru, alors ?

— Très agitée. Elle a assez mal fait l'amour. Juste avant de partir, elle m'a déclaré que nous ne nous reverrions plus. Quelques jours plus tard, j'ai reçu un mot d'elle disant simplement : “ Ce que je t'ai dit était sérieux. N'essaie pas de me joindre, je t'en prie. Ce n'est pas ta faute, ne t'en fais pas. Au revoir et merci. Jo ”. »

Dalgliesh lui demanda s'il avait conservé la lettre.

« Non, je ne garde que les papiers importants. Je veux dire que je n'ai pas de place ici pour entasser tout mon courrier.

— Avez-vous essayé de la contacter quand même ?

— Non. Elle m'avait prié de ne pas le faire. Ça n'aurait eu aucun sens. J'imagine que j'aurais essayé si j'avais su qu'elle était enceinte mais... je n'en suis même pas sûr. A quoi cela aurait-il servi ? Impossible d'élever un enfant ici, vous le voyez bien. Comment aurais-je fait ? Jamais elle n'aurait accepté de m'épouser et jamais je n'ai envisagé de le lui proposer. Je ne veux pas me marier. Mais je ne crois pas qu'elle se soit tuée à cause de ça. Non, pas Jo.

— Vous ne pensez donc pas qu'elle se soit suicidée. Pourquoi ?

— Ce n'était pas son genre.

— Allons, vous pouvez mieux faire.

— C'est pourtant vrai, se récria-t-il agressivement. Dans ma vie, j'ai connu deux personnes qui se sont supprimées. L'une était un garçon qui a fait sa terminale avec moi au lycée. L'autre, le gérant d'une teinturerie pour laquelle je travaillais. Eh bien, tout le monde a dit ce que l'on dit toujours dans ces cas-là : c'est terrible ! C'est incroyable. Mais moi, cela ne m'a pas surpris. Je ne veux pas dire que je m'y attendais. Simplement, ça ne m'a pas vraiment étonné. Je pouvais comprendre qu'ils se soient tués.

— Votre échantillonnage est trop restreint.

— Jo ne se serait pas tuée. Pourquoi l'aurait-elle fait ?

— On peut pourtant imaginer quelques motifs. Sa vie n'était pas vraiment une réussite. Aucune famille pour la soutenir ; très peu d'amis. C'était une fille qui dormait mal et qui n'était pas vraiment heureuse. Elle était enfin sur le point d'obtenir son diplôme d'infirmière — il ne lui restait plus que quelques mois avant l'examen final — et la voilà qui se retrouve enceinte ! Elle savait très bien que son amant ne voudrait pas de l'enfant et qu'il était inutile d'attendre de lui une aide ou un soutien. »

Downson protesta énergiquement.

« Elle n'a jamais voulu aide ni soutien ! De personne ! C'est ce que je suis en train de vous dire ! Si elle a couché avec moi, c'est qu'elle le voulait bien ! Je ne suis pas responsable d'elle, ni de quiconque ! Je ne suis responsable que de moi-même ! Elle savait parfaitement ce qu'elle faisait. Ce n'était pas une innocente jeune fille en quête de protection et de tendresse.

— Si vous croyez que seules les innocentes jeunes filles ont besoin de protection et de tendresse, eh bien, vous pensez en clichés. Et si vous commencez à penser en clichés, vous finirez par les écrire.

— Peut-être, répondit-il d'un air maussade. Mais c'est ainsi. »

Il se leva soudain pour aller chercher quelque chose. Quand il revint, Dalgliesh vit qu'il tenait un gros galet très lisse, parfaitement ovoïde, qui épousait exactement le creux de sa main. Il était gris pâle et moucheté comme un œuf. Downson le laissa rouler sur la table. Quand il se fut immobilisé, le jeune homme se rassit, la tête entre ses mains. Ils le contemplèrent tous les deux. Dalgliesh ne disait mot.

« Elle me l'a donné. Nous l'avons trouvé sur la plage de Ventnor, dans l'île de Wight. Nous y sommes allés en octobre dernier. Mais vous devez être au courant. C'est sûrement comme ça que vous avez retrouvé ma trace. Soulevez-le. Il est incroyablement lourd. »

Dalgliesh prit le galet. Il était agréable au toucher, doux et frais. La pureté de sa forme, cette ronde et ferme plénitude qui s'adaptait si bien à sa paume, était étrangement satisfaisante.

« Enfant, je n'ai jamais pu aller à la mer. Mon père est mort quand j'avais six ans et ma vieille n'avait pas un sou. J'en avais envie et Jo s'est dit que ce serait drôle d'y aller ensemble. Il faisait très beau en octobre, vous vous souvenez ? Nous avons pris un ferry à Portsmouth. En tout, nous devions être huit passagers, pas plus. On pouvait se promener de Ventnor jusqu'au phare de Sainte-Catherine sans rencontrer un chat. Il faisait assez chaud pour se baigner. Jo a trouvé ce galet et a pensé que ça ferait un joli presse-papiers. Je ne voulais pas déchirer ma poche en le rapportant, mais elle, ça lui était égal. En rentrant, elle me l'a offert en souvenir. Je voulais qu'elle le garde mais elle a dit que j'oublierais ces vacances bien avant elle. Vous comprenez maintenant ? Elle savait être heureuse, parfois. Pas moi. Quand on est comme ça, on ne se tue pas. Pas quand on sait à quel point la vie peut être merveilleuse. Colette a écrit quelque chose sur le rapport ardent et secret qui vous lie à la terre et à tout ce qui jaillit de ses entrailles. »

Il jeta un coup d'œil à Dalgliesh.

« Colette était un écrivain français, reprit-il.

— Je sais. Et vous croyez que Josephine Fallon pouvait ressentir ce genre d'émotions ?

— Oui. Pas souvent ; ça ne durait pas, mais quand elle était heureuse, c'était une fille merveilleuse. Une fois qu'on a éprouvé ce genre de bonheur, on ne se suicide pas. On garde toujours l'espoir de le retrouver. Pourquoi y renoncer ?

— C'est à la souffrance que l'on renonce en même temps, ce qui est peut-être plus important. Mais je pense que vous avez raison. Je ne crois pas que Josephine Fallon se soit suicidée. Selon moi, elle a été tuée. C'est pourquoi je voudrais savoir si vous avez d'autres choses à m'apprendre.

— Non. La nuit où elle est morte, j'étais au standard. Je vais vous donner l'adresse. J'imagine que vous allez vérifier.

— Il est fort peu probable que le meurtrier ne soit pas un habitué de Nightingale House. Mais donnez-la-moi quand même.

— Tenez. »

Il déchira un coin de la page de journal qui recouvrait la caisse et tira un crayon de la poche de son jean. Il avait une écriture en pattes de mouche. Il plia le papier comme si c'était un message secret et le poussa devant Dalgliesh.

« Prenez aussi le galet. Ça me ferait plaisir. Si, prenez-le, je vous en prie. Vous croyez que je n'ai pas de cœur, que sa mort ne me touche pas, mais c'est faux. Je veux que vous découvriez son assassin. Ça n'arrangera pas les choses, ni pour elle ni pour lui, mais n'importe. Pardonnez-moi, je suis incapable de me laisser aller. Je ne veux pas me faire avoir par les sentiments. Vous comprenez ? »

Dalgliesh prit le galet et se leva pour partir.

« Oui, dit-il, je comprends. »

III

Maître Henry Urquhart de l'étude Urquhart, Wimbush et Portway, était le notaire de Josephine Fallon. Il avait donné rendez-vous à Dalgliesh à midi vingt-cinq, heure destinée à bien montrer au commissaire que chacune de ses minutes était précieuse et qu'il n'avait qu'une demi-heure à lui accorder avant le déjeuner. Dalgliesh fut reçu aussitôt. Il se demanda si l'on eût témoigné autant d'empressement pour un simple inspecteur de police. C'était un des menus avantages qu'il tirait de sa passion à vouloir tout faire lui-même. Diriger le travail depuis son bureau en laissant agir un petit groupe de détectives, de policiers, de photographes et d'officiers spécialisés dans la recherche des empreintes pouvait être satisfaisant pour sa vanité mais l'aurait coupé de tout, sauf des principaux protagonistes. Dalgliesh savait qu'il avait la réputation de résoudre très vite ses enquêtes ; pourtant, il n'épargnait jamais son temps, même quand il s'agissait de tâches que certains de ses collègues déléguaient volontiers à leur second, de sorte qu'il récoltait parfois des informations que n'aurait pas obtenues un enquêteur moins expérimenté. Mais, de la part de Maître Henri Urquhart, il n'escomptait rien d'exaltant. L'entrevue promettait d'être une énumération formelle et pointilleuse de faits autorisés, rien de plus. De toute manière, il avait été obligé de venir à Londres pour régler certaines affaires à Scotland Yard et c'était toujours un plaisir de se promener à pied, sous un vivifiant soleil hivernal, dans les recoins secrets de la City.

L'étude de maîtres Urquhart, Wimbush et Portway était un des cabinets les plus opulents et les plus en vue de la City. Maître Urquhart ne devait pas avoir beaucoup de clients mêlés à des histoires de meurtre. Sans doute avaient-ils parfois des difficultés avec le procureur de la couronne, entamaient-ils quelque imprudente action judiciaire, ou s'obstinaient-ils, envers et contre tout, à rédiger des testaments peu judicieux ; sans doute avaient-ils besoin de leur avocat pour contourner la législation sur la conduite en état d'ivresse ou pour les tirer de toutes sortes de folies et d'imprudences. Mais les clients de Maître Urquhart savaient tuer dans la légalité.

La pièce dans laquelle il fut introduit était le prototype du cabinet d'avocat huppé. Un grand feu généreusement alimenté brûlait dans la cheminée. Au-dessus du manteau, le portrait de l'ancêtre fondateur contemplait avec satisfaction son arrière-petit-fils, assis à un bureau datant de la même époque que le tableau et pourvu des mêmes qualités que son modèle : une belle robustesse, une grande capacité de travail, une opulence qui sait s'arrêter avant l'ostentation. Sur le mur d'en face était accrochée une huile. Dalgliesh se demanda si c'était un Jan Steel. La toile proclamait en tout cas que l'étude savait reconnaître une bonne peinture et pouvait se l'offrir.

Maître Urquhart, grand, mince, les tempes légèrement grises, avec l'air réservé d'un professeur d'université, était parfait dans le rôle du grand avocat. Il portait un complet coupé à la perfection, en tweed, comme si le costume rayé, plus orthodoxe, eût frisé la caricature. Il le reçut sans manifester ni curiosité ni inquiétude, mais Dalgliesh nota que le dossier de Josephine Fallon était déjà sur sa table. Dalgliesh lui exposa l'affaire brièvement.

« Que pouvez-vous m'apprendre sur elle ? Dans une enquête criminelle, tous les détails concernant la vie et la personnalité de la victime peuvent avoir leur intérêt.

— Vous en êtes donc arrivé à la conclusion qu'il s'agit d'un meutre ?

— On a versé de la nicotine dans le verre de citron chaud au whisky qu'elle prenait chaque soir avant de s'endormir. D'après ce que nous savons, elle ignorait qu'il y eût un insecticide contenant de la nicotine dans la serre. En admettant même qu'elle l'ait su et qu'elle l'ait utilisé, je doute fort qu'elle soit ensuite allée cacher le vaporisateur.

— En effet. Il se pourrait également que le poison qui a tué la première victime — Heather Pearce — ait été destiné à ma cliente, n'est-ce pas ? »

Maître Urquhart, la tête penchée pensivement, les doigts joints, avait l'air de consulter son subconscient — à moins que ce ne fût une puissance occulte ou le fantôme de Fallon — avant de se résoudre à divulguer les informations demandées. Pour Dalgliesh, c'était du temps perdu. Urquhart était quelqu'un qui savait très bien jusqu'où il voulait aller, dans sa vie professionnelle ou ailleurs. La pantomime n'était pas convaincante. Et lorsqu'il se décida enfin à parler, il n'apprit rien à Dalgliesh qui pût enrichir les maigres éléments qu'il possédait déjà. « Voici les faits », dit-il en consultant les pages ouvertes devant lui. Il les présenta avec une froide logique : son lieu et sa date de naissance ; les circonstances de la mort de ses parents ; sa prise en charge par sa vieille tante qui avait joué, avec lui, le rôle de tuteur jusqu'à la majorité de Miss Fallon ; la date et les circonstances du décès de la tante — un cancer de l'utérus ; le montant de la fortune de Josephine Fallon ainsi qu'un exact descriptif de ses investissements ; les activités de la jeune fille après son vingt et unième anniversaire, étant donné, précisa-t-il sèchement, qu'elle avait bien voulu l'en informer.

« Saviez-vous qu'elle était enceinte ? » demanda Dalgliesh.

La nouvelle ne parut pas déconcerter Maître Urquhart, bien qu'il prît l'air vaguement dégoûté de quelqu'un qui ne réussira jamais à se faire aux turpitudes de ce monde.

« Non, je l'ignorais. Mais elle ne me l'aurait pas dit à moins qu'elle n'ait prévu d'entamer une recherche de paternité. Il ne devait pas en être question.

— Elle a confié à son amie, Madeleine Goodale, qu'elle avait l'intention d'avorter.

— Vraiment ? Une procédure coûteuse et contestable, dirais-je, malgré les dernières lois. Je me place d'un point de vue moral, évidemment. La récente législation...

— Je sais, l'interrompit Dalgliesh. Vous n'avez donc rien d'autre à m'apprendre ?

— Je vous en ai déjà dit beaucoup sur son passé et sa situation financière, rétorqua l'avocat avec une nuance de réprobation dans la voix. Je n'en sais pas davantage. Je regrette de ne pouvoir vous donner de renseignements plus récents, ou touchant sa vie privée. Miss Fallon me consultait rarement et n'avait d'ailleurs aucune raison de le faire. La dernière fois que je l'ai vue, c'était pour son testament. Vous en avez déjà pris connaissance, je suppose. Miss Madeleine Goodale est sa seule légataire. La succession s'élève à vingt mille livres environ.

— Avait-elle fait avant un autre testament ? »

Dalgliesh crut percevoir une légère contraction des muscles faciaux, un imperceptible froncement de sourcils. La question était-elle malvenue ?

« Il y en a eu deux, mais le second n'a jamais été signé. Le premier, établi peu après sa majorité, léguait tous ses biens à des organisations médicales, dont la recherche pour le cancer. Quant au second, elle se proposait de le faire à l'occasion de son mariage. Voici le document. »

Il tendit à Dalgliesh une lettre portant l'adresse de son appartement à Westminster et couverte d'une écriture assurée, droite, peu féminine.

« Cher Maître Urquhart, je vous informe que je me marierai civilement le 14 mars à la mairie de St. Marylebone avec Peter Courtney. C'est un acteur dont vous avez peut-être entendu parler. Pourriez-vous, s'il vous plaît, rédiger un testament que je signerai à cette date ? Je lègue tout ce que je possède à mon mari. A propos, son nom complet est Peter Albert Courtney Briggs (sans trait d'union). J'imagine que ce détail vous est nécessaire pour établir l'acte. Nous habiterons à cette adresse.

« Je vais aussi avoir besoin d'argent. Pouvez-vous prier Warranders de me réaliser une valeur de deux mille livres pour la fin du mois ? Merci. J'espère que vous allez bien, ainsi que Mr. Surtees. Je vous prie de recevoir, cher Maître, mes sentiments les meilleurs. Josephine Fallon. »

Une lettre plutôt froide, sans explications, sans justifications, sans expression de bonheur ou d'espoir. Sans invitation au mariage, non plus.

« Warranders était son agent de change, précisa Urquhart. Pour traiter avec lui, elle passait toujours par nous. Nous gardions tous ses papiers officiels. Elle préférait se déplacer les mains libres. »

Il répéta sa phrase en souriant comme s'il la trouvait, en un certain sens, remarquable, puis jeta un coup d'œil à Dalgliesh dans l'attente d'un commentaire.

« Surtees est mon clerc, poursuivit-il. Elle demandait toujours de ses nouvelles. »

Cela avait l'air de l'étonner beaucoup plus que le reste.

« Peter Courtney s'est pendu, dit Dalgliesh.

— En effet. Trois jours avant le mariage. Il a laissé une lettre pour le coroner. Elle n'a pas été lue lors de l'instruction, Dieu merci ! Elle était parfaitement claire. Courtney expliquait qu'il avait voulu se marier pour se sortir de difficultés financières et personnelles, mais qu'au dernier moment, la situation lui avait paru intolérable. C'était un joueur invétéré, paraît-il. On dit que le jeu est une maladie comparable à l'alcoolisme. Je connais mal le problème, mais suffisamment pour imaginer les tragiques conséquences que cela peut avoir quand on est un acteur avec des revenus importants, certes, mais irréguliers. Peter Courtney était lourdement endetté et incapable de s'arracher à un vice qui ne faisait qu'accroître chaque jour ses ennuis d'argent.

— Et ses difficultés personnelles ? Il me semble qu'il était homosexuel. C'est un bruit qui a couru à l'époque. Votre cliente était-elle au courant ?

— Je n'en sais rien, mais le contraire serait étonnant dans la mesure où elle est quand même allée jusqu'aux fiançailles. Peut-être était-elle assez optimiste, ou assez déraisonnable, pour espérer l'en guérir ? Si elle m'avait consulté, je lui aurais vivement déconseillé de tenter l'aventure, mais, comme je vous l'ai dit, elle n'est pas venue me voir. »

Et quelques mois plus tard, songeait Dalgliesh, elle s'était inscrite à John Carpendar et couchait avec le frère de Peter Courtney. Pourquoi ? Solitude ? Ennui ? Besoin d'oublier ? Paiement contre des services rendus... mais lesquels ? Simple attraction sexuelle — bien que le désir ne fût jamais simple — pour un homme qui était, physiquement, une réplique grossière de son fiancé perdu ? Besoin de se rassurer sur sa séduction face aux hétérosexuels ? Courtney-Briggs avait suggéré qu'elle avait pris l'initiative. Et, en tout cas, c'était elle qui avait rompu. Le chirurgien avait manifesté assez clairement son dépit et sa rancune envers une femme qui avait eu l'audace de le quitter avant qu'il ne prenne les devants !

Dalgliesh se leva pour partir.

« Le frère de Peter Courtney est chirurgien consultant à l'hôpital John Carpendar. Peut-être le saviez-vous ? »

Henry Urquhart eut un petit sourire tendu.

« Oui, bien entendu. Stephen Courtney-Briggs est un de mes clients. Contrairement à son cadet, il a acquis un nom avec trait d'union et un succès durable. Il passait des vacances sur le yacht d'un ami lorsque son frère est mort, ajouta-t-il. Il est revenu immédiatement. Cette histoire l'a profondément bouleversé et lui a créé beaucoup de soucis. »

Sans doute, pensa Dalgliesh. Mais un Peter mort lui créait sûrement moins de soucis qu'un Peter vivant. Certes, il n'aurait pas déplu à Courtney-Briggs d'avoir un acteur célèbre dans sa famille, un jeune frère qui, sans marcher sur ses plates-bandes, eût rayonné de sa propre gloire en lui permettant de fréquenter le monde extravagant du théâtre. Mais l'actif s'était transformé en passif et le héros, en objet de dérision et surtout de pitié. C'était un échec que l'aîné n'était pas prêt de pardonner.

Cinq minutes plus tard, Dalgliesh échangea une poignée de main avec maître Urquhart et prit congé. En traversant le vestibule, il remarqua que la jeune standardiste, en rougissant, avait interrompu sa conversation téléphonique au bruit de ses pas. Stylée, peut-être, mais elle n'avait pas encore acquis le savoir-faire nécessaire. Pour ne pas l'embarrasser, Dalgliesh sourit et sortit rapidement de l'immeuble. Elle était évidemment en train d'appeler Stephen Courtney-Briggs sur les ordres de son patron.

IV

Saville Mansions, non loin de Marylebone Road, était une résidence de style victorien tardif, respectable, prospère, mais simple et sans ostentation. Masterson eut du mal à trouver une place pour se garer, et il était plus de dix-neuf heures trente lorsqu'il entra dans l'immeuble. Dans le hall, la cage de l'ascenseur — un grillage décoratif ouvragé — attirait le regard. Un portier en livrée trônait derrière le bureau de la réception. Masterson n'avait aucune intention de lui raconter la raison de sa visite : il lui adressa un petit signe de tête et monta l'escalier avec décontraction. L'appartement numéro 23 se trouvait au deuxième étage. Il appuya sur la sonnette.

La porte s'ouvrit instantanément et il se retrouva quasiment dans les bras d'une extraordinaire apparition, peinturlurée comme une caricature de prostituée. Elle portait une robe du soir courte, en mousseline rouge, qui eût déjà été ridicule sur une femme deux fois plus jeune qu'elle. Le décolleté était si profond qu'on voyait le sillon entre ses seins flasques, remontés par les balconnets de son soutien-gorge, et la poudre de riz incrustée dans les rides de sa peau jaunie et desséchée. Ses cils étaient alourdis de mascara ; ses cheveux cassants, teints dans une espèce de blond filasse, encadraient de bandeaux laqués son visage grossièrement fardé. Sa bouche rouge carmin s'arrondit de surprise. L'étonnement était réciproque. Ils se dévisagèrent mutuellement, comme incapables d'en croire leurs yeux. Le passage de la joie au désappointement avait été si brusque qu'il en était presque comique.

Masterson fut le premier à se ressaisir.

« Je vous ai téléphoné ce matin pour prendre rendez-vous, vous vous souvenez ? demanda-t-il.

— Je ne peux vous recevoir maintenant. Je sors. Je croyais que vous étiez mon partenaire de danse. Vous m'aviez dit que vous passeriez plus tôt. »

Elle avait une voix agaçante, criarde, rendue plus aiguë encore par la déception. Masterson eut l'impression qu'elle allait lui fermer la porte au nez et il glissa rapidement un pied dans l'embrasure de la porte.

« J'ai été retardé, je suis désolé. »

Retardé… Ce n'était pas tout à fait faux. Cet intermède effréné mais fort satisfaisant sur la banquette arrière de la voiture lui avait pris plus de temps que prévu. Il n'avait pas pensé que dans une sombre soirée d'hiver ils mettraient si longtemps à trouver un endroit suffisamment isolé. Guilford Road n'offrait pas un grand choix de bifurcations s'enfonçant en rase campagne, ni de perspectives de chemins déserts avec de doux accotements herbeux. Et Julia Pardoe n'avait pas facilité les choses. A chaque fois qu'il avait ralenti devant un coin qui lui semblait convenable, elle lui avait opposé un calme : « Non, pas ici. »

Il l'avait aperçue sur le trottoir, en face de la gare de Heatheringfield, qui s'apprêtait à traverser. Il s'était arrêté devant le passage clouté, mais au lieu de lui faire signe de passer, il avait ouvert la portière. Elle n'avait eu qu'une seconde d'hésitation avant de s'approcher de la voiture, son manteau dansant sur ses hautes bottes. Sans un mot ni un regard, elle s'était glissée sur le siège avant.

« On fait un petit tour ? » lui avait-il demandé.

Elle avait acquiescé d'un signe de tête et souri mystérieusement, les yeux fixés sur le pare-brise. C'est à peine si elle avait prononcé une douzaine de mots de tout le trajet. Les tentatives d'approche plus ou moins claires auxquelles il s'était cru obligé ne provoquèrent aucune réaction. Il avait presque l'impression d'être son chauffeur. Dépité et humilié, il avait fini par se demander s'il n'y avait pas malentendu. Pourtant, son immobilité attentive et la façon dont elle posait de temps en temps son intense regard bleu sur ses mains occupées à tourner le volant ou à changer de vitesse l'avaient rassuré. Oui, elle l'avait désiré. Elle l'avait désiré autant que lui. Mais on pouvait difficilement dire que c'était une fille facile. Bizarrement, elle lui avait confié que lorsqu'il l'avait rencontrée, elle avait rendez-vous avec Hilda Rolfe. Elles devaient dîner tôt avant d'aller au théâtre. Tant pis ; elles se passeraient de dîner ou arriveraient après le premier acte. Ça n'avait pas l'air de la préoccuper.

Amusé et un peu curieux, il lui avait demandé comment elle allait expliquer son retard à la monitrice, ou si elle comptait lui poser un lapin. Elle avait haussé les épaules.

« Je lui dirai la vérité. Ça lui fera du bien. »

Remarquant qu'il fronçait soudain les sourcils, elle avait ajouté d'un ton méprisant :

« Oh, ne vous inquiétez pas ! Elle ne vous dénoncera pas à Mr. Dalgliesh ! Ce n'est pas le genre de Hilda. »

Masterson espérait qu'elle ne se trompait pas. Dalgliesh ne le lui aurait jamais pardonné.

« Comment réagira-t-elle ?

— Si je lui dis ? Elle donnera sa démission, j'imagine, et quittera John Carpendar. Elle en a marre. Elle n'y reste qu'à cause de moi. »

S'arrachant au souvenir de sa voix haut perchée d'enfant cruelle, Masterson s'efforça de sourire à la femme si différente qu'il avait devant lui.

« Les embouteillages, vous savez ce que c'est... dit-il d'un ton apaisant. J'arrive du Hampshire, mais je ne vous retiendrai pas longtemps. »

Il lui présenta sa carte d'inspecteur du geste furtif habituel à tous les policiers et pénétra dans l'appartement. Elle ne chercha pas à l'en empêcher, mais ses yeux étaient vides et son esprit visiblement ailleurs. Au moment où elle refermait la porte, le téléphone sonna. Sans un mot d'excuse elle le laissa planté là et se précipita dans une pièce sur la gauche. Il l'entendit se lancer dans une tirade véhémente, d'abord indignée, puis suppliante. Il y eut un silence et Masterson s'approcha, l'oreille aux aguets. Il perçut le cliquètement du cadran puis sa voix résonna à nouveau. Il ne pouvait saisir ce qu'elle disait. Cette fois-ci, la conversation ne dura pas plus de quelques secondes. Elle composa un autre numéro. Encore des jérémiades. Elle avait en tout passé quatre coups de fil quand elle réapparut dans le vestibule.

« Vous avez un problème ? demanda-t-il. Puis-je vous aider ? »

Elle leva les yeux et le dévisagea intensément, comme une ménagère essayant d'évaluer le rapport qualité-prix d'un morceau de bœuf, puis lança péremptoirement :

« Savez-vous danser ?

— J'ai été champion de danse de la police métropolitaine pendant trois ans. »

Il mentait. La police n'organisait évidemment pas de championnats de danse, mais Mrs. Dettinger avait peu de chances de le savoir ; de toute manière, les mots, comme à chaque fois qu'il mentait, lui étaient venus à la bouche spontanément.

Elle continuait à le regarder, l'air pensif.

« Il vous faut un smoking. J'ai encore celui de Martin, ici. Je devais le vendre mais l'acheteur n'est pas venu. Pourtant, il m'avait promis de passer cet après-midi. On ne peut faire confiance à personne de nos jours. Vous devez avoir sa taille, à peu près. Il était très costaud avant sa maladie. »

Masterson dut se retenir pour ne pas éclater de rire.

« Je ne demande qu'à vous être utile, répondit-il gravement, mais je suis policier. Je suis venu pour vous demander quelques renseignements ; pas pour passer ma nuit à danser.

— Cela ne dure pas toute la nuit. Le bal finit à onze heures et demie. C'est le concours pour la médaille Delaroux et ça se passe dans la salle de l'Athénée, près du Strand. Nous parlerons là-bas.

— Ce serait plus simple ici. »

Elle se renfrogna.

« Je ne veux pas parler ici. »

On aurait dit un enfant pleurnichard, maussade et entêté.

« C'est le bal ou rien. » Le ton était sans appel.

Ils se faisaient face. Masterson réfléchit un moment. L'idée, bien sûr, était grotesque mais il n'obtiendrait rien d'elle s'il refusait. Dalgliesh l'avait envoyé à Londres pour recueillir des informations et son orgueil exigeait qu'il ne rentrât pas à Nightingale House les mains vides. Mais ce même orgueil l'autoriserait-il à s'exhiber toute la soirée en public avec cette sorcière peinturlurée ? La danse ne posait pas de problème. C'était une des petites choses que lui avait apprises Sylvia, une blonde lascive de dix ans son aînée. Elle était mariée à un directeur de banque si ennuyeux que le tromper était presque de l'ordre du devoir. Sylvia adorait la danse et ils avaient progressé ensemble en passant des médailles de bronze à celles d'argent et d'or jusqu'au jour où le mari était devenu par trop menaçant. Sylvia s'était mise à parler de divorce et Masterson avait prudememnt décidé que la relation n'avait plus rien à lui offrir, que ce fût dans les salles de bal ou en chambre, et que la police lui donnerait à la fois une carrière et une excuse pour embrasser une vie plus honnête. Son goût pour les femmes et la danse s'était modifié et il avait maintenant moins de temps à leur consacrer. Mais Sylvia lui avait été utile. Comme le lui avaient appris ses instructeurs, dans la police, aucun talent n'est jamais perdu.

Non, la danse ne poserait pas de problème. Qu'elle fût ou non aussi experte que lui était une autre affaire ; la soirée serait probablement un fiasco. De toute manière, elle finirait bien par parler un jour, même s'il ne cédait pas à son caprice. Mais quand ? Dalgliesh aimait travailler vite. Le nombre des suspects se réduisait aux membres d'une petite communauté fermée et il n'avait certainement pas l'intention de rester plus d'une semaine sur l'affaire. Il n'apprécierait pas que son subordonné ait perdu une soirée. En outre, il fallait bien justifier d'une manière ou d'une autre le temps passé en voiture. Il serait mauvais de rentrer sans rien. Oh, et puis ça ferait une bonne histoire à raconter aux copains ! Si ça devenait trop pénible, il pourrait toujours la lâcher. Il fallait qu'il pense à mettre ses propres vêtements dans la voiture au cas où il aurait besoin de filer à l'anglaise.

« Bon, d'accord, dit-il. Mais il faut que ça vaille le coup.

— Vous ne serez pas déçu. »

Le smoking de Martin Dettinger ne lui allait pas si mal que ça. S'habiller avec les vêtements d'un autre lui fit une drôle d'impression. Il se surprit à fouiller dans les poches comme pour y trouver quelque indice. Mais elles étaient vides. Les chaussures étaient trop petites et il ne s'entêta pas. Les siennes, noires, avec des semelles de cuir, feraient l'affaire, même si elles étaient trop lourdes pour danser et n'allaient pas vraiment avec l'habit. Il rangea son costume dans un carton que Mrs. Dettinger lui donna à contrecœur et ils partirent.

Il savait qu'il ne trouverait jamais de place près du Strand ; il continua donc jusqu'à South Bank et se gara à côté du County Hall. Ils marchèrent ensuite jusqu'à la gare de Waterloo et montèrent dans un taxi. Pour le moment, c'était encore supportable. Mrs. Dettinger était enveloppée dans un énorme manteau de fourrure très démodé qui dégagait une odeur forte et âcre, comme si un chat y avait marqué son territoire, mais qui avait au moins la vertu de la dissimuler. Ils ne dirent mot de tout le trajet.

Quand ils arrivèrent, vers huit heures, le bal avait déjà commencé et la grande salle était bondée. Ils se dirigèrent vers une des rares tables encore libre, sous le balcon. Masterson remarqua que les danseurs professionnels portaient un œillet rouge et les danseuses, un blanc. On échangeait partout des embrassades et des tapes amicales sur l'épaule. Un des hommes s'avança avec affectation vers Mrs. Dettinger et se mit à pousser des glapissements de bienvenue et de félicitations.

« Vous êtes superbe ! Dommage que Tony soit tombé malade, mais je suis ravi que vous ayez trouvé un partenaire », dit-il en lançant un vague regard de curiosité à Masterson. Mrs. Dettinger accueillit le compliment d'un hochement de tête disgracieux et d'une œillade reconnaissante. Elle ne lui présenta pas Masterson.

Pendant les deux premières danses, il se contenta d'observer ce qui se passait autour de lui. Il trouva l'ambiance morne et guindée. Un énorme bouquet de ballons était suspendu au plafond, prêt, sans doute, à descendre couronner le paroxysme orgiastique de la soirée. Les musiciens de l'orchestre, vêtus de vestons rouges garnis d'épaulettes dorées, affichaient des airs sinistrement blasés. Masterson s'apprêtait à jouer le rôle du cynique désengagé et de l'observateur lucide qui se vautre dans les plaisirs insidieux du dégoût. Le mot d'un diplomate français décrivant les dancings anglais, ces gens *avec les visages si tristes, les derrières* *si gais**, lui revint en mémoire. Ici, les derrières étaient d'un grand sérieux et les visages grimaçaient des sourires tellement faux que Masterson se demanda s'ils ne les avaient pas appris en même temps que les pas de danse. Hors de la piste se peignaient sur toutes les figures des femmes les mille nuances de l'inquiétude, depuis la légère appréhension jusqu'à l'angoisse éperdue. Beaucoup plus nombreuses que les hommes, elles dansaient parfois ensemble. La plupart étaient d'âge moyen ou plus, vêtues uniformément de robes démodées aux corsages serrés et décolletés avec d'immenses jupes pailletées.

L'orchestre entama un quick-step. Mrs. Dettinger se tourna brusquement vers Masterson.

« Dansons celle-ci ! » lui dit-elle.

Sans protester, il la guida vers la piste et enlaça sa taille raide de son bras gauche. Il s'était résigné à affronter une longue soirée exténuante. Si cette vieille harpie avait quelque chose d'intéressant à leur apprendre — ce que semblait penser son chef —, eh bien il le lui ferait cracher, même s'il devait la faire tournoyer jusqu'à ce qu'elle s'écroule ! L'idée n'était pas déplaisante et il la savoura en silence. Il l'imagina soudain, marionnette désarticulée, avec ses jambes frêles mollement étalées, les bras ballants. A moins qu'il ne s'effondre le premier ! Cette demi-heure passée avec Julia Pardoe n'était pas vraiment une mise en forme rêvée pour une nuit pareille. Et la vieille bique était pleine d'énergie. Il sentait, il goûtait presque, les gouttes de sueur perlant au-dessus de sa bouche, mais sa respiration restait calme, ses mains fraîches et sèches. Elle avait une expression appliquée, les yeux brillants, la lèvre inférieure flasque et pendante. C'était comme de danser avec un sac d'os.

La musique s'arrêta soudain. Le chef d'orchestre se tourna pour adresser un sourire artificiel à l'assistance. Les musiciens se détendirent un peu. Le kaléidoscope de couleurs dessiné sur la piste par les projecteurs se transforma tandis que les danseurs se séparaient et regagnaient seuls leur table. Masterson fit un signe de la main à un garçon.

« Vous désirez ? » demanda-t-il avec l'amabilité d'un avare obligé de payer sa tournée. Elle voulait un gin-tonic et n'eut pas même un remerciement quand le serveur le lui apporta. Masterson avait pris un double scotch. Il en ingurgiterait sans doute pas mal au cours de la soirée. Étalant sa robe rouge autour d'elle, elle se mit à surveiller la salle avec cette pénible expression d'intense application qu'il commençait à lui connaître. Il ne voyait pas pourquoi il était là. « Attention, se dit-il. Pas d'impatience ! »

« Parlez-moi de votre fils, lui demanda-t-il en s'efforçant de garder une voix calme, aussi neutre que possible.

— Pas maintenant. Un autre soir. Rien ne presse. »

Il faillit lâcher un juron. Croyait-elle vraiment qu'il allait la revoir ? S'imaginait-elle qu'il allait danser avec elle jusqu'à la fin des temps contre une vague promesse de vague renseignement ? Il se voyait, cabriolant avec elle des années entières, grotesques et involontaires participants d'une charade surréaliste. Il posa son verre.

« Il n'y aura pas d'autre fois. A moins que vous ne m'aidiez. Le commissaire n'est pas tellement chaud pour qu'on dépense les deniers publics sans contrepartie. Je dois justifier chaque minute de mon temps. »

Il avait instillé dans sa réplique un savant dosage de reproche et de conscience professionnelle. Pour la première fois depuis qu'ils s'étaient assis, elle leva les yeux sur lui.

« Il y aura une contrepartie. Je n'ai jamais dit le contraire. Et les boissons ?

— Les boissons ? répéta-t-il interloqué.

— Oui. Qui va les payer ?

— D'habitude, on met tout sur les notes de frais. Mais comme ce soir nous sommes entre amis, c'est moi qui vous les offre, bien entendu. »

Il avait toujours eu le mensonge facile. C'était un des talents qu'il trouvait le plus utile à son métier.

Elle hocha la tête d'un air satisfait. Il se demandait s'il fallait réattaquer quand l'orchestre entama un cha-cha-cha.

Sans un mot, elle se leva et lui fit face. Ils revinrent sur la piste.

Au cha-cha succéda un mambo, au mambo, une valse, à la valse, un fox-trot lent. Masterson n'avait toujours rien appris. On baissa subitement les lumières. Un personnage mielleux, luisant de la tête au pied comme s'il sortait d'un bain de brillantine, fit son apparition devant le micro, qu'il ajusta à sa hauteur. Il était accompagné d'une blonde langoureuse avec une coiffure élaborée datant déjà de cinq ans. Les projecteurs se braquèrent sur eux. Elle tenait négligemment une écharpe de mousseline dans sa main droite et fixait la piste en train de se vider avec l'air d'un propriétaire impatient. Le silence se fit dans la salle. L'homme consulta une feuille de papier.

« Et maintenant, mesdames et messieurs, voici le moment que nous attendons tous : les danses de compétition. Les gagnants de cette année vont nous faire l'honneur de nous présenter les figures qui leur ont apporté la victoire. Nous commencerons par notre médaille d'argent, Mrs. Dettinger, qui va exécuter... — il consulta sa liste — un tango. »

Il fit un large geste de sa main potelée en direction de la piste. L'orchestre attaqua une fanfare discordante et Mrs. Dettinger se leva, entraînant Masterson avec elle. Ses doigts enserraient son poignet comme un étau. Les projecteurs basculèrent, faisant pleins feux sur le couple. Il y eut quelques applaudissements. L'animateur poursuivit :

« Mrs. Dettinger danse ce soir avec... Pourriez-vous nous donner, s'il vous plaît, le nom de votre nouveau partenaire ? »

Masterson, répondit d'une voix forte :

« Mr. Edward Heath. »

L'animateur parut s'en contenter. Forçant l'enthousiasme dans sa voix, il proclama :

« Mrs. Dettinger, médaille d'argent, va maintenant nous danser un tango avec Mr. Edward Heath. »

Il y eut un coup de cymbales, d'autres applaudissements. Masterson conduisit sa cavalière jusqu'au milieu de la piste avec une courtoisie exagérée. Il se sentait un peu éméché, ce qui n'était pas plus mal. Il allait bien s'amuser.

Il posa sa main aux creux de ses reins, puis prit un air d'attente lascive. La table la plus proche de la piste éclata de rire. Mrs. Dettinger fronça les sourcils et rougit ; il regarda, fasciné, son cou et son visage devenir écarlates, et comprit, non sans une certaine satisfaction, qu'elle était terriblement nerveuse. Tout ce cirque pitoyable avait pour elle une réelle importance. Si elle avait pris tant de soin à s'habiller, c'était pour cet instant précis. La médaille Delaroux ; la présentation du tango. Et dire que son partenaire lui avait fait faux bond ! Le pauvre type s'était probablement dégonflé. Mais le sort lui avait envoyé un remplaçant à la fois beau et compétent. Un vrai miracle. C'était pour ce moment-là, très exactement, qu'elle l'avait entraîné dans la salle de l'Athénée et obligé à subir une heure si ennuyeuse. Cette subite intuition illumina Masterson. Il la tenait, maintenant ! Pour elle, c'était décisif. Et il ferait ce qu'il fallait pour qu'elle s'en souvienne !

L'orchestre entama un rythme doux et Masterson s'aperçut avec agacement que c'était le même air qu'il avait joué pratiquement tout au long de la soirée. Il chantonna les paroles à son oreille.

« Nous devons danser le Delaroux.

— Eh bien, nous dansons le Charles Masterson, chérie. »

La serrant contre lui avec fermeté, il traversa martialement la piste dans une parodie de tango, la fit brutalement basculer jusqu'à lui faire effleurer le sol de ses cheveux laqués et l'obligea à garder cette position pendant qu'il décochait un sourire avantageux à la table la plus proche. Les rires se firent plus forts, plus insistants. Comme il la relevait et attendait la mesure suivante, elle demanda d'une voix sifflante :

« Que voulez-vous savoir ?

— Votre fils a reconnu quelqu'un, n'est-ce pas ? Il a vu à l'hôpital John Carpendar une personne qui lui a rappelé quelque chose ?

— Allez-vous vous tenir correctement et danser comme il faut ?

— Peut-être. »

Ils s'étaient remis à évoluer d'une manière plus orthodoxe. Elle se détendit un peu, mais il continua à la guider fermement.

« C'était une des infirmières. Il l'avait déjà vue.

— Laquelle ?

— Je ne sais pas, il ne me l'a pas dit.

— Que vous a-t-il dit ?

— Après la danse.

— Non, maintenant, si vous ne voulez pas finir étalée par terre. Où l'avait-il connue ?

— En Allemagne. Elle se trouvait sur le banc des accusés pendant un procès de l'après-guerre. Elle a été acquittée, mais tout le monde savait qu'elle était coupable.

— Où ça, en Allemagne ? murmura-t-il à travers ses lèvres crispées dans le sourire infatué du danseur professionnel.

— A Felsenheim.

— Comment ?

— Felsenheim. »

Le nom ne lui disait rien. Mais il ne l'oublierait pas. Avec un peu de chance, elle lui apprendrait les détails plus tard, mais c'était maintenant, alors qu'il l'avait en son pouvoir, qu'il devait lui extorquer les faits principaux. Évidemment, elle pourrait lui mentir. Tout pouvait être faux, et en admettant même qu'elle lui dise la vérité, ça ne les aiderait peut-être pas à avancer. Mais Dalgliesh l'avait justement chargé de recueillir ce genre d'informations. Il se sentit soudain plein de confiance et de bonne humeur. Pour un peu, il aurait presque pris plaisir à danser. Masterson décida que le moment était venu d'exécuter à nouveau quelque chose de spectaculaire. Il l'entraîna dans un enchaînement de pas sophistiqués qui s'achevait sur une *promenade** en diagonale à travers la piste. C'était exécuté à la perfection et ils furent salués par des applaudissements chaleureux et soutenus.

« Comment s'appelait-elle ?

— Irmgard Grobel. Elle était très jeune à l'époque,

évidemment. D'après Martin, c'est pour ça qu'elle a été acquittée. Mais il n'a jamais douté de sa culpabilité.

— Et vous êtes sûre qu'il ne vous a pas dit de quelle infirmière il s'agissait ?

— Oui. Martin était très malade. Il m'avait déjà parlé du procès quand il est rentré d'Allemagne, j'étais donc au courant. Mais à l'hôpital, il était inconscient la plupart du temps. Quand il ne l'était pas, il délirait. »

Il avait donc pu se tromper, pensa Masterson. L'histoire était assez invraisemblable. Comment pouvait-on reconnaître un visage vingt-cinq ans après ? Certes, il avait dû observer ses traits avec une attention fascinée pendant tout le procès et cela avait dû marquer l'homme jeune, et sans doute sensible, qu'il était alors. Assez, en tout cas, pour revivre la scène dans son délire et croire, pendant ses quelques moments de lucidité, que l'un des visages penchés sur lui était celui d'Irmgard Grobel. Mais en admettant qu'il ait eu raison... S'il en avait parlé à sa mère, il avait aussi pu révéler sa découverte à son infirmière particulière, ou laisser échapper quelque chose dans un accès de fièvre. Et qu'avait fait Heather Pearce de cette information ?

« A qui d'autre l'avez-vous dit ? murmura-t-il doucement à son oreille.

— A personne. Pourquoi ? »

Un autre balancement chaloupé. Puis un troisième. Très joli. Encore des applaudissements. Il la serra davantage. Sa voix se fit rauque et menaçante sous le sourire figé.

« A qui d'autre ? Vous avez bien dû en parler à quelqu'un ?

— Non. Pourquoi l'aurais-je fait ?

— Parce que vous êtes une femme. »

La réplique était bien trouvée. L'expression têtue s'évanouit et son visage se radoucit. Elle leva les yeux puis battit des cils — maigres, rares et empâtés de mascara — avec coquetterie. Seigneur, se dit-il, elle va se mettre à jouer les saintes nitouches maintenant !

« Oh, bon, je l'ai peut-être dit à une personne.

— Je sais bien. Mais à qui ? »

Autre regard de réprobation, autre petite moue soumise. Elle appréciait visiblement cet homme si dominateur et avait décidé de faire durer le plaisir. Pour quelque raison, le gin, peut-être, ou l'euphorie de la danse, sa résistance avait cédé. C'était gagné.

« J'en ai parlé au docteur Courtney-Briggs, le chirurgien de Martin. C'était bien normal.

— Quand ?

— Mercredi dernier. Mercredi de la semaine dernière, plutôt, dans son cabinet de consultations de Wimpole Street. Il a quitté l'hôpital le vendredi où Martin est mort et je n'ai pu le voir plus tôt. Il ne travaille à John Carpendar que les lundis, les jeudis et les vendredis.

— Avait-il cherché à vous voir ?

— Oh, non ! La jeune infirmière m'a dit qu'il ne demandait pas mieux que de me recevoir si je pensais que cela pourrait m'aider et que je n'avais qu'à téléphoner à Wimpole Street pour fixer un rendez-vous. Je ne l'ai pas fait. A quoi bon ? Tout était fini pour Martin. Mais j'ai reçu la facture. Pas très délicat ! Mon fils venait à peine de mourir. Deux cents guinées ! J'ai trouvé ça monstrueux. Après tout, il n'avait pas tellement réussi son coup ! J'ai donc décidé d'aller à l'improviste à Wimpole Street et de lui dire ce que je savais. Un hôpital qui se respecte ne peut pas employer une femme comme elle ! Une criminelle. Et oser en plus réclamer une telle somme d'argent ! J'ai reçu une autre facture, pour les frais d'hospitalisation, mais sans commune mesure avec les deux cents guinées du docteur Courtney-Briggs. »

Son récit était un peu décousu et elle ne perdait pas une occasion de lui chuchoter ses phrases à l'oreille. Mais elle n'était ni essoufflée ni incohérente. Elle débordait d'énergie, aussi bien pour danser que pour parler. Masterson, lui, par contre, sentait la fatigue. Un autre enchaînement qui les fit avancer jusqu'au *doré**, puis une *promenade** en apothéose. Elle ne fit aucune faute. La vieille avait été bien formée, même si l'on n'avait pu lui apprendre à avoir de la grâce ou de *l'élan**.

« Vous êtes donc allée lui raconter ce que vous saviez et vous lui avez suggéré de baisser un peu sa note ?

— Il ne m'a pas crue. D'après lui, Martin délirait. Il était évident qu'il s'était trompé. Il pouvait se porter garant de toutes les infirmières. Mais il m'a réduit la facture de cinquante livres. »

La satisfaction perçait dans sa voix. Masterson était surpris. Même si Courtney-Briggs avait accordé quelque crédit à son histoire, pourquoi lui avait-il fait cadeau d'une somme qui n'était pas du tout négligeable ? Il n'était pas responsable du recrutement des infirmières et n'avait rien à craindre. Qu'avait-il pu penser de tout cela ? Visiblement, il n'en avait soufflé mot à personne, ni au président du comité de gestion ni à la directrice. Peut-être n'avait-il, en effet, aucun doute sur le passé de ses infirmières et ne lui avait-il consenti une réduction que pour se débarrasser d'elle ? Pourtant, Courtney-Briggs ne lui semblait pas homme à se laisser avoir par un chantage ni à renoncer à un centime.

L'orchestre plaqua l'accord final. Masterson sourit gracieusement à sa cavalière et la reconduisit jusqu'à leur table sous des applaudissements qui ne cessèrent que lorsque l'animateur annonça la danse suivante avec son onctuosité habituelle.

« Alors ? Ce n'était pas si mal, qu'en dites-vous ? Si vous continuez à être gentille, je pourrais même vous raccompagner chez vous. »

Et c'est ce qu'il fit. Ils partirent assez vite, mais il était plus de minuit quand il quitta l'appartement de Baker Street. Il avait tiré d'elle le maximum. Une fois chez elle, elle avait sombré dans un sentimentalisme larmoyant — réaction normale après son triomphe et le gin, pensa-t-il. Il n'avait cessé de lui en offrir des verres tout au long de la soirée, pas jusqu'à la rendre complètement ivre, mais assez pour l'émécher un peu et entretenir son envie de parler. Mais le retour à la maison fut un cauchemar que rendirent plus pénible encore les coups d'œil moqueurs et dégoûtés du chauffeur de taxi qui les reconduisit jusqu'à la voiture garée sur South

Bank et par le regard hautain et désapprobateur du gardien de Saville Mansions. Une fois rentrés, il la réconforta gentiment et prépara du café noir afin de lui éclaircir l'esprit. La cuisine était sordide — une cuisine de salope, pensa-t-il ravi de trouver une raison supplémentaire de la mépriser. Il lui en servit une tasse en lui promettant que, bien sûr, il ne la laisserait pas tomber, qu'il lui téléphonerait le samedi suivant, qu'il resterait toujours son partenaire de danse. Vers minuit, il avait appris tout ce qu'il voulait savoir sur la vie de Martin Dettinger et sur son hospitalisation. Elle ne lui révéla rien d'intéressant sur John Carpendar. Elle n'était pas venue le voir souvent pendant la semaine précédant sa mort. A quoi bon ? Elle ne pouvait plus grand-chose pour lui. Il était inconscient la plupart du temps et la reconnaissait à peine. Sauf cette fois-là, bien entendu. Elle avait espéré un petit mot d'affection ou de remerciement, mais elle n'avait eu droit qu'à des rires bizarres et à ses confidences sur Irmgard Grobel. Elle connaissait l'histoire depuis des années. Ça n'avait plus aucun intérêt pour elle. Un garçon en train de mourir aurait plutôt dû penser à sa mère ! Rester là, à le regarder, avait été terrible pour elle. Elle était quelqu'un de sensible. Elle ne supportait pas les hôpitaux. Feu Mr. Dettinger n'avait pas non plus compris combien elle était sensible !

Il y avait d'ailleurs apparemment un tas de choses que feu Mr. Dettinger n'avait pas comprises, et entre autres, les besoins sexuels de sa femme. Masterson écouta avec indifférence l'histoire de son mariage, l'éternelle rengaine de l'épouse insatisfaite, du mari mené par le bout du nez et de l'enfant malheureux, trop émotif. Elle ne réussit pas à émouvoir l'inspecteur. Il ne s'intéressait pas particulièrement aux gens, qu'il divisait en deux catégories : ceux qui respectent la loi et les autres — les méchants. La guerre sans répit qu'il menait contre ces derniers correspondait — et il le savait — à quelque besoin inexprimé de sa propre nature. En revanche, Masterson s'intéressait aux faits. Soit le criminel s'arrangeait pour faire disparaître tous les indices derrière lui, soit il en laissait un. Le travail du détective consistait à le retrouver. Les empreintes digitales n'avaient, jusque-là, pas encore menti alors que les gens, eux, mentaient souvent, parfois sans raison logique, qu'ils fussent coupables ou innocents. Il savait qu'au procès, seuls les faits importaient et qu'il ne fallait pas compter sur les témoignages. Il savait que les mobiles étaient imprévisibles, bien qu'il eût parfois l'honnêteté de rechercher les siens. Quand il avait ouvert la portière à Julia Pardoe, il avait soudain compris qu'il y avait, dans la soudaineté et la véhémence de son geste, quelque chose qui, d'une certaine façon, était dirigé contre Dalgliesh. Mais il n'avait pas songé à se demander pourquoi. C'étaient là des spéculations inutiles. Et il n'avait pas non plus cherché à savoir si cela avait été, pour elle aussi, un acte de vengeance ou de rancune personnelle.

« Oui, on s'attendrait quand même à ce qu'un garçon en train de mourir veuille avoir sa mère auprès de lui. C'était affreux d'être assise là, avec sa respiration qui devenait de plus en plus bruyante. Bien sûr, il avait une chambre pour lui tout seul. Ça explique que j'aie dû payer l'hôpital. Il n'était pas à la sécurité sociale. Mais les autres malades ont quand même dû l'entendre haleter.

— Le râle de Cheyne-Stoke, dit Masterson. Il survient au moment de l'agonie.

— Ils auraient dû faire quelque chose. J'étais bouleversée. Cette infirmière particulière, celle qui n'était pas très belle, elle aurait pu m'épargner cela. Je suppose qu'elle faisait son travail, mais elle n'a pas du tout pensé à moi. Après tout, les vivants aussi ont besoin d'attentions. Pour Martin, c'était fini. Il n'y avait plus rien à faire.

— Elle s'appelait Heather Pearce ; elle est morte.

— Ah oui, vous me l'avez déjà dit. Alors, elle aussi ! Décidemment, en ce moment, je n'entends parler que de mort autour de moi. Comment dites-vous que cette respiration s'appelle ?

— Cheyne-Stoke. Elle annonce la fin.

— Ils auraient dû faire quelque chose. Cette fille aurait

pu essayer. Elle a haleté comme ça, elle aussi, avant de mourir ?

— Non. Elle a crié. Quelqu'un lui a versé du désinfectant dans l'estomac — un poison qui lui a complètement brûlé l'intérieur.

— Assez ! Je ne veux plus rien savoir ! Je préfère la danse. Vous reviendrez samedi prochain, n'est-ce pas ? »

Et ça avait continué. La fin de la soirée avait été pour Masterson ennuyeuse, épuisante, presque effrayante. Le plaisir triomphant que lui avait valu le succès de sa démarche s'était évanoui et il ne ressentait plus que de l'aversion et du dégoût. Tout en l'écoutant jacasser, il avait été envahi par des fantasmes de violence. Il n'était pas difficile d'imaginer comment ces choses-là arrivaient. Un tisonnier à portée de la main. Le visage stupide réduit en bouillie. Frapper... frapper encore... Les os qui se brisent... Le sang qui gicle... Un orgasme de haine. Sous l'emprise de ces images son souffle s'accéléra et il fit un effort pour se calmer. Il lui prit affectueusement la main.

« Oui, je reviendrai. Oui, oui ; bien sûr. »

Sa peau était brûlante maintenant. Peut-être avait-elle la fièvre. Les stries de ses ongles étaient visibles malgré la laque, et ses veines saillaient comme des cordes violettes. Il effleura d'un doigt caressant ses taches brunes de vieillesse.

Peu après minuit, son élocution s'était alourdie, ses phrases étaient devenues incohérentes et sa tête avait soudain basculé en avant. Elle s'était endormie. Masterson retira doucement sa main et alla sur la pointe des pieds dans la chambre à coucher. Il ne lui fallut pas plus de deux minutes pour se changer. Il passa ensuite discrètement dans la salle de bains et se lava plusieurs fois soigneusement le visage et la main qui l'avait touchée. Il quitta enfin l'appartement, referma la porte sans bruit derrière lui, de peur de la réveiller et s'enfonça dans la nuit.

V

Quinze minutes plus tard, la voiture de Masterson passait devant chez Miss Beale et Miss Burrows qui, confortablement emmitoufflées dans leur robe de chambre, dégustaient leur chocolat du soir face à un feu de cheminée qui s'éteignait doucement. Elles l'entendirent — un bref crescendo se détachant sur le flot intermittent de la circulation — et interrompirent leur bavardage pour lancer, d'un ton détaché, quelques hypothèses sur ce qui pouvait bien tirer les gens de chez eux en pleine nuit. Il n'était pas dans leurs habitudes d'être debout à cette heure, mais c'était un vendredi soir et elles pouvaient donner libre cours à leur goût pour les conversations tardives avec la rassurante certitude de pouvoir dormir tard le lendemain matin.

Et puis, la visite du commissaire Dalgliesh, qui était passé les voir dans l'après-midi, leur donnait matière à commentaires. Vraiment, convinrent-elles, cette visite avait été très réussie ; presque un plaisir. Il avait trouvé le thé à son goût. Il s'était bien installé dans leur meilleur fauteuil et tous trois avaient agréablement causé. Les deux demoiselles s'étaient senties aussi en confiance qu'avec leur pasteur.

« J'aimerais voir la mort de Heather Pearce à travers vos yeux, avait-il dit à Miss Beale. Racontez-moi tout ce que vous avez vu et ressenti à partir du moment où vous avez franchi les portes de l'hôpital. »

Et Miss Beale ne s'était pas fait prier. Elle avait pris un plaisir un peu honteux, durant cette demi-heure, à être appréciée pour son esprit d'observation et la clarté de ses descriptions. C'était quelqu'un qui savait écouter, admirent-elles. Naturellement, cela faisait partie de son travail. Et il était aussi fort habile à faire parler les gens. Même Angela, qui était restée silencieuse presque tout le temps, n'aurait pas su expliquer comment elle en était venue à mentionner sa rencontre avec Hilda Rolfe à la bibliothèque de Westminster. Les yeux du commissaire s'étaient soudain mis à briller, mais son intérêt était retombé ausitôt, en déception quand elle lui avait précisé la date. Les deux amies étaient sûres de ne pas s'être trompées. Oui, il avait été déçu. Hilda Rolfe n'avait pas été vue le jour qu'il fallait.

VI

Il était plus de onze heures du soir quand Dalgliesh ferma à clé le tiroir de son bureau puis sortit par la porte latérale de Nightingale House pour regagner le Falconer's Arms. Au premier tournant, là où le chemin se rétrécissait avant de s'enfoncer dans l'obscurité des bois, il se retourna pour regarder l'édifice lugubre, énorme et solitaire, avec ses quatre sombres tourelles se détachant sur le ciel noir. Une seule fenêtre était éclairée et il lui fallut une minute pour identifier laquelle. Ainsi Mary Taylor était dans sa chambre à coucher mais ne dormait pas encore. C'était tout juste une vague lueur ; sans doute sa lampe de chevet. Elle s'éteignit au moment où il reprit sa route.

Il se dirigea vers Winschester. Les arbres, ici, poussaient presque en bordure du sentier. Ils formaient un berceau au-dessus de sa tête, masquant la faible lumière du réverbère le plus proche. Sur près de cinquante mètres, dans une obscurité totale, Il marcha rapidement et silencieusement sur un lit de feuilles mortes. Il avait atteint ces états de fatigue où le corps, conditionné, se meut à demi conscient dans l'univers physique qui lui est quotidien, tandis que l'esprit, libéré, s'envole vers des espaces où réalité et imagination ont toutes deux des visages aussi ambigus. Dalgliesh s'étonna de se sentir si épuisé. Cette affaire n'était pas plus difficile qu'une autre. Certes il avait eu une longue journée, mais seize heures de travail étaient pour lui chose courante. Et ce curieux sentiment de harassement n'était pas dû à la déception ou à l'échec. L'enquête serait terminée demain matin. Tout à l'heure, Masterson reviendrait en lui apportant la dernière pièce manquante du puzzle. Dans deux jours tout au plus, il aurait quitté Nightingale House. Jamais plus il ne reverrait la belle pièce blanche et or de la tourelle sud-ouest.

Avançant comme un automate, il entendit trop tard un bruit de pas assourdis derrière lui. Instinctivement, il se retourna pour faire face à son adversaire et le coup dévia de sa tempe gauche vers son épaule. Il n'eut pas mal. Il sentit seulement un craquement, comme si son crâne s'était complètement fendu, un engourdissement du bras gauche et, au bout d'une seconde qui lui parut une éternité, la chaleur presque réconfortante du sang qui jaillissait. Il eut un hoquet puis s'effondra. Mais il était toujours conscient. Aveuglé par le sang et luttant contre la nausée, il tenta de se relever en cherchant à prendre appui sur le sol de ses deux mains. Il fallait qu'il se remette debout, qu'il se batte... Mais ses pieds glissaient sur la terre mouillée et ses bras n'avaient plus aucune force. Il avait dans le nez et la bouche l'odeur suffocante de l'humus, âcre comme un anesthésique. Il gisait là, secoué par de violents haut-le-cœur qui, à chaque spasme, réveillaient sa douleur, attendant le coup fatal dans une furieuse impuissance.

Mais rien ne vint. Il se laissa irrésistiblement glisser dans l'inconscience. Quelques secondes plus tard, il fut rappelé à la réalité par une main qui le secouait doucement par l'épaule. Quelqu'un était penché sur lui. Il entendit une voix de femme.

« C'est moi. Qu'est-ce qu'y s' passe ? On vous a matraqué ? »

C'était Morag Smith. Il essaya de lui répondre. Il fallait qu'elle s'enfuie au plus vite. A eux deux, ils feraient une proie facile pour un tueur résolu. Mais sa bouche refusait de former un seul mot. Il avait l'impression que, tout près de lui, un homme gémissait. Soudain, il se rendit compte, non sans une amère ironie, que ces plaintes étaient les siennes. Comme s'il n'avait eu aucun pouvoir de contrôle sur lui-même. Les mains de Morag s'agitèrent au-dessus de sa tête et elle eut un frisson d'horreur, comme une enfant.

« Oh ! Y'a plein de sang ! »

Il tenta une fois de plus de parler. La tête de la fille se rapprocha. Il voyait les cheveux noirs, le visage blanc au-dessus du sien. Il lutta à nouveau pour se redresser et, cette fois, réussit à se mettre à genoux.

« L'avez-vous vu ?

— Pas vraiment. Il m'a entendue venir. Il s'est barré vers Nightingale House. Eh ben, vous êtes pas beau à voir. Appuyez-vous sur moi !

— Non. Allez chercher de l'aide. Il pourrait revenir.

— J' crois pas. De toute manière, c'est mieux à deux. J'ai pas envie d'y aller seule. Les fantômes, c'est une chose, mais les salauds d'assassins, c'est pas pareil. Allez ! J' vais vous donner un coup de main. »

Ses os pointus perçaient sous ses maigres épaules, mais le corps frêle était remarquablement vigoureux. Elle supportait bien son poids. Une fois debout, il vacilla.

« Homme ou femme ? lui demanda-t-il.

— J' sais pas. J'ai pas pu voir. Mais laissez tomber ça pour le moment. Vous croyez qu' vous allez pouvoir arriver jusqu'à Nightingale House ? C'est l' plus près. »

Une fois sur pieds, Dalgliesh se sentit beaucoup mieux. Il voyait à peine le chemin, mais il fit quelques pas en s'appuyant sur son épaule.

« C'est vrai. Essayons d'atteindre la porte de derrière. Il ne doit pas y voir plus de cinquantes mètres. Sonnez à l'appartement de la directrice. Je sais qu'elle est là. »

Ils se traînèrent ensemble le long du sentier, effaçant, au grand regret de Dalgliesh, toutes les empreintes de pas qu'ils auraient pu retrouver le lendemain matin. Certes, les feuilles trempées ne leur auraient pas révélé grand-chose. Il se demanda ce qui avait pu advenir de l'arme. Mais ce n'étaient que vaines spéculations. Il ne pourrait rien faire avant le jour. Il se sentit soudain empli de reconnaissance et d'affection pour le solide petit bout de femme dont le bras mince, aussi léger que celui d'un enfant, soutenait ses reins. Quel drôle de couple nous devons faire ! pensa-t-il.

« Vous m'avez probablement sauvé la vie, Morag. Il s'est enfui parce qu'il vous a entendue arriver. »

Il ou elle ? Si seulement Morag avait pu surgir une seconde plus tôt !

« Allez ! Dites pas de bêtises ! »

Il s'aperçut alors qu'elle pleurait. Cela ne l'étonna pas. Elle ne fit aucun effort pour dissimuler ou arrêter ses sanglots, mais cela ne les empêchait pas d'avancer. Pour Morag, pleurer devait être aussi naturel que marcher. En guise de consolation, il se contenta de presser doucement son épaule. Elle prit son geste pour un appel au secours et, croyant qu'il avait besoin d'être mieux soutenu, resserra son étreinte et se rapprocha de lui pour pouvoir le guider encore plus fermement. Ainsi bizarrement penchés l'un vers l'autre, ils traversèrent le tunnel d'arbres.

VII

Dans la salle de travaux pratiques, la lumière était forte, trop forte. Elle transperçait ses paupières collées et il secoua fougueusement la tête pour échapper au douloureux éblouissement. Il fut soudain immobilisé par deux mains fraîches. Celles de Mary Taylor. Elle lui parlait : Courtney-Briggs était dans l'hôpital ; elle l'avait fait appeler. Elle lui enleva sa cravate, déboutonna sa chemise et dégagea ses bras des manches de sa veste avec dextérité.

« Qu'est-ce qui s'est passé ? »

C'était la voix rude et virile de Courtney-Briggs. Le chirurgien était donc arrivé. Que faisait-il dans l'hôpital ? Une autre opération d'urgence ? Les patients de Courtney-Briggs avaient une curieuse disposition aux rechutes. Quel était son alibi pour cette dernière demi-heure ?

« Quelqu'un a voulu m'avoir. Il faut que je vérifie qui se trouve à Nightingale en ce moment. »

Courtney-Briggs le prit fermement par le bras et l'obligea à s'enfoncer sur sa chaise. Deux taches grises dansèrent devant ses yeux.

« Pas maintenant. Vous pouvez à peine marcher. Miss Taylor ou moi allons nous en occuper.

— Allez-y tout de suite.

— Dans deux minutes. Nous avons fermé toutes les portes. Si quelqu'un entre, nous le saurons. Laissez-nous faire. Détendez-vous. »

Évidemment ! « Laissez-nous faire », « détendez-vous » ! Il aggrippa l'accoudoir métallique pour garder son emprise sur le réel.

« Je veux contrôler moi-même. »

A moitié aveuglé par le sang, il les sentit échanger un regard d'inquiétude. Il savait qu'il se comportait comme un enfant capricieux qui ne cesse de revenir à la charge, exaspéré par le calme implacable des adultes. Fou furieux, il tenta de se lever. Mais le sol oscilla sous lui jusqu'à lui en donner la nausée, puis vint le happer dans un tournoiement de spirales violemment colorées. Inutile. Il ne tenait pas debout.

« Mes yeux », dit-il.

A nouveau la voix de Courtney-Briggs, raisonnable, irritante :

« Tout à l'heure. Je dois d'abord examiner votre tête.

— Mais je veux voir ! »

Sa cécité le mettait hors de lui. Le faisaient-ils exprès ? Il leva une main à ses paupières pour gratter les caillots collés. Il les entendait discuter à voix basse, dans leur incompréhensible jargon dont lui — le malade — était exclu. De nouveaux sons vinrent frapper ses oreilles : le sifflement d'un stérilisateur, le tintement des instruments, le cliquetis d'un couvercle de métal. L'odeur de désinfectant s'intensifia. Maintenant, elle nettoyait ses yeux. Il sentit la délicieuse fraîcheur d'un tampon humide sur ses paupières, qu'il réussit enfin à entrouvrir en cillant : il vit le tissu chatoyant de sa robe de chambre et sa longue natte tombant sur son épaule gauche. Il s'adressa à elle directement :

« Je veux savoir qui est à Nightingale House en ce moment. Pouvez-vous allez voir ? Je vous en prie. »

Sans un mot, sans un regard pour Courtney-Briggs, elle sortit de la salle. A peine avait-elle refermé la porte que Dalgliesh lança au chirurgien :

« Vous ne m'aviez pas dit que votre frère avait été fiancé à Josephine Fallon.

— Vous ne me l'avez pas demandé », répondit Courtney-Briggs du ton assuré et indifférent de l'homme qui se concentre sur son travail. Un coup de ciseaux ; une brève sensation de froid sur son crâne ; le chirurgien taillait les cheveux de Dalgliesh pour dégager la blessure.

« Vous auriez pu vous douter que cela m'intéresserait.

— Bah ! Les gens de votre espèce ont une capacité infinie de s'intéresser aux histoires des autres. Je me suis borné à satisfaire votre curiosité pour ce qui touchait aux deux morts qui nous préoccupent. Vous ne pouvez pas m'accuser de vous avoir caché quelque chose d'important. Le suicide de Peter n'a rien à voir tout cela. C'est une tragédie personnelle. »

Moins une tragédie personnelle qu'un embarras mondain, pensa Dalgliesh. Peter Courtney avait transgressé le principe fondamental de son frère : le devoir de réussir.

« Il s'est pendu, dit Dalgliesh.

— En effet. Une façon de s'en aller qui n'est ni très digne, ni très agréable, mais le pauvre garçon ne disposait pas de mes ressources. Le jour où l'on diagnostiquera ma fin, j'aurai de meilleurs moyens pour abréger mes souffrances que la corde. »

Il est d'un égoïsme insensé, songea Dalgliesh. Même la mort de son frère, il faut qu'il la ramène à lui ! Il était là, satisfait, trônant au milieu de son univers, tandis que les autres — frère, maîtresses, malades — tournaient autour de lui comme les planètes autour du soleil, soumis à sa force centripète et se nourrissant de sa chaleur et de sa lumière. Mais tout le monde ne se voyait-il pas ainsi ? Mary Taylor n'était-elle pas également une égoïste ? Et lui-même ? A cette différence près que tous deux devaient entretenir leur égocentrisme d'une manière plus subtile.

Le chirurgien alla chercher dans sa trousse noir un miroir

monté sur un anneau métallique qu'il ceignit autour de sa tête. Puis il revint vers Dalgliesh, l'ophtalmoscope à la main, et il s'assit sur une chaise en face de son patient. Leurs fronts se touchaient presque. Dalgliesh sentit le contact froid de l'instrument sur son œil droit.

« Regardez devant vous », ordonna Courtney-Briggs.

Docile, il fixa le petit point lumineux.

« Vous avez quitté l'hôpital vers minuit. Vous avez parlé au portier de la loge à minuit et trente-huit minutes. Qu'avez-vous fait entre-temps ?

— Je vous l'ai dit. Un orme bloquait le chemin. J'ai passé plusieurs minutes à examiner la situation et à mettre un signal pour empêcher les gens de se blesser.

— C'est pourtant ce qui est arrivé à quelqu'un. A minuit dix-sept, exactement. Il n'y avait alors pas d'écharpe pour le prévenir du danger. »

L'ophtalmoscope se déplaça vers son autre œil. La respiration du chirurgien était parfaitement calme.

« Il s'est trompé.

— Il est certain de ce qu'il affirme.

— Vous en concluez donc que j'ai atteint l'arbre après minuit dix-sept. C'est possible. Comme je n'étais pas en train de me concocter un alibi, je n'ai pas passé mon temps à regarder ma montre !

— Ne me dîtes pas qu'il vous a fallu plus de dix-sept minutes pour aller en voiture de l'hôpital jusque-là !

— Oh, il me serait facile de justifier ce retard. Je pourrais vous dire que j'ai dû obéir à un besoin naturel — pour employer votre jargon policier — et que je suis descendu de voiture afin de méditer un peu dans les bois.

— C'est ce que vous avez fait ?

— Peut-être. Quand j'en aurai fini avec votre tête qui, entre parenthèses, va avoir besoin d'une douzaine de points de suture, je considérerai la question. Vous me pardonnerez si, pour l'instant, je préfère me concentrer sur mon travail. »

Mary Taylor était revenue discrètement. Elle se posta à

côté de Courtney-Briggs comme une assistante attendant ses ordres. Elle était livide. Il lui passa l'ophtalmoscope.

« Tout le monde est dans sa chambre », annonça-t-elle.

Courtney-Briggs se mit à palper l'épaule gauche de Dalgliesh. Chaque pression de ses doigts vigoureux lui faisait horriblement mal.

« La clavicule n'a pas été touchée. De graves contusions, mais pas de fractures. Votre agresseur devait être une grande femme. Vous mesurez plus d'un mètre quatre-vingt.

— A moins qu'elle n'ait utilisé une arme longue, comme un club de golf, par exemple.

— Un club de golf ? Mademoiselle, où rangez-vous les vôtres ?

— Dans le hall, au pied de mon escalier, répondit-elle sourdement. Je laisse le sac juste derrière la porte.

— Dans ce cas, il vaudrait mieux vérifier tout de suite. »

Elle ne s'absenta pas plus de deux minutes. Ils attendirent son retour en silence.

« Il me manque un club. »

Cette nouvelle parut redonner du cœur à Courtney-Briggs.

« Eh bien, vous l'avez, votre arme, lança-t-il presque gaiement au commissaire. Mais il serait inutile d'aller la chercher cette nuit. Elle doit être quelque part dans le parc. Vos hommes la retrouveront demain et feront le nécessaire : recherche des empreintes, des taches de sang, des cheveux... Tous les trucs habituels, en somme. Vous n'êtes pas en état de vous en occuper maintenant. Je dois suturer cette plaie. Je vais vous faire transporter au bloc du service des consultations externes. Il vous faut une anesthésie.

— Je n'en veux pas.

— Alors, je vous ferai simplement une anesthésie locale. Quelques petites injections autour de la plaie. Nous pourrions opérer ici, n'est-ce pas, mademoiselle ?

— Je ne veux rien. Contentez-vous de me recoudre. »

Courtney-Briggs entreprit de lui expliquer patiemment, comme à un enfant :

« La blessure est très profonde. Vous allez souffrir beaucoup sans anesthésie.

— Je vous répète que je n'en veux pas. Ni de piqûres préventives de pénicilline, ni de sérum antitétanique. Uniquement les points de suture. »

Ils échangèrent un regard. C'était déraisonnable. Dalgliesh le savait et s'en moquait. Pourquoi ne s'y mettaient-ils pas ?

« Si vous préférez un autre chirurgien... », commença Courtney-Briggs sur un ton cérémonieux.

« Non. Allez-y. »

Il y eut un silence, puis Courtney-Briggs reprit la parole.

« D'accord. J'essaierai d'être aussi rapide que possible. »

Mary Taylor s'était placée derrière lui. Elle prit sa tête entre ses mains fraîches et l'appuya fermement contre sa poitrine. Comme un enfant, il ferma les yeux. L'aiguille lui parut immense, une lance de fer, à la fois froide comme de la glace et brûlante comme du métal chauffé au rouge, qui s'enfonçait dans son crâne, encore et encore, sans lui laisser une seconde de répit. La douleur était atroce ; seules sa colère et son obstination à ne pas trahir sa faiblesse la lui rendirent supportable. Il figea son visage en un masque rigide mais ne put retenir les larmes qui jaillirent de sous ses paupières closes.

Au bout d'un temps qui lui parut une éternité, il se rendit compte que c'était fini. Il s'entendit dire :

« Merci. Et maintenant, je voudrais retourner à mon bureau. L'inspecteur Masterson doit venir me retrouver ici s'il ne me voit pas à l'hôtel. Il m'y reconduira. »

Mary Taylor enroula une bande Velpeau autour de sa tête. Elle se taisait.

« Je préférerais que vous alliez tout de suite vous coucher, dit Courtney-Briggs. Je peux vous trouver une chambre dans la résidence des médecins et demain matin, je vous ferai subir une radiographie. Ensuite, il faudra que je vous examine à nouveau.

— Organisez ce que vous voulez pour demain matin, mais maintenant, je voudrais être seul. »

Il se leva de sa chaise. Elle le prit par le bras pour l'aider mais il dut faire quelque geste qui la fit reculer. Il se sentait étonnamment léger. Il était curieux qu'un corps aussi irréel pût supporter le poids d'une tête aussi lourde. Il explora d'une main son pansement rugueux ; il lui sembla très loin de son crâne ; alors, fixant son regard avec attention sur l'objectif à atteindre, il traversa la salle jusqu'à la porte.

« Vous voudrez sans doute savoir où j'étais quand vous avez été attaqué, lui dit Courtney-Briggs. Eh bien, je me trouvais dans ma chambre, dans la résidence des médecins. J'y passe la nuit car je dois opérer tôt demain matin. Je suis désolé de ne pouvoir vous fournir un alibi. Mais il ne vous échappera pas, j'espère, que si je voulais me débarrasser de quelqu'un, j'aurais à ma disposition des moyens plus subtils qu'un club de golf. »

Dalgliesh ne répondit pas. Sans un regard en arrière, il sortit et referma doucement la porte de la salle de travaux pratiques derrière lui. L'escalier lui parut une paroi infranchissable et il craignit de ne pouvoir le monter. Mais il empoigna la rampe résolument et, marche après marche, regagna son bureau pour attendre Masterson.

CHAPITRE HUIT

Un cercle de cendres

I

Il était presque deux heures du matin quand le portier de la loge salua d'un signe de main Masterson qui rentrait au volant de sa voiture. Le vent s'était levé et agitait les branches des arbres bordant la route sinueuse menant à Nightingale House. Une seule fenêtre était éclairée, celle du bureau où Dalgliesh travaillait encore. Masterson fronça les sourcils. Que son chef fût encore là l'irritait. Il allait être obligé de lui faire un rapport sur ses activités ; en soi, cela n'avait rien d'effrayant puisqu'elles avaient été couronnées de succès, mais la journée avait été longue et il espérait que le commissaire n'avait pas l'intention de travailler toute la nuit.

Masterson entra par la porte latérale et la referma à double tour derrière lui. Le vaste hall lui parut étrangement solennel. On aurait dit que Nightingale House retenait son souffle. Il trouva quelque chose de vaguement sinitre à l'odeur si particulière de désinfectant et de cire qui lui était pourtant devenue familière. Comme s'il craignait de réveiller la maison endormie, à moitié vide, il n'alluma pas la lumière et se servit de sa torche électrique. Les petites notes punaisées sur le tableau d'affichage lui rappelèrent les avis de décès qu'il avait vus dans une cathédrale, à l'étranger : « Unissons-nous dans la prière pour l'âme de Josephine Fallon. » Il se surprit à monter sur la pointe des pieds, comme pour laisser les morts reposer en paix. Dans la pièce du premier étage, Dalgliesh était assis à son bureau, un dossier ouvert devant lui. Masterson s'immobilisa sur le pas de la porte, dissimulant sa surprise. Sous un énorme bandage en crêpe blanc, le visage du commissaire était gris de fatigue. Il se tenait droit comme un *i*, les mains et les avant-bras posés bien à plat de chaque côté de la page. L'attitude n'avait rien d'exceptionnel. Dalgliesh avait des mains remarquables et il savait les mettre en valeur ; Masterson s'en était aperçu depuis longtemps. La conviction que son supérieur était un homme extraordinairement orgueilleux l'habitait depuis les premiers jours. Cette vanité profonde était trop bien dissimulée pour se révéler à première vue, mais Masterson n'était pas mécontent de la voir se trahir dans ce détail. Dalgliesh leva les yeux sans lui accorder un sourire.

« Cela fait deux heures que je vous attends. Qu'avez-vous fait ?

— J'ai dû user de moyens peu orthodoxes pour recueillir les renseignements, monsieur.

— C'est plutôt vous qui avez l'air peu orthodoxe. »

Masterson se garda de lui retourner le compliment. Si le patron voulait faire un mystère de sa blessure, il n'allait pas lui offrir le plaisir de se montrer curieux.

« J'ai dansé jusqu'à minuit, monsieur.

— A votre âge, ce n'est pas trop fatigant. Parlez-moi de la dame. Elle semble vous avoir beaucoup impressionné. Avez-vous passé une soirée agréable ? »

Masterson aurait été en droit de répondre qu'il avait passé une soirée infernale. Il se contenta de lui rapporter ce qu'il avait appris. Il évita prudemment de faire allusion à la démonstration de tango. Son instinct lui disait que Dalgliesh n'aurait pas trouvé cela amusant. Mais, à ce détail près, il fit un compte rendu fidèle. Il tenta de s'en tenir froidement aux faits mais s'aperçut qu'il prenait un plaisir évident à certaines parties de son récit. Sa description de Mrs. Dettinger fut concise mais caustique. A la fin, il ne prit même plus la peine de cacher le mépris et le dégoût qu'elle lui avait inspiré. Mais il eut l'impression de s'en être plutôt bien tiré.

Dalgliesh l'écouta en silence, sa tête bandée toujours penchée sur son dossier. Masterson ne pouvait absolument pas deviner ce que son chef pensait de toute l'aventure. Quand il eut terminé, Dalgliesh leva enfin les yeux.

« Aimez-vous votre travail, inspecteur ?

— Oui, monsieur. La plupart du temps.

— Je m'en doutais.

— Votre question impliquait-elle un reproche ? »

Masterson savait qu'il s'aventurait sur un terrain dangereux mais il ne put résister à la tentation.

Dalgliesh ne répondit pas directement.

« Je crois qu'un détective ne peut pas toujours se montrer bon et indulgent. Mais si jamais vous commenciez à prendre plaisir à la cruauté, il vaudrait mieux alors abandonner le métier. »

Masterson devint écarlate. Entendre ça de Dalgliesh ! Lui qui s'intéressait si peu à la vie de ses subordonnés ! Qui ne semblait pas même se douter qu'ils pussent en avoir une ! Lui dont l'humour caustique pouvait être aussi blessant qu'un coup de matraque ! « Bon et indulgent » ! Jusqu'à quel point l'était-il, lui ? Combien de ses extraordinaires succès devait-il à ces qualités ? Certes, il n'aurait jamais fait preuve de brutalité. Il était trop orgueilleux, trop exigeant, trop maître de lui, trop inhumain, en somme, pour se laisser aller à quelque chose d'aussi compréhensible qu'un simple petit accès de violence. Face à une agression, il réagissait par un plissement du nez et non par un coup de pied ! Mais parler de bonté et d'indulgence ! Quelle blague ! pensa Masterson. Il faudrait qu'il raconte ça aux autres !

Dalgliesh poursuivit, tout naturellement.

« Il faudra, bien entendu, revoir Mrs. Dettinger et prendre sa déposition. Avez-vous cru à son histoire ?

— Difficile à dire. Je ne vois pas pourquoi elle aurait menti, mais c'est une drôle de bonne femme et elle était plutôt furieuse contre moi. Il se peut qu'elle ait pris un malin plaisir à nous induire en erreur. Par exemple, elle aurait pu substituer le nom de Grobel à celui d'une autre accusée.

— De sorte que la personne reconnue par son fils à l'hôpital pourrait être n'importe lequel des accusés de Felsenheim encore vivants qui ont disparu dans la nature. Qu'est-ce que son fils lui a dit, précisément ?

— Eh bien, le problème est là, monsieur. Il lui a apparemment fait comprendre que cette Allemande, Irmgard Grobel, travaille à John Carpendar, mais elle ne se souvient pas des mots exacts. Elle croit l'avoir entendu dire quelque chose comme : « C'est un drôle d'hôpital, maman. Grobel est ici. Elle travaille comme infirmière. »

— Ce qui laisse penser qu'il ne s'agit pas de quelqu'un qui le soignait, sinon il l'aurait sans doute précisé. Mais, étant sans connaissance la plupart du temps, il peut très bien ne pas avoir vu Miss Brumfett avant, ni réalisé qu'elle avait la responsabilité du service. Il n'était certainement pas en état de saisir les substilités de la hiérarchie hospitalière. Son dossier précise qu'il a été la plupart du temps inconscient, ou délirant, ce qui aurait, de toute matière, rendu son témoignage suspect s'il n'était pas mort inopportunément. Sa mère, au début, ne semble pas avoir pris son histoire très au sérieux, n'est-ce pas ? En a-t-elle parlé à quelqu'un ici ? A Heather Pearce, par exemple ?

— Elle dit que non. Je crois qu'à l'époque, Mrs. Dettinger avait d'autres soucis en tête : réunir tous les biens de son fils, obtenir le certificat de décès et toucher l'argent de son assurance.

— Amer, inspecteur ?

— Eh bien, elle doit sortir deux mille livres par an pour ses cours de danse et a épuisé son capital. Les gens de Delaroux exigent d'être payés en avance. Elle m'a tout raconté sur sa situation pécuniaire quand nous sommes revenus chez elle. Mrs. Dettinger n'avait pas du tout l'intention de faire des histoires ; ce n'est que lorsqu'elle a reçu la facture de Courtney-Briggs qu'elle a pensé utiliser la révélation de son fils pour obtenir une réduction. Et elle l'a obtenue. Cinquante livres.

— Ce qui signifie, soit que Courtney-Briggs est plus charitable que nous le pensions, soit que le renseignement valait bien cette somme. Lui a-t-il rendu l'argent tout de suite ?

— Non. Elle s'est d'abord rendue à son cabinet de Wimpole Street le mercredi 21 janvier au soir. Elle n'a rien obtenu à ce moment-là et lui a donc téléphoné samedi dernier. La secrétaire lui a dit que M. Courtney-Briggs était à l'étranger. Elle avait l'intention de le rappeler le lundi mais elle a reçu le chèque de cinquante livres au premier courrier. Il n'y avait ni lettre ni explications. Simplement sa carte de visite. Mais elle a parfaitement compris de quoi il s'agissait.

— Courtney-Briggs a donc fait un petit voyage pendant le week-end... Je me demande bien où... En Allemagne, peut-être. Il faudra vérifier tout cela.

— Tout est si invraisemblable dans cette histoire, monsieur, ajouta Masterson. Ça ne colle pas.

— En effet. Nous savons bien qui a tué les deux filles. Logiquement, les faits incriminent une seule et même personne. Et, comme vous le dites, ce nouveau témoignage ne colle pas avec le reste. Quand on cherche la pièce manquante d'un puzzle, il est fort déconcertant de trouver un élément qui appartienne, en fait, à un autre jeu.

— Cela vous semble donc sans intérêt ? Je serais désolé que mes efforts nocturnes avec Mrs. Dettinger aient été vains.

— C'est tout à fait intéressant, au contraire. Et nous avons déjà une confirmation. Nous avons retrouvé la piste du livre manquant. La bibliothèque de Westminster nous a beaucoup aidés. Miss Pearce s'est rendue à Marylebone durant une de ses après-midi de congé, le jeudi 8 janvier. Elle cherchait un livre traitant des procès de guerre allemands. Elle a dit qu'elle était intéressée par celui de Felsenheim, qui eut lieu en novembre 1945. Ils n'avaient rien dans leurs fonds mais lui ont promis de faire des recherches dans d'autres annexes londoniennes. On lui a conseillé de téléphoner ou de repasser dans un jour ou deux. Elle a appelé le samedi matin. Ils lui ont alors annoncé qu'ils avaient trouvé un ouvrage traitant, entre autres, du procès de Felsenheim. Elle est venue le chercher l'après-midi même. A chacune de ses visites, elle s'est présentée sous le nom de Josephine Fallon et leur a donné sa carte de lecteur et son jeton bleu. Normalement, ils n'auraient jamais retenu son nom et son adresse, mais comme ils avaient emprunté le livre à une autre bibliothèque, ils ont retenu ces détails.

— Et le livre a-t-il été rendu ?

— Oui, mais anonymement. Ils ne peuvent dire quand exactement. Sans doute le mercredi après la mort de Pearce. Quelqu'un l'a laissé sur le chariot avec les ouvrages généraux. En venant déposer d'autres volumes qui venaient d'être rendus, l'employée l'a reconnu. Elle l'a fait enregistrer et l'a mis de côté afin de le retourner à la bibliothèque d'origine. Personne ne sait qui l'a rapporté. L'endroit est très fréquenté ; les gens entrent et sortent comme ils veulent et tout le monde n'a pas forcément un ouvrage à emprunter ou à rendre. Il doit être assez facile d'apporter un livre dans son sac ou dans sa poche et de le glisser avec les autres sur un chariot. L'employée qui l'a retrouvé a travaillé toute la matinée et toute l'après-midi au guichet. C'est une jeune assistante qui se chargeait de remplir les chariots, mais comme elle était débordée de travail, sa supérieure est venue lui donner un coup de main. Elle a tout de suite reconnu le volume. Il était quatre heures et demie, à peu près. Mais on a pu le déposer n'importe quand.

— Des empreintes ?

— Rien qui puisse nous aider. Quelques barbouillages. Il a été manipulé par des tas d'employés de la bibliotèque et Dieu sait par combien de lecteurs. C'est normal. Ils ne pouvaient deviner que l'ouvrage jouerait un rôle important dans une enquête criminelle ! Mais il y a tout de même quelque chose d'intéressant. Regardez. »

Il sortit d'un tiroir de bureau un gros volume relié de toile bleue, estampillée, sur le dos, du numéro de catalogue de la bibliothèque. Masterson le prit et le posa sur la table. Puis il s'assit et l'ouvrit avec soin, en prenant son temps. L'ouvrage relatait plusieurs procès de guerre qui s'étaient déroulés en Allemagne depuis 1945. L'auteur, un avocat qui avait été assistant du procureur général, traitait sérieusement son sujet sans chercher le sensationnel. Il n'y avait que quelques photographies, et deux seulement concernaient Felsenheim. L'une était une vue générale du tribunal avec, dans le box des accusés, l'image floue d'un médecin. L'autre, un portrait du commandant du camp.

« On fait une brève allusion à Martin Dettinger. Pendant la guerre, il servit dans le régiment d'infanterie légère de Wiltshire ; en 1945, il fut désigné, en tant que membre d'un tribunal militaire de l'Allemagne de l'Ouest, pour juger quatre hommes et une femme accusés de crime de guerre. Ces tribunaux furent constitués, par ordre spécial de l'armée, en juin 1945 ; celui-ci se composait d'un président — un général des grenadiers de la garde —, de quatre officiers — dont Dettinger — et d'un procureur nommé par le procureur général des armées. Comme je viens de vous le dire, ils avaient pour mission de juger cinq individus, accusés — le réquisitoire se trouve page 127 — " d'avoir conjointement, dans un but commun et en agissant pour et au nom du Reich, délibérément encouragé, et commis le meurtre de trente et une personnes de nationalités polonaise et russe, le 3 septembre 1944 ". »

Que Dalgliesh fût capable de citer le réquisitoire mot à mot ne surprit pas Masterson. Mémoriser et présenter les faits avec exactitude était un truc d'administrateur. Dalgliesh y excellait et s'il voulait exercer sa technique, son second ne voyait pas de raison de l'interrompre. Masterson ne dit mot. Il remarqua que le commissaire avait pris un gros caillou parfaitement ovoïde et le faisait doucement rouler entre ses doigts. Sans doute l'avait-il trouvé dans le parc et ramassé pour s'en servir de presse-papiers. En tout cas, il n'était pas sur le bureau ce matin. Dalgliesh, de sa voix fatiguée et tendue, poursuivit :

« Ces trente et un hommes, femmes et enfants, étaient des

travailleurs juifs tuberculeux, semble-t-il. Ils furent envoyés dans un établissement allemand qui avait été un asile d'aliénés mais qui, depuis l'été 1944, ne se consacrait plus à guérir les gens mais à les tuer systématiquement. On ne sait pas exactement combien d'Allemands, malades mentaux, périrent là-bas. Le 3 septembre 1944 arriva un convoi de Polonais et de Russes. On leur avait dit qu'on soignerait leur tuberculose. Durant la nuit on leur fit une piqûre mortelle — hommes, femmes et enfants, sans distinction —, et le lendemain matin, ils étaient morts et enterrés. C'est pour ce crime, et non pour le meurtre des citoyens allemands, qu'étaient jugés les cinq accusés : le médecin chef, Max Klein ; le pharmacien, Ernst Gumbmann ; un surveillant, Adolf Straub, et enfin une jeune infirmière sans expérience de dix-huit ans, Irmgard Grobel. Le médecin et le surveillant furent condamnés, le premier à mort, le second à vingt-trois ans de prison. Le pharmacien et la jeune fille, acquittés. Vous trouverez la défense de son avocat, page 140. Lisez-la à haute voix. »

Surpris, Masterson prit le livre sans rien dire et l'ouvrit page 140. Il se mit à lire d'une voix forte, peu naturelle.

« Ce tribunal ne juge pas l'accusée, Irmgard Grobel, pour avoir participé au meurtre de citoyens allemands. Nous savons maintenant ce qu'il s'est passé dans l'institution Steinhoff. Nous savons également que c'était conforme à la loi promulguée par Adolf Hitler. Selon les ordres transmis par l'autorité suprême, des milliers de malades mentaux allemands ont été mis à mort dans une stricte légalité à partir de 1940. D'un point de vue moral, chacun jugera cette action selon ses propres critères. La question n'est pas de savoir si le personnel de Steinhoff a cru agir de manière juste ou charitable. La question est de savoir s'il a cru agir conformément à la loi. Des témoins nous ont prouvé qu'une telle loi était en vigueur. Irmgard Grobel, en admettant qu'elle ait été mêlée à l'assassinat de ces gens, a agi conformément à la loi.

« Mais nous ne nous occupons pas des malades mentaux. A partir de juillet 1944, cette loi fut étendue aux travailleurs étrangers tuberculeux incurables. On pourrait avancer que l'accusée n'avait pas de raison de mettre en doute la légalité de tels homicides puisqu'elle avait vu des citoyens allemands soulagés de leur misère dans l'intérêt national. Mais ce n'est pas mon propos. Nous ne sommes pas en mesure de juger ce qu'aurait pensé l'accusée. Elle n'est pas impliquée dans les meurtres qui intéressent cette cour. Le convoi de Russes et de Polonais arriva à Steinhoff le 3 septembre 1944 à dix-huit heures trente. Ce jour-là, Irmgard Grobel était en congé. Elle a expliqué à la barre qu'elle est revenue à Steinhoff à dix-neuf heures trente, qu'elle s'est changée et a passé son uniforme. Elle reprenait son service à vingt et une heures. Entre le moment où elle a franchi la porte de l'institution et celui où elle est entrée dans le poste des infirmières du bâtiment E, elle n'a parlé qu'à deux autres de ses collègues, les témoins Willig et Rohde. Ces deux femmes ont déclaré ne lui avoir rien dit de l'arrivée du convoi. Grobel entre donc. Elle a fait un long et difficile voyage. Elle est fatiguée et ne se sent pas bien. Elle pense même demander l'autorisation de prendre sa nuit de congé. Alors le téléphone sonne. C'est le docteur Klein. La cour a entendu les déclarations de ceux qui ont assisté à la scène. Klein ordonne à Grobel d'aller voir dans la pharmacie combien il reste d'Evipan et de phénol. On vous a expliqué que l'Evipan était livré en paquets de vingt-cinq injections, chaque injection se composant d'une capsule de produit en poudre et d'une ampoule d'eau stérilisée. L'Evipan, le phénol, ainsi que d'autres médicaments dangereux, étaient stockés dans la salle de travail des infirmières. Grobel va vérifier, puis dit à Klein qu'il reste deux cartons d'Evipan et à peu près 150 cm^3 de phénol liquide. Klein lui demande de rassembler tous les stocks disponibles d'Evipan et de phénol et de les remettre à l'infirmier surveillant, Straub, qui va venir les chercher. Il ajoute qu'elle doit lui donner également douze seringues de dix cm^3 et plusieurs grosses aiguilles. L'accusée a déclaré qu'on ne lui avait jamais dit à quoi devaient servir ces médicaments et vous avez entendu Straub affirmer, à la barre, qu'il ne l'avait pas éclairée sur ce point.

« Irmgard Grobel n'a pas quitté le poste des infirmières avant d'être transportée dans sa chambre à vingt et une heures trente, cette nuit-là. La cour a entendu l'infirmière Rohde raconter comment elle l'avait trouvée évanouie, par terre, quand elle est entrée prendre son service. Cinq jours durant, atteinte de vomissements et d'une forte fièvre, elle dut garder le lit. Elle n'a pas vu les Russes et les Polonais entrer dans le bâtiment E, elle n'a pas vu leurs cadavres, que l'on a évacués tôt le matin du 4 septembre. Quand elle reprit son service, les corps étaient déjà enterrés.

« Monsieur le Président, la cour a entendu les témoins attester de la gentillesse d'Irmgard Grobel, de sa douceur avec les enfants malades, de ses qualités d'infirmière. Je voudrais lui rappeler qu'elle est extrêmement jeune, encore presque une enfant. Mais si je demande son acquittement, ce n'est ni parce qu'elle est jeune, ni parce qu'elle est femme, mais parce que, seule entre tous les accusés, elle est incontestablement innocente. Elle n'a pas été impliquée dans la mort de ces trente et un Polonais et Russes. Elle ne connaissait même pas leur existence. La défense n'a rien de plus à ajouter. " »

La voix amère de Dalgliesh rompit le silence.

« Comme vous le voyez, inspecteur, c'est toujours le même argument teuton : la légalité. En tout cas, ils ne perdaient pas de temps ! Entrés à six heures trente, ils sont piqués à neuf heures. Et pourquoi l'Evipan ? La mort instantanée n'était pas garantie, à moins d'utiliser des doses massives. Je doute qu'une injection de moins de 20 cm^3 ait pu les tuer sur le coup. Non que ça leur eût posé des problèmes de conscience... Ce qui a sauvé Grobel, c'est qu'elle est rentrée tard ce soir-là. La défense affirme qu'elle n'était pas au courant de l'arrivée des prisonniers et que personne n'en a rien su jusqu'au lendemain 4 septembre. Ce même plaidoyer a fait acquitter le pharmacien. Techniquement, ils étaient tous deux innocents, si l'on peut appliquer ce terme à quiconque ayant travaillé à Steinhoff. »

Masterson se taisait toujours. Tout cela était si lointain.

Grobel était une toute jeune fille qui avait alors dix ans de moins que lui aujourd'hui. La guerre était une vieille histoire. Elle ne signifiait pas plus à ses yeux que la guerre des Deux-Roses ; moins même, puisqu'elle ne vibrait pas de ces accents romantiques et chevaleresques appris à l'école. Il n'avait aucun sentiment particulier contre les Allemands ou n'importe quel autre peuple, sauf ceux qu'il considérait comme inférieurs d'un point de vue culturel ou intellectuel. Et les Allemands n'en faisaient pas partie. Pour lui, l'Allemagne évoquait des hôtels propres, de bonnes routes, des *Rippchen* mangés avec un petit vin de pays dans une auberge, les méandres du Rhin coulant à ses pieds comme un ruban argenté, l'excellent camping de Koblenz.

Et si l'un des accusés de Felsenheim était toujours en vie, il ne devait plus être tout jeune — Irmgard Grobel aurait quarante-trois ans aujourd'hui. Les faits, comme le procès, étaient de l'histoire ancienne et n'avaient d'intérêt que dans la mesure où ils concernaient l'enquête.

« Ça s'est passé il y a si longtemps. Vaut-il la peine de tuer pour garder un tel secret ? Tout le monde s'en moque. Officiellement, ne sommes-nous pas censés appliquer une politique d'oubli et de pardon ?

— Nous autres Anglais sommes toujours prêts à pardonner à nos ennemis ; ce qui nous dispense du devoir d'aimer nos amis. Regardez bien ce livre, Masterson. Que remarquez-vous ? »

Masterson secoua doucement le livre puis le porta à la hauteur de ses yeux afin d'en examiner la reliure. Il le replaça alors sur la table, ouvert au milieu, en aplatissant bien les pages. Là, profondément enfoncés dans la pliure, se trouvaient quelques grains de sable.

« Nous en avons envoyé un échantillon au laboratoire d'analyse, mais le résultat est clair. Il ne fait pas de doute que ce sable provient du seau à incendie de Nightingale House.

— C'est donc là qu'il a été caché avant qu'il — ou elle — ne le rapporte à la bibliothèque. La même personne y a enfoui le livre et le vaporisateur. Tout cela colle parfaitement, commissaire.

— Un peu trop, non ? » répondit Dalgliesh.

Mais l'inspecteur Masterson se souvint soudain d'un autre indice.

« La brochure ! Celle que nous avons trouvée dans la chambre de Pearce ! Il s'agissait d'un établissement du Suffolk pour les victimes du fascisme. Et si Pearce se l'était fait envoyer ? Autre exemple de châtiment adapté au crime, bien dans sa manière, non ?

— Probablement. Nous contacterons ces gens demain matin pour voir si jamais elle leur a promis quelque chose. Et nous reparlerons avec Courtney-Briggs. Il était à Nightingale House au moment où Fallon est morte. Quand nous saurons qui il est venu voir, et pourquoi, nous aurons presque résolu l'affaire. Mais tout cela doit attendre demain. »

Masterson étouffa un bâillement.

« Nous sommes déjà demain, monsieur, depuis presque trois heures. »

II

Le portier de nuit du Falconer's Arms fut peut-être surpris de voir rentrer ses deux clients dont l'un, manifestement malade, avait la tête bandée, aux premières heures du jour ; mais il n'en laissa rien paraître. Il leur demanda, par pure routine, s'il pouvait faire quelque chose pour eux. La réponse de Masterson fut à peine polie. Ils montèrent à pied les trois étages, car le vieil ascenseur était capricieux et bruyant. Dalgliesh, déterminé à ne pas montrer à l'inspecteur à quel point il était faible, s'obligea à gravir les marches sans se servir de la rampe. Il savait que c'était de l'orgueil mal placé et en paya le prix à peine rentré dans sa chambre. Il dut s'appuyer contre la porte une minute pour reprendre des forces avant de se diriger d'un pas incertain vers le lavabo. S'agrippant aux robinets pour ne pas tomber, il essaya vainement, douloureusement, de vomir, la tête appuyée sur son avant-bras. Toujours dans la même position, il fit couler l'eau froide. Le jet était glacé. Il s'en aspergea la figure et but à pleines mains. Aussitôt, il se sentit mieux.

Il eut un sommeil agité. Il ne trouvait pas la bonne position pour appuyer confortablement sa tête bandée sur l'oreiller et dans son corps qui avait perdu tant de sang, son cerveau, actif et lucide, semblait se refuser au repos. Quand il s'endormait, c'était pour rêver. Il se promenait dans le parc avec Mavis Gearing. Elle gambadait entre les arbres, comme une fillette, en brandissant son sécateur.

« C'est merveilleux tout ce que l'on peut trouver pour monter un spectacle, même en morte saison », disait-elle d'une voix enjouée.

Il ne s'étonna pas de la voir couper des roses rouges épanouies poussant sur des branches mortes, ni de ce que, pas plus que lui, elle n'ait fait la moindre allusion au corps de Mary Taylor qui se balançait doucement au milieu des arbres, son cou blanc strangulé par une corde.

Vers le matin, il dormit plus profondément. Pourtant, la sonnerie stridente du téléphone le réveilla instantanément. Le cadran lumineux de son petit réveil de voyage indiquait 5 h 49. Il souleva difficilement la tête et chercha de la main le récepteur. Il reconnut la voix immédiatement.

« Monsieur Dalgliesh ? Mary Taylor à l'appareil. Je suis désolée de vous déranger mais j'ai pensé qu'il était préférable que je vous appelle. Il y a un incendie ici. Rien de grave. Le parc seulement. Le feu aurait, paraît-il, pris dans une cabane de jardinier désaffectée qui se trouve à environ cinquante mètres de Nightingale House. L'école elle-même n'est pas en danger, mais l'incendie s'est rapidement propagé dans les bois. »

Dalgliesh s'étonna d'avoir l'esprit si clair. Sa blessure ne lui faisait plus mal et sa tête lui parut incroyablement légère. Il dut tâter son pansement rugueux pour s'assurer qu'il l'avait encore.

« Morag Smith n'a rien ? Elle allait souvent se réfugier dans cette cabane.

— Je sais. Elle me l'a dit hier soir en vous raccompagnant. Je l'ai fait coucher ici pour cette nuit. Elle va bien. C'est la première chose dont je me sois assurée.

— Et les autres ? »

Il y eut un silence, puis elle reprit, d'une voix plus aiguë.

« Je vais voir. Je n'ai pas pensé que...

— Bien sûr. Vous n'aviez aucune raison de... J'arrive tout de suite.

— Est-ce vraiment nécessaire ? Le docteur Courtney-Briggs tient à ce que vous vous reposiez. Les pompiers ont la situation bien en main. Au début, ils ont craint que Nightingale House ne soit menacée. Ils ont abattu les arbres les plus proches. L'incendie sera éteint d'ici une demi-heure. Vous ne voulez pas attendre le matin ?

— J'arrive tout de suite », répéta-t-il.

Masterson était couché sur le dos, assommé de fatigue, son visage épais dénué de toute expression, la bouche entrouverte. Il fallut presque une minute pour le réveiller. Dalgliesh aurait préféré le laisser à sa torpeur, mais il savait qu'il n'était pas prudent de conduire dans son état. Quand Masterson eut enfin ouvert les yeux, il écouta les instructions de son chef sans faire de commentaire et s'habilla dans un silence boudeur. Il était trop prudent pour contester la décision de Dalgliesh, mais son air maussade disait clairement que l'expédition lui semblait parfaitement inutile. Pendant le court trajet jusqu'à l'hôpital, les deux hommes n'échangèrent pas un mot.

Ils virent le feu — une lueur rougeâtre sur le ciel sombre — bien avant d'arriver à John Carpendar. En entrant par le portail grand ouvert de Winchester, ils entendirent le crépitement des arbres embrasés et sentirent l'odeur forte et agréable de bois brûlé dans l'air frais du matin. Masterson se dérida soudain. Il inspira bruyamment, avec un évident plaisir, puis déclara, d'un ton joyeux et sincère :

« J'adore cette odeur. Sans doute parce qu'elle me rappelle

mon enfance. Les vacances avec les Boys Scouts. Nous étions serrés les uns contre les autres sous nos couvertures autour du feu de camp dont les étincelles bondissaient dans la nuit. Formidable pour un gamin de treize ans ! Et être chef de patrouille vous donne un sentiment de puissance et de gloire qu'on ne retrouve jamais plus ensuite. Vous connaissez ça, monsieur ? »

Non, Dalgliesh ne connaissait pas. Il n'avait pas vécu, dans son enfance solitaire, ce genre de joies tribales. Mais c'était une vision intéressante et plutôt touchante du caractère de Masterson. Chef de patrouille chez les Boys Scouts ! Et pourquoi pas ? Un autre héritage culturel, un destin légèrement différent, et Masterson eût pu devenir le chef d'une bande de voyous ; son ambition, sa nature impitoyable auraient alors pris des voies moins conformistes.

Masterson gara la voiture sous les arbres, assez loin pour qu'elle ne risque rien, et ils marchèrent vers les flammes. Ensemble, ils s'arrêtèrent pour regarder en silence. Personne ne parut remarquer leur arrivée. Personne ne vint à leur rencontre. Les pompiers travaillaient toujours. Ils n'avaient qu'un seul camion à leur disposition, dont la lance était certainement alimentée par l'eau de Nightingale House. L'incendie était maintenant bien maîtrisé, quoique encore impressionnant. La cabane avait complètement disparu. A sa place, il ne restait qu'un cercle de terre noircie. Les arbres, alentour, ressemblaient à des gibets, rabougris et tordus par les spasmes de la combustion. Quelques arbrisseaux brûlaient encore, crépitant et crachotant sous la lance. Une seule flamme, ondulant et se contorsionnant dans la brise, bondissait du faîte d'un arbre à l'autre avec l'éclat incandescent d'une chancelle, avant de mourir sous le jet précis des pompiers. Au même instant, un grand conifère s'enflamma et explosa en une gerbe d'aiguilles d'or. Il y eut un léger murmure d'admiration et Dalgliesh vit que plusieurs élèves vêtues de leurs manteaux sombres, contemplant de loin le spectacle, s'étaient avancées imperceptiblement vers la lueur rougeoyante qui, un instant, éclaira leurs visages. Il crut reconnaître Madeleine Goodale et Julia Pardoe. Puis il distingua, au milieu d'elles, la haute silhouette si caractéristique de la directrice. Elle leur dit quelques mots et le petit groupe fit demi-tour, comme à regret, avant de se perdre dans les arbres. C'est alors qu'elle aperçut Dalgliesh. Elle demeura un instant parfaitement immobile. Enveloppée dans sa longue cape noire, la capuche rejetée en arrière, elle se tenait devant un petit pin, comme un condamné devant le poteau de son bûcher tandis que le feu dansait derrière elle, illuminant sa peau pâle. Puis elle s'approcha lentement de lui. Elle était livide.

« Vous aviez raison. Elle n'était pas dans sa chambre. Elle m'a laissé une lettre. »

Dalgliesh ne répondit pas. Son esprit était si clair qu'il semblait fonctionner tout seul, en dehors de sa propre volonté, survolant les indices de l'enquête pour contempler, de plus haut, l'ensemble de l'énigme ; un paysage que n'obscurcissait plus aucune ombre s'étendait devant lui, intelligible et sans équivoque. Il avait tout compris, maintenant. Non seulement pourquoi les deux jeunes femmes avaient été tuées, mais quand et pourquoi. Non seulement qui était le coupable, mais la vérité profonde de ce crime, car il ne s'agissait au fond que d'un seul crime. Peut-être ne pourrait-il jamais le prouver, mais il le savait.

Une demi-heure plus tard, l'incendie était éteint. Les lances vides rampaient sur le sol en envoyant des petites bouffées de fumée âcre tandis qu'on les enroulait. Le dernier spectateur avait disparu et à la cacophonie du feu et de la brise succéda un doux bruissement, uniquement interrompu par les ordres du capitaine des pompiers et le bruit confus des voix de ses hommes. Même le vent était un peu tombé et Dalgliesh le sentit comme une caresse douce et tiède sur son visage lorsqu'il s'avança sur la terre fumante. L'odeur de bois brûlé prenait à la gorge. Les phares du camion des pompiers éclairaient le cercle noirci sur l'emplacement de la cabane disparue. Dalgliesh s'approcha, entouré de Masterson et de Mary Taylor. La chaleur pénétrait à travers ses semelles.

C'était une sensation fort désagréable. Il n'y avait plus grand-chose à voir : une pièce de métal bizarrement tordue — peut-être un morceau du poêle — ; la théière en métal carbonisée qu'un coup de pied aurait réduite en poussière. Mais il y avait autre chose. Une forme, rien de plus, qui, même dans la suprême profanation de la mort, restait terriblement humaine. Ils s'arrêtèrent et regardèrent en silence. Il leur fallut quelques minutes pour distinguer certains détails : le bassin, ridiculement petit sans son enveloppe de chair et de muscles ; le crâne retourné, innocent comme un calice ; la tache, là où le cerveau avait éclaté.

« Faites dresser une palissade tout autour et veillez à ce que l'endroit soit bien gardé. Ensuite vous téléphonerez à Sir Miles Honeyman, ordonna Dalgliesh.

— On va avoir un joli problème d'identification, Monsieur, répondit Masterson.

— On aurait pu avoir — mais nous savons déjà de qui il s'agit

III

Sans échanger un mot, et comme par une sorte d'accord tacite, Dalgliesh et Mary Taylor se dirigèrent vers le troisième étage de Nightingale House. Personne ne les suivit. Quand ils entrèrent dans le paisible salon de la directrice, la pendule, sur la cheminée, sonnait six heures. Il faisait encore très sombre et, contrastant avec la chaleur de l'incendie à l'extérieur, la pièce semblait terriblement froide. Les rideaux, comme un des battants de la fenêtre, étaient ouverts. Mary Taylor alla rapidement tout refermer d'un geste décidé puis se tourna vers Dalgliesh et le regarda longuement, d'un air compatissant, comme si elle le voyait pour la première fois.

« Vous avez l'air d'avoir froid et d'être terriblement fatigué. Venez vous asseoir près du feu. »

Il alla s'appuyer contre la cheminée, craignant, une fois

assis, de ne pouvoir se relever. Mais il eut l'impression que le manteau était instable et le marbre froid comme de la glace. Il se laissa tomber dans le fauteuil et la regarda s'agenouiller sur le tapis devant l'âtre et ajouter du petit bois aux cendres encore chaudes de la veille. Les bûchettes s'embrasèrent aussitôt. Alors, sans se relever, elle fouilla dans sa poche et lui tendit une lettre.

L'enveloppe bleu pâle, non cachetée, portait l'inscription « A ceux que cela pourrait intéresser » écrite d'une écriture ronde et enfantine quoique ferme. Il en sortit la feuille. C'était un papier bleu, bon marché, tout à fait ordinaire et non ligné, mais l'écriture était si droite que l'auteur avait dû utiliser un guide.

« J'ai tué Heather Pearce et Josephine Fallon. Elles avaient découvert quelque chose sur mon passé, quelque chose qui ne les regardait pas, et voulaient me faire chanter. Lorsque Miss Gearing m'a appelée au téléphone pour me dire que Fallon avait la grippe et avait été envoyée à l'infirmerie, j'ai compris que Heather Pearce jouerait le rôle de la malade à sa place. J'ai été chercher le désinfectant très tôt dans la matinée et ai rempli une des bouteilles de lait vides qui traînait à l'office des infirmières. Je l'ai soigneusement refermée avec la capsule et l'ai mise dans mon sac en tapisserie pour aller prendre mon petit déjeuner. Quand j'ai eu terminé, il ne me restait plus qu'à me glisser dans la salle de travaux pratiques et à substituer la bouteille de poison à celle de lait qui était sur le chariot. Si quelqu'un s'était trouvé dans la salle, il m'aurait été facile d'expliquer ma présence n'importe comment. J'aurais essayé une autre fois, d'une autre manière. Mais il n'y avait personne. J'ai monté la bouteille de lait à l'office et ai jeté celle de désinfectant par une des fenêtres de la salle de bains.

« J'étais dans la serre lorsque Mavis Gearing a rapporté la bombe insecticide à la nicotine et j'y ai pensé quand le moment est venu de tuer Fallon. Je savais où l'on gardait la clé de la serre. Je me suis servie de gants chirurgicaux pour ne pas laisser d'empreintes. Il était simple de mettre le poison dans le citron chaud au whisky de Fallon pendant qu'elle prenait son bain et que la boisson refroidissait sur sa table de chevet. Ses habitudes étaient invariables. J'avais l'intention de garder la bombe et de la poser sur sa table de chevet un peu plus tard dans la nuit pour faire croire à un suicide. Je savais qu'il était important que ses empreintes digitales apparaissent sur le vaporisateur, mais cela n'aurait pas posé de problèmes. J'ai été obligée de modifier mes plans car M. Courtney-Briggs m'a téléphoné juste avant minuit pour me demander de revenir dans le service. Il m'était impossible de garder la bombe, étant donné que je n'aurais pas pu avoir mon sac toujours sur moi pendant que je travaillais en salle et j'ai pensé qu'il n'était pas prudent de la laisser chez moi. Je l'ai donc cachée dans le seau à incendie qui se trouvait en face de la chambre de Fallon avec l'intention de la reprendre en rentrant pour la déposer sur sa table de chevet. Mais cela aussi a été impossible. Quand je suis arrivée en haut de l'escalier, les sœurs Burt sont sorties de leur chambre. La lumière brillait à travers le trou de serrure de la porte de Fallon. Les jumelles m'ont dit qu'elles allaient lui porter une tasse de chocolat. J'étais certaine que le corps serait découvert durant la nuit. Je n'avais rien d'autre à faire que de monter chez moi. Je suis restée là, craignant à chaque minute que l'alarme soit donnée. Je ne savais pas si les jumelles avaient changé d'idée ou si Fallon s'était endormie sans boire son citron chaud au whisky. Mais je n'ai pas osé descendre voir. Si j'avais pu poser la bombe de nicotine près du lit de Fallon, personne n'aurait soupçonné qu'elle avait été tuée et j'aurais donc ainsi commis deux crimes parfaits.

« Je n'ai rien d'autre à ajouter, sinon que personne ne connaissait mes intentions et que personne ne m'a aidée.

Ethel Brumfett. »

« C'est bien son écriture, dit Mary Taylor. J'ai trouvé la lettre sur la cheminée en venant vérifier si tout le monde allait bien, après vous avoir téléphoné. Tout cela est-il vrai ?

— Oh oui ! Elle les a tuées toutes les deux. Seul l'assassin pouvait savoir où était caché le vaporisateur. Il est clair que la seconde mort devait avoir l'air d'un suicide. Pourquoi, dans ce cas, n'avons-nous pas retrouvé la nicotine sur la table de nuit ? La seule explication était que la meurtrière n'avait pu achever son plan. Miss Brumfett était la seule, de tout Nightingale House, à avoir été appelée à l'extérieur, cette nuit-là, et à n'avoir pu retourner dans la chambre de Fallon. Elle a toujours été le suspect n° 1. La bouteille empoisonnée a dû être préparée méticuleusement par quelqu'un qui avait accès au lait et au désinfectant et qui était en mesure de la transporter sans se faire remarquer. Or, Ethel Brumfett ne faisait pas un pas sans son grand sac en tapisserie. Elle a eu la malchance de choisir une bouteille avec une capsule d'une mauvaise couleur. Je me demande si elle s'en est aperçue mais, de toute façon, elle n'aurait pas eu le temps de la changer. Tout son plan reposait sur une substitution qui ne devait pas prendre plus d'une seconde. Elle comptait sur le fait que personne ne s'en apercevrait, ce qui s'est d'ailleurs produit. Il y avait aussi autre chose qui la distinguait de tous les autres suspects ; elle était la seule à ne pas avoir assisté aux deux morts. Elle n'aurait pas pu porter la main sur Fallon pendant qu'elle était sous sa garde à l'infirmerie. Pour elle, c'eût été impossible. Elle a préféré ne pas assister à l'agonie de ses deux victimes. Il faut être un assassin psychopathe ou un tueur professionnel pour pouvoir le faire.

— Nous savons que Heather Pearce était un maître-chanteur en puissance. Je me demande quel pathétique épisode de la pauvre existence de Brumfett elle a pu exhumer.

— Vous le savez aussi bien que moi. Elle avait découvert l'histoire de Felsenheim. »

Mary Taylor parut se pétrifier dans un silence glacé. Elle était recroquevillée aux pieds du fauteuil de Dalgliesh. Il ne voyait pas son visage. Au bout d'un moment, elle tourna les yeux vers lui.

« Elle n'était pas coupable, vous savez. Brumfett était quelqu'un de conformiste, qui respectait l'autorité, et à qui l'on avait appris que le premier devoir d'une infirmière est d'obéir aveuglément aux ordres. Mais elle n'a jamais tué ses malades. L'acquittement du tribunal de Felsenheim était juste. Et même s'il ne l'avait pas été, c'était le verdict d'une cour représentant la loi. Elle était officiellement innocente.

— Je ne suis pas ici pour discuter du verdict de Felsenheim », dit Dalgliesh.

Elle poursuivit pourtant, d'un ton passionné, comme si elle tenait absolument à le convaincre.

« Elle m'en a parlé lorsque nous étions toutes deux à l'école d'infirmières de Nethercastle. Elle avait passé la plus grande partie de son enfance en Allemagne, mais sa grand-mère était anglaise. Après le procès, elle a évidemment été libérée. En 1944, elle a épousé un sous-officier anglais, Ernest Brumfett. Elle avait de l'argent, et ce n'était qu'un mariage de convenance ; une possibilité pour elle de sortir d'Allemagne et de venir en Angleterre. Sa grand-mère est morte entretemps mais elle voulait vivre dans ce pays. Elle est entrée à Nethercastle comme aide-soignante, et s'est montrée si efficace qu'au bout de dix-huit mois, la directrice l'a inscrite comme élève sans faire aucune difficulté. Il était intelligent de la part de Brumfett d'avoir choisi cet hôpital ; on n'y fouillait pas trop soigneusement dans le passé des gens, surtout s'il s'agissait de quelqu'un qui avait donné la preuve de sa valeur. C'était un grand bâtiment victorien, toujours plein, souffrant d'un manque de personnel chronique. Brumfett et moi avons achevé ensemble nos études ; ensemble nous avons suivi une formation de sage-femme à la maternité locale puis, toujours ensemble, nous sommes descendues travailler à John Carpendar. Je connais Ethel Brumfett depuis presque vingt ans. Je l'ai vue se racheter mille fois de ce qui s'est passé à Steinhoff. C'était alors une toute jeune fille. Nous ne savons pas ce qui lui est arrivé durant ses années d'enfance en Allemagne. Mais nous savons ce que la femme adulte a fait pour cet hôpital et pour ses malades. Le passé ne compte plus.

— Jusqu'au moment où ce qu'elle a toujours dû craindre

inconsciemment se produit. Jusqu'au moment où quelqu'un, surgi de ce passé, la reconnaît.

— Alors, toutes ces années d'efforts et de travail auraient été vaines. Je comprends qu'elle ait voulu tuer Pearce. Mais pourquoi Fallon ?

— Pour quatre raisons. Heather Pearce voulait une confirmation de l'histoire de Martin Dettinger avant d'en parler à Ethel Brumfett. Le seul moyen était de trouver un compte rendu ou un récit du procès. Elle a donc demandé à Fallon de lui prêter sa carte. Elle s'est rendue à la bibliothèque de Westminster le jeudi, puis y est retournée le samedi, jour où elle a obtenu l'ouvrage désiré. Elle l'a certainement montré à Miss Brumfett quand elle a décidé de lui parler, et a dû lui dire à qui elle avait emprunté la carte de lecteur. Tôt ou tard, Fallon lui demanderait de la lui rendre. Or, il ne fallait surtout pas que l'on comprenne pourquoi Pearce en avait eu besoin, ni que l'on découvre le titre du livre emprunté. C'est un des faits importants que Brumfett a préféré passer sous silence dans sa confession. Après avoir substitué la bouteille de poison à celle de lait, elle est montée prendre le livre dans la chambre de Pearce et l'a caché dans le seau à incendie en attendant de pouvoir venir le reprendre pour le rapporter, anonymement, à la bibliothèque. Elle savait parfaitement que Pearce ne sortirait pas vivante de la salle de travaux pratiques. Le fait d'avoir ensuite choisi la même cachette pour la bombe insecticide est bien caractéristique. Miss Brumfett n'avait pas beaucoup d'imagination.

« Mais ce n'était pas la raison principale pour laquelle elle voulait tuer Fallon. Elle avait également l'intention de brouiller les pistes et de faire croire que Fallon était en fait la victime visée par le premier meurtre. Si Fallon mourait, on pourrait toujours penser que Pearce avait été tuée par erreur puisque Josephine Fallon devait jouer le rôle de la malade le jour de l'inspection. C'était une victime plus convaincante. Elle était enceinte ; cela suffisait déjà à fournir un mobile. Brumfett l'avait soignée et il est possible qu'elle ait deviné, ou constaté, sa grossesse. Je n'ai pas l'impression que beaucoup des symptômes de ses malades échappaient à Miss Brumfett. On pouvait aussi supposer que Fallon avait tué sa camarade. Après tout, on l'avait aperçue à Nightingale House le matin du crime et elle avait refusé d'expliquer les raisons de son retour. Elle aurait pu empoisonner le lait. Puis, tourmentée par le remords, se tuer. Voilà qui aurait très simplement résolu l'énigme des deux morts. C'était une hypothèse séduisante du point de vue de l'hôpital, et qui d'ailleurs a été défendue par de nombreuses personnes ici.

— Et la dernière raison ? Vous m'avez dit qu'il y en avait quatre. Il fallait éviter que l'on retrouve la trace de cette carte de lecteur, suggérer que Fallon était en fait la véritable victime, ou encore la meurtrière de Pearce. Quel est le quatrième mobile ?

— Elle voulait vous protéger. Elle l'a toujours voulu. Ce n'était pas facile pour le premier meurtre. Vous étiez à Nightingale House et aviez eu, comme les autres, la possibilité d'empoisonner le breuvage destiné à Pearce. Mais au moins pouvait-elle s'arranger pour que vous ayez un alibi lors de la mort de Fallon. Or, vous êtes partie pour Amsterdam. Il vous aurait été impossible de tuer la seconde victime. Et pourquoi, dans ce cas, auriez-vous tué la première ? Dès le début de l'enquête, j'ai compris que les deux crimes étaient liés. C'eût été une coïncidence trop invraisemblable que de supposer deux assassins dans le même établissement, au même moment. Ce qui vous excluait automatiquement de la liste des suspects.

— Mais pourquoi m'aurait-on soupçonnée d'avoir tué l'une ou l'autre de ces jeunes femmes ?

— Parce que le prétendu mobile d'Ethel Brumfett ne tient pas debout. Réfléchissez. Un mourant, dans un de ses rares moments de conscience, voit un visage penché sur lui. Il ouvre les yeux et, au milieu de ses souffrances et de son délire, il reconnaît une femme. Ethel Brumfett ? Reconnaîtriez-vous le visage d'Ethel Brumfett, vingt-cinq ans plus tard ? La banale, la quelconque, l'insignifiante Brumfett ? Il n'y a qu'une femme entre mille dont le visage soit d'une beauté si virginale qu'on puisse le reconnaître d'un fugitif coup d'œil, vingt-cinq ans après. Le vôtre. Irmgard Grobel, ce n'est pas Ethel Brumfett, c'est vous.

— Irmgard Grobel est morte », répondit-elle calmement.

Il poursuivit, sans prêter attention à sa remarque.

« Que Heather Pearce n'ait pu soupçonner que vous étiez Irmgard Grobel n'est pas surprenant. Pour elle, vous étiez la directrice, protégée par une sorte d'aura quasi religieuse des faiblesses humaines et, plus encore, du péché. Psychologiquement, il lui était impossible de voir en vous une meurtrière. En outre, ce sont les mots mêmes de Martin Dettinger qui l'ont induite en erreur. Il avait parlé d'une infirmière. Je crois comprendre pourquoi il a fait cette erreur. Vous faites le tour des différentes salles, chaque jour, et adressez quelques mots à presque tous les malades. Le visage qu'il a vu penché sur son lit n'était pas seulement celui d'Irmgard Grobel. Il a vu une femme portant un uniforme qu'il a cru reconnaître : la petite pèlerine et le grand voile triangulaire des infirmières de l'armée. Pour son cerveau obscurci par les médicaments, cela évoquait tout un passé. Quelqu'un qui a été soigné pendant plusieurs mois dans un hôpital militaire ne pouvait voir en vous qu'une infirmière.

— Irmgard Grobel est morte répéta-t-elle, imperturbable.

— Il a donc dit à sa mère à peu près la même chose qu'à Heather Pearce. Cela n'a pas particulièrement intéressé Mrs. Dettinger, et c'est compréhensible. Mais lorsqu'elle a reçu la facture de l'hôpital, elle s'est dit qu'elle avait peut-être là un moyen d'économiser quelques livres. Si le docteur Courtney-Briggs n'avait été si gourmand, je ne pense pas qu'elle eût donné suite à cette histoire. Bref, elle a donc révélé à Courtney-Briggs quelque chose qui l'a fortement intrigué. Il a jugé utile de vérifier l'information, au prix de quelques efforts. Il est facile d'imaginer ce qui s'est passé dans la tête de Heather Pearce. Elle a dû éprouver à peu près le même sentiment de puissance et de triomphe que le jour où elle a vu Christine Dakers se pencher pour ramasser les billets voltigeant devant elle sur le chemin. Mais cette fois-ci, elle tenait en son pouvoir quelqu'un d'autrement intéressant et d'important qu'une camarade. Jamais elle n'aurait imaginé que le malade pouvait parler de quelqu'un d'autre que de l'infirmière qui le soignait. Mais il lui fallait une preuve ou, du moins, s'assurer que Dettinger, qui était quand même un homme à la dernière extrémité, ne délirait ou n'hallucinait pas. Le jeudi, elle employa donc sa demi-journée de congé à aller à la bibliothèque de Westminster pour voir s'ils avaient un livre sur le procès de Felsenheim. Le bibliothécaire a dû le faire venir d'une autre annexe et elle est donc passée chercher l'ouvrage le samedi. Ce livre lui en a sans doute appris assez pour la convaincre que Martin Dettinger savait de quoi il parlait. Je crois qu'elle a parlé à Miss Brumfett le samedi soir ; Brumfett n'a sûrement pas nié l'accusation. Je me demande à combien s'élevèrent les exigences de Pearce. Rien d'aussi banal, d'aussi simple, d'aussi répréhensible qu'un paiement direct pour prix de son silence. Pearce aimait exercer son pouvoir, mais tirait plus de joie encore de sa rigueur morale. Je suppose que c'est le dimanche matin qu'elle écrivit au secrétaire de la ligue d'aide aux victimes du fascisme. Ethel Brumfett ne pourrait faire autrement que de payer, mais son argent serait régulièrement versé à la ligue. Pearce s'y connaissait pour trouver des châtiments parfaitement adaptés aux fautes. »

Cette fois-ci, elle garda le silence. Elle était assise, les mains calmement posées sur les genoux, le regard fixe, tourné vers son passé impénétrable.

« Tout cela est vérifiable, vous savez, ajouta doucement Dalgliesh. Il ne reste plus grand-chose de son corps, mais cela n'a plus d'importance. Nous avons votre visage. Il doit y avoir des documents du procès, des photographies, les papiers de votre mariage avec le sous-officier Taylor. »

Elle parla si doucement que Dalgliesh dut pencher la tête pour l'entendre.

« Il a ouvert tout grand les yeux et m'a regardée sans rien dire. Il y avait quelque chose de farouche et de désespéré dans ce regard. J'ai cru qu'il allait se mettre à délirer, ou qu'il avait peur. Je crois qu'il savait alors qu'il allait mourir. Je lui ai un peu parlé, puis ses yeux se sont fermés. Je ne l'ai pas reconnu et n'avais aucune raison de le faire.

« Je ne suis plus la même personne que cette enfant de Steinhoff. Je ne veux pas dire que quand je pense à Steinhoff j'ai l'impression que tout cela est arrivé à quelqu'un d'autre. C'est tout simplement arrivé à quelqu'un d'autre. Je ne me souviens même pas de ce qui s'est passé au tribunal de Felsenheim. Je ne me rappelle aucun visage. »

Mais elle n'avait pu garder cela pour elle. Il avait fallu qu'elle en parle à quelqu'un. Expulser Steinhoff de son esprit avait été nécessaire à son changement de personnalité. Et elle l'avait raconté à Ethel Brumfett. Elles étaient alors toutes deux de jeunes élèves infirmières à Nethercastle et Dalgliesh imaginait bien ce que Brumfett avait représenté pour elle : la gentillesse, la confiance, le dévouement. Sinon, pourquoi Brumfett ? Pourquoi diable l'avoir choisie pour confidente ? Il dut dire tout haut ce qu'il avait cru penser tout bas car elle répondit ardemment, comme s'il lui importait de s'expliquer :

« Si je lui ai dit, c'est qu'elle était parfaitement quelconque. Sa banalité était rassurante. J'avais l'impression que si Brumfett pouvait m'écouter, me croire, et continuer à m'aimer, c'est que tout cela n'était pas si terrible, au fond. Mais vous ne pouvez pas comprendre. »

Et pourtant si, il comprenait. Il avait connu à l'école primaire un garçon de ce genre, tellement ordinaire, tellement rassurant qu'il représentait une sorte de talisman contre la mort et les catastrophes. Dalgliesh s'en souvenait maintenant. Curieusement, il n'avait plus repensé à lui pendant trente ans : Sproat Minor, son visage rond et agréable, ses lunettes, sa famille conventionnelle, sa vie sans histoire, sa normalité heureuse, Sproat Minor, protégé des terreurs de l'existence par sa médiocrité et son manque de sensibilité. La vie ne pouvait être totalement effrayante tant qu'on y croisait des Sproat Minor. Dalgliesh se demanda où il pouvait bien être aujourd'hui.

« Et Brumfett, depuis, vous est restée fidèle. Quand vous êtes venue ici, elle vous a suivie. Le fait que vous ayez éprouvé le besoin de vous confier à elle, d'avoir au moins une amie qui sache tout de vous, lui a donné un pouvoir. Brumfett, votre défenseur, votre conseillère, votre confidente. Théâtre avec Brumfett ; golf avec Brumfett ; vacances avec Brumfett ; promenades en campagne avec Brumfett ; premier thé du matin avec Brumfett ; dernière tasse du soir avec Brumfett. Son dévouement devait être sincère. Après tout, elle a été capable de tuer pour vous. Mais c'était tout de même du chantage. Un maître-chanteur plus orthodoxe, qui n'aurait exigé de vous qu'un revenu régulier, net d'impôts, eût été infiniment préférable à l'intolérable fidélité de Brumfett.

— C'est vrai, admit-elle tristement. Comment l'avez-vous deviné ?

— Parce que c'était une femme médiocre et bornée, ce que vous n'êtes pas. »

Il aurait pu ajouter : « Parce que je me connais. »

« Mais qui suis-je pour mépriser la bêtise et la médiocrité ? protesta-t-elle énergiquement. De quel droit aurais-je pu me montrer si difficile ? C'est vrai, elle n'était pas intelligente. Elle n'a même pas été capable de tuer pour moi sans faire un terrible gâchis. Elle n'a pas su tromper Adam Dalgliesh, mais depuis quand cela constitue-t-il un critère d'intelligence ? L'avez-vous jamais vue travailler ? S'occuper d'un mourant ou d'un enfant malade ? Avez-vous jamais vu cette femme médiocre et bornée, dont, paraît-il, j'aurais dû mépriser l'amitié et le dévouement, passer sa nuit à tenter de sauver une vie ?

— J'ai vu le corps de l'une de ses victimes et lu le rapport d'autopsie pour l'autre. Je veux bien vous croire quant à sa gentillesse pour les enfants.

— Ce n'étaient pas ses victimes. C'étaient les miennes.

— Oh, non ! dit-il. Vous n'avez fait qu'une seule victime à Nightingale House : Ethel Brumfett. »

Elle se leva d'un mouvement agile et lui fit face, plongeant dans les siens ses étonnants yeux verts, pensifs et résolus. Une part de lui-même savait qu'il aurait dû prononcer certains mots. Mais quelles étaient-elles, ces phrases de mise en garde officielle, ce baratin professionnel qui venait spontanément aux lèvres au moment de la confrontation ? Elles s'étaient évanouies dans les limbes de son cerveau, vides de sens, inutiles. Il savait qu'il était malade, très affaibli par sa blessure, et qu'il aurait dû arrêter, laisser Masterson poursuivre l'enquête et se mettre au lit. Lui, le plus pointilleux des détectives, il avait agi comme s'il n'existait aucune règle, comme s'il affrontait un ennemi personnel. Mais il lui fallait continuer. Même s'il ne parvenait jamais à le prouver, il fallait qu'il l'entende avouer la vérité. Comme s'il lui posait la question la plus naturelle du monde, il lui demanda tranquillement :

« Était-elle morte quand vous l'avez poussée dans le feu ? »

IV

C'est alors que retentit la sonnette de la porte d'entrée. Mary Taylor jeta, sans dire un mot, sa cape sur ses épaules et alla ouvrir. Il y eut un bruit confus de voix, puis Stephen Courtney-Briggs entra derrière elle dans le salon. Dalgliesh jeta un coup d'œil sur la pendule et vit qu'elle marquait 7 h 24. La journée de travail allait bientôt commencer.

Courtney-Briggs était déjà habillé. Il ne manifesta aucune surprise en le voyant, ni d'inquiétude quant à son évidente faiblesse physique.

« On m'a dit qu'il y a eu un incendie cette nuit, dit-il en s'adressant à ses deux interlocuteurs. Je n'ai pas entendu les pompiers. »

Le visage de Mary Taylor était blême. Dalgliesh crut qu'elle allait s'évanouir.

« Ils sont entrés par le portail de Winchester et ont évité

de faire fonctionner les sirènes pour ne pas réveiller les malades.

— Il paraît que l'on a trouvé un corps calciné dans les cendres de la cabane de jardinier. Qui est-ce ?

— Ethel Brumfett, répondit Dalgliesh. Elle a laissé une lettre où elle avoue les deux meurtres de Heather Pearce et de Josephine Fallon.

— Brumfett ? »

Courtney-Briggs lança à Dalgliesh un regard fulminant, ses beaux traits réguliers décomposés par l'incrédulité et l'irritation.

« Mais pourquoi ? Qu'est-ce qui lui est arrivé ? Elle est devenue folle ?

— Non, Brumfett n'était pas folle et avait ses raisons, dit Mary Taylor.

— Mais comment vais-je faire aujourd'hui, dans le service ? Je commence à opérer à 9 heures. La liste est longue. Les deux infirmières sont en congé de maladie à cause de la grippe. Je ne peux pas confier mes cas graves à de jeunes élèves de première ou seconde année !

— Je m'en occupe tout de suite, déclara Mary Taylor tranquillement. La plupart des infirmières de jour doivent être déjà levées. Ce ne sera pas facile, mais s'il le faut, nous vous donnerons une élève de l'école. »

Elle se tourna alors vers Dalgliesh et ajouta :

« Je préfère passer mes coups de fils depuis un des bureaux. Mais ne vous inquiétez pas. Je me rends compte de l'importance de notre conversation. Je reviendrai tout à l'heure pour que nous puissions la continuer. »

Les deux hommes la regardèrent sortir et fermer doucement la porte derrière elle. Pour la première fois depuis son arrivée, Courtney-Briggs eut l'air de s'apercevoir de l'état de Dalgliesh.

« N'oubliez pas de passer au service de radiologie, lui dit-il d'un ton bourru. Vous devriez être au lit. Je vous examinerai dès que j'aurais fini mes interventions de la matinée. »

Cette perspective avait l'air de représenter pour lui une

véritable corvée qu'il s'obligeait à accomplir par conscience professionnelle.

« Qui êtes-vous venu voir à Nightingale House la nuit où Josephine Fallon a été tuée ?

— Je vous l'ai dit. Personne. Je ne suis pas entré à l'école.

— Il y a au moins dix minutes dans votre emploi du temps qui ne sont pas justifiées ; dix minutes durant lesquelles la porte de l'appartement de la directrice n'a pas été fermée à clé. Mavis Gearing a fait sortir son ami par son escalier privé et a fait une petite promenade avec lui dans le parc. Vous vous êtes donc dit que Mary Taylor devait être là, bien qu'il n'y eût pas de lumière à ses fenêtres, et vous êtes monté jusque chez elle. Vous avez dû y passer quelque temps. Je me demande bien pourquoi. Simple curiosité, ou cherchiez-vous quelque chose de précis ?

— Pourquoi serais-je monté voir la directrice ? Elle était à Amsterdam ce soir-là.

— Mais vous ne le saviez pas encore. Miss Taylor n'a pas l'habitude de participer à des conférences internationales. Pour des raisons que nous devinons aisément, elle ne souhaite pas se faire voir. On a interprété sa répugnance à participer aux activités publiques comme une modestie fort sympathique de la part d'une femme aussi capable et intelligente. Ce n'est que le mardi qu'on lui a demandé de venir remplacer le président du conseil d'enseignement. Vous ne travaillez ici que les lundis, les jeudis et les vendredis. Mais vous avez été appelé pour opérer d'urgence un de vos malades dans la nuit du mercredi. Je ne vois pas comment votre personnel, préoccupé par l'intervention, aurait pensé à vous informer de son départ. »

Il se tut.

« Et quand aurais-je donc pris la décision de venir rendre visite à la directrice à minuit ? Je n'aurais sans doute pas été le bienvenu. A moins que vous ne supposiez qu'elle m'attendait.

— Vous êtes venu voir Irmgard Grobel. »

Il y eut un silence.

« Comment avez-vous entendu parler d'Irmgard Grobel ?

— Par la même personne que vous. Mrs. Dettinger. »

Un autre silence. Puis Courtney-Briggs reprit, sur le ton obstiné de quelqu'un qui sait qu'il ne sera pas cru :

« Irmgard Grobel est morte.

— Vraiment ? Ne pensiez-vous pas la trouver dans l'appartement ? N'avez-vous pas voulu sauter sur l'occasion de vérifier un peu ce que vous aviez appris sur le compte de la directrice ? Et vous savouriez sans doute ce moment depuis quelque temps. Pouvoir jouer de son pouvoir n'est pas désagréable, n'est-ce pas ?

— Vous en savez quelque chose, répliqua calmement Courtney-Briggs. »

Ils se regardèrent un moment sans parler.

« Qu'aviez-vous en tête ? demanda enfin Dalgliesh.

— Rien. Je n'ai pas fait le rapprochement entre Grobel et la mort de Pearce et de Fallon. Et même si je l'avais fait, je ne crois pas que j'en aurais parlé. Mary Taylor est indispensable ici. Pour moi, Irmgard Grobel n'existe pas. Elle a été jugée et acquittée. Cela me suffit. Je suis un chirurgien et non un théologien ou un moraliste. J'aurais gardé le secret. »

Et comment ! se dit Dalgliesh. La vérité une fois révélée n'aurait plus eu d'intérêt pour lui. Il était en possession d'une information très importante, qu'il avait payée cher et qu'il comptait utiliser à ses fins. Grâce à elle, il tenait enfin Mary Taylor ! Cette directrice qui s'opposait à lui si souvent, qui était sur le point de voir croître ses responsabilités puisqu'elle devait être nommée infirmière générale de tout le groupe hospitalier, qui montait le président du comité de gestion contre lui... Sir Marcus Cohen, ce juif convaincu. Que resterait-il de son influence sur lui quand il aurait été mis au courant de l'affaire Steinhoff ? Il était bien vu d'oublier. Mais Sir Marcus Cohen, lui, pardonnerait-il ?

Il repensa aux paroles de Mary Taylor. « Il y a plusieurs façons de faire du chantage. » Heather Pearce et Ethel Brumfett le savaient bien. Et ce n'étaient pas les exigences financières qui procuraient les plaisirs les plus subtils mais la jouissance du secret sous couvert de générosité, de bienveillance, de complicité ou de supériorité morale. Au fond, les revendications d'Ethel Brumfett n'avaient pas été démesurées : une chambre à côté de l'appartement de son idole, le prestige d'être reconnue comme son amie, une compagne pour ses heures de liberté... Cette pauvre sotte de Pearce n'avait sans doute exigé que quelques shillings par semaine et un ou deux versets de la Bible. Mais comme elles avaient dû se délecter de leur pouvoir ! Et combien plus délicieux encore aurait été celui de Courtney-Briggs ! Pas étonnant qu'il ait souhaité tout garder pour lui et ait si mal accueilli l'idée d'une intervention de Scotland Yard !

« Nous sommes en mesure de prouver que vous avez pris l'avion pour l'Allemagne vendredi dernier, durant la nuit, déclara Dalgliesh. Et je crois savoir pourquoi. C'était une manière plus sûre et plus rapide d'obtenir le renseignement recherché que de harceler sans cesse le cabinet du juge local. Vous avez probablement consulté les journaux de l'époque et les minutes du procès. C'est ce que j'aurais fait. En outre, vous ne manquez pas de relations. De toute manière, nous pouvons reconstituer exactement vos faits et gestes. On ne sort et on ne rentre pas incognito de ce pays, vous le savez bien.

— J'avoue que j'étais au courant, admit-il. Et je reconnais que je suis venu à Nightingale House, la nuit de la mort de Fallon, pour voir Mary Taylor. Mais je n'ai rien fait d'illégal. Rien qui puisse se retourner contre moi.

— Je veux bien le croire.

— Même si j'avais parlé, il aurait été trop tard pour sauver Pearce. Elle est morte avant que Mrs. Dettinger ne vienne me voir. Je n'ai rien à me reprocher. »

Il commençait à se défendre, aussi maladroitement qu'un écolier. Ils entendirent alors un léger bruit de pas et se retournèrent. C'était Mary Taylor. Elle s'adressa au chirurgien.

« Je vous laisse les sœurs Burt. J'ai bien peur que cela ne mette fin à leur session théorique mais nous n'avons pas le choix. Il faut les rappeler en salle.

— Elles feront l'affaire, répondit Courtney-Briggs de mauvaise grâce. On peut compter sur elles. Mais il me faut une infirmière diplômée.

— J'avais pensé à Hilda Rolfe, en attendant, mais je crains que ce ne soit impossible. Elle quitte John Carpendar.

— Elle veut partir ? Non, elle ne peut pas nous faire ça !

— Je ne vois pas comment je l'en empêcherais. D'ailleurs, je ne crois pas qu'on me laisse le temps d'essayer.

— Mais pourquoi ? Que lui est-il arrivé ?

— Elle refuse de le dire. Il me semble qu'il s'est passé quelque chose durant l'enquête de police qui l'a bouleversée. »

Courtney-Briggs se retourna brusquement vers Dalgliesh.

« Vous voyez, Dalgliesh ! Je comprends que vous fassiez votre travail. On vous a envoyé ici pour éclaircir la mort des deux jeunes filles. Mais, grands dieux, ne voyez-vous pas que votre intervention ne fait qu'aggraver les choses ?

— Si, répliqua Dalgliesh. Et dans votre métier, ne trouvez-vous pas que c'est souvent le cas ?

V

Mary Taylor raccompagna Courtney-Briggs à la porte. Ils ne s'attardèrent pas. Moins d'une minute plus tard, elle était revenue. Elle laissa glisser sa cape, la posa soigneusement sur le dossier du canapé puis, s'agenouillant devant la cheminée, elle prit une pince en cuivre et se mit à refaire du feu, disposant soigneusement, les unes sur les autres, les bûches aussitôt léchées par les flammes.

« Nous avons été interrompus dans notre conversation, monsieur Dalgliesh, dit-elle sans lever les yeux sur lui. Vous étiez en train de m'accuser de meurtre. Ce n'est pas la première fois que cela m'arrive, mais du moins le tribunal de Felsenheim avait-il quelques pièces à conviction. Quelles sont les vôtres ?

— Je n'en ai pas.

— Et vous n'en trouverez pas. »

Elle parlait sans colère ni orgueil mais avec une détermination tranquille qui n'avait rien à voir avec l'innocence. Regardant sa chevelure qui rougeoyait à la lumière de l'âtre, Dalgliesh enchaîna :

« Mais vous ne niez pas. Jusqu'ici, vous ne m'avez pas menti et il n'y a aucune raison pour que vous commenciez maintenant. Pourquoi se serait-elle tuée de cette manière ? Elle tenait à son confort. Pourquoi choisir une mort si horrible ? C'est très rare chez les suicidés, à moins qu'ils ne soient trop psychopates pour s'en préoccuper. Elle pouvait se procurer des quantités d'analgésiques. C'eût été si simple de les utiliser. Pourquoi serait-elle allée dans une remise froide et sombre s'immoler dans les flammes ? Elle n'aurait même pas eu la satisfaction d'offrir aux autres un spectacle grandiose.

— Il y a des précédents.

— Fort peu dans ce pays.

— Peut-être était-elle trop psychotique.

— C'est, bien entendu, ce que l'on dira.

— Sans doute, pour vous convaincre qu'elle était bien Grobel, a-t-elle voulu qu'on ne puisse pas identifier son corps. Avec une confession écrite et ses restes calcinés, vous n'étiez pas censé chercher plus loin. Il était inutile qu'elle se suicide dans l'intention de me protéger si vous étiez en mesure d'établir son identité.

— C'est ce que se serait dit une femme intelligente, capable de voir un peu loin. Elle ne l'était pas ; vous l'êtes. Vous avez pensé qu'il valait la peine de tenter votre chance. Même si nous n'avions pas découvert l'histoire d'Irmgard Grobel et de Felsenheim, il était important que vous vous débarrassiez de Brumfett. Elle n'a même pas été capable de tuer sans faire du gâchis ; ce sont vos propres mots. Elle s'était déjà laissé gagner par la panique en tentant de m'assassiner. Elle aurait paniqué à nouveau. Durant des années, elle a été pour vous un fardeau ; maintenant, elle devenait dangereuse. Vous ne lui aviez pas demandé de commettre ces meurtres. Ce n'était d'ailleurs pas le bon moyen de vous tirer d'affaire. Si Brumfett avait gardé la tête froide et vous en avez parlé, il aurait été possible de vous arranger avec les menaces de Pearce. Mais il a fallu qu'elle vous prouve son attachement de la manière la plus spectaculaire qui soit. Elle a tué pour vous protéger. Et ces deux crimes vous auraient liées toutes les deux pour la vie. Tant qu'elle aurait vécu, vous n'auriez jamais pu vous sentir libre ou en sécurité.

— Allez-vous me raconter maintenant comment je m'y suis prise ? »

On dirait une discussion entre collègues, pensa Dalgliesh. Malgré sa faiblesse, il se rendait compte que cette étrange conversation n'était absolument pas orthodoxe, que la femme agenouillée à ses pieds était une ennemie et que l'intelligence qui s'opposait à la sienne était en pleine possession de ses moyens. Elle ne pouvait plus espérer sauver sa réputation, mais elle luttait pour sa liberté, peut-être même pour sa vie.

« Je peux vous dire ce que j'aurais fait, répondit-il. Ce n'était pas très compliqué. Sa chambre à coucher se trouve juste à côté de votre appartement. J'imagine qu'elle a demandé cette pièce et vous n'avez jamais rien pu refuser à Brumfett. Pourquoi ? Parce qu'elle connaissait l'histoire de Steinhoff ? Parce qu'elle vous tenait en son pouvoir ? Ou tout simplement parce qu'elle a toujours fait peser sur vous le poids de son dévouement et que vous n'aviez pas la cruauté de vous en défaire ? Bref, elle dormait à côté de chez vous.

« J'ignore comment elle est morte. Un cachet, une piqûre, quelque chose que vous lui auriez fait prendre en prétendant que cela l'aiderait à dormir. Elle avait déjà écrit sa confession, à votre demande. Je ne sais pas comment vous vous y êtes prise pour l'en persuader. Elle n'a pas dû imaginer une seconde que vous aviez l'intention de vous en servir. La lettre n'est adressée ni à moi ni à personne en particulier. J'imagine que vous l'avez convaincue qu'il fallait un document manuscrit au cas où il arriverait malheur à l'une d'entre vous et qu'il était nécessaire, pour l'avenir, de laisser un témoignage, une preuve de votre innocence. Elle a donc écrit la lettre que vous lui avez probablement dictée. Trop directe et lucide, à mon sens, pour être d'elle.

« La voilà donc morte. Seuls deux mètres vous séparent de votre appartement, où vous serez en sécurité pour préparer la suite. Mais c'est la partie la plus risquée de votre plan. Imaginez que Mavis Gearing ou Hilda Rolfe aient surgi à cet instant ? Vous laissez donc ouverte la porte de Brumfett, ainsi que la vôtre, et vous vous assurez qu'il n'y a personne dans le couloir. Vous hissez le corps sur votre dos et vous vous glissez rapidement chez vous. Vous étendez le cadavre sur le lit puis retournez fermer la porte de sa chambre ; vous verrouillez la vôtre. C'était une femme grassouillette mais petite. Vous êtes grande, forte, et avez l'habitude de porter des malades invalides. Ce n'était pas le plus difficile.

« Mais il vous faut alors la transporter dans votre voiture. Heureusement, vous avez un accès direct à votre garage par la porte de votre escalier privé. Si vous fermez à clé la porte de votre appartement et celle de l'entrée, vous n'avez pas à craindre que quelqu'un fasse irruption. Vous cachez le corps dans le coffre sous une couverture. Vous sortez dans le parc et faites une marche arrière sous les arbres pour vous approcher au plus près de la cabane. Vous laissez le moteur tourner, car il est important que vous puissiez repartir sans perdre de temps afin d'être chez vous au moment où l'incendie sera signalé. Cette partie du plan comporte, elle aussi, quelques risques mais, la nuit, presque personne n'emprunte la route de Winchester. Le fantôme de Nancy Gorringe y veille. Il serait d'ailleurs ennuyeux, mais pas catastrophique, que l'on vous aperçoive. Vous êtes la directrice et rien ne vous empêche de sortir quand vous le désirez. Si quelqu'un vous avait croisée, vous auriez simplement continué votre route et choisi un autre endroit, un autre moment. Mais vous n'avez rencontré personne. La voiture est maintenant garée bien à l'abri sous les arbres ; les phares sont éteints. Vous portez le corps dans la cabane puis retournez chercher le bidon d'essence. Il ne vous reste plus, alors, qu'à asperger le cadavre, les meubles, le tas de bois, et à jeter une allumette à travers la porte ouverte.

« Remonter dans la voiture et la rentrer au garage ne vous prends que quelques minutes. Une fois les portes refermées derrière vous, vous n'avez plus rien à craindre. L'incendie va éclater avec une telle force qu'on va sans doute s'en apercevoir immédiatement. Mais vous êtes déjà chez vous, assurée de pouvoir répondre au premier coup de fil, lequel vous préviendra que le camion des pompiers est déjà parti. Vous pouvez me téléphoner. Et la lettre de suicide qu'elle vous avait donnée avec l'espoir qu'elle ne soit jamais utilisée est là, toute prête à être rendue publique.

— Comment allez-vous le prouver ? demanda-t-elle calmement.

— Jamais, probablement, mais je sais que les choses se sont passées ainsi.

— Mais vous allez bien essayer de trouver quelque pièce à conviction. Adam Dalgliesh n'est pas homme à supporter l'échec. Vous allez faire tout ce qui est en votre pouvoir, quel qu'en soit le prix. Et, après tout, vous avez une chance. Bien sûr, il est peu probable que vous retrouviez des traces de pneus dans le parc. L'incendie, le passage du camion des pompiers, les piétinements, auront effacé tout indice sur le sol. Mais vous allez examiner la voiture, et tout spécialement la couverture. Ne la négligez pas, commissaire ! Il peut s'y être accroché quelque fil de ses vêtements, peut-être même un cheveu ou deux. Ce ne serait pas surprenant. Miss Brumfett venait souvent avec moi en voiture et, en fait, la couverture lui appartenait. Elle doit être pleine de ses cheveux. Et chez moi ? Si j'ai descendu son corps par mon étroite cage d'escalier, vous trouverez certainement quelques traces du frottement de ses chaussures sur les murs. A moins, bien sûr, que la meurtrière d'Ethel Brumfett n'ait pensé à retirer les souliers de sa victime et les ait pris séparément, peut-être en les attachant par les lacets autour de son cou. Elle ne pouvait pas les laisser Vous pourrez peut-être découvrir combien Ethel Brumfett avait de paires de chaussures. Il y aura bien à Nightingale House quelqu'un susceptible de vous renseigner. Nous savons tout les unes des autres. Et aucune femme ne traverserait le parc nu-pieds pour aller vers sa mort.

« Et il y a tant d'autres choses. Si je l'ai tuée, ne devrait-on pas découvrir, dans mon appartement, une seringue, une boîte de comprimés, bref quelque chose qui indique comment je m'y suis prise ? Mais mon armoire à pharmacie, ainsi que la sienne, sont bourrées d'aspirines et de somnifères. Je peux m'en être servie, ou l'avoir simplement assommée ou étranglée. Toute méthode était bonne à condition de ne pas laisser de trace. Comment allez-vous déterminer les causes de sa mort alors qu'il ne vous reste à autopsier que quelques ossements calcinés ? Et puis il y a le billet, écrit de sa main, faisant état de faits que seule la meurtrière de Pearce et de Fallon pouvait connaître. Vous pouvez croire ce que vous voulez, commissaire, mais vous savez très bien que le coroner se contentera de voir dans cette lettre la confession d'une femme décidée à s'immoler par le feu. »

Dalgliesh ne pouvait plus tenir debout. Il luttait contre la fatigue et la nausée. Sa main, appuyée sur le manteau de la cheminée, était plus froide que le marbre, glissante de sueur. La pierre elle-même lui semblait molle et flexible comme du mastic. Sa blessure lui élançait douloureusement et son mal de tête, sourd et supportable jusque-là, se faisait de plus en plus aigu. Il avait l'impression d'être transpercé par des aiguilles derrière l'œil gauche. S'évanouir à ses pieds eût été une terrible humiliation. Il tendit un bras vers le dossier de la chaise la plus proche et s'y laissa tomber doucement. La voix de Mary Taylor lui parvenait, lointaine, mais distincte.

« Et si je m'arrangeais avec Stephen Courtney-Briggs pour que l'affaire de Felsenheim ne soit connue que de nous trois ; de nous seuls ? Accepteriez-vous de ne pas mentionner mon passé dans votre rapport afin que ces deux filles ne soient pas mortes tout à fait en vain ? Cet hôpital a besoin de moi. Je ne vous demande pas une grâce. Je ne me soucie pas de mon sort. Vous ne réussirez jamais à prouver que j'ai tué Ethel Brumfett. Tenez-vous absolument à vous rendre ridicule en essayant quand même ? Ne serait-il pas plus courageux et plus sensé d'oublier cette conversation, d'admettre à juste titre l'authenticité de la confession de Brumfett, et de clore l'affaire ?

— C'est impossible. Votre passé fait partie du dossier. Il constitue une preuve. Et je ne peux supprimer une preuve ou passer sous silence des faits importants sous prétexte qu'ils ne me plaisent pas. Si je commençais à jouer à ce jeu-là, je devrais renoncer à mon métier. Non pas simplement à cette enquête, mais à mon métier, et pour toujours.

— Et, bien entendu, vous ne pouvez même pas y songer. Que deviendrait un homme tel que vous sans son travail et sans ce travail en particulier ? Quelqu'un de vulnérable, comme tout le monde. Il vous faudrait commencer à vivre et à réagir comme un être humain.

— Vous ne réussirez pas à me toucher de cette façon. Pourquoi vous humilier en vous y efforçant ? Il existe des règlements, des lois, et nous prêtons serment. Sans cela, personne ne pourrait travailler dans la police correctement. Sans cela, il n'y aurait de sécurité pour personne, ni pour Ethel Brumfett, ni pour vous, ni pour Irmgard Grobel.

— C'est la raison pour laquelle vous refusez de m'aider ?

— Pas uniquement. Je ne le veux pas.

— Au moins, vous êtes franc, répondit-elle tristement. Et vous n'avez aucun doute ?

— Bien sûr que si. Je ne suis pas orgueilleux à ce point. On en a toujours. »

Oui, mais ils étaient d'ordre intellectuel ou philosophique et avaient cessé de le tourmenter. Ils ne l'avaient pas empêché de dormir depuis des années.

« Et vous vous en protégez par vos règlements, vos lois et votre serment, n'est-ce pas ? Ce sont des boucliers fort utiles quand les doutes se font trop insistants. Je connais cela pour m'être préservée de la même manière, il y a plusieurs années. Vous et moi ne sommes pas si différents, Adam Dalgliesh. »

Elle prit sa cape, la jeta sur ses épaules puis s'approcha de lui et le regarda en souriant. Mais elle fut soudain frappée par sa faiblesse physique. Lui tendant les deux mains, elle l'aida à se relever. Ils se regardèrent en silence. Soudain, la sonnette de la porte d'entrée retentit et, presque simultanément, celle du téléphone. Pour tous deux, la journée de travail venait de commencer.

CHAPITRE NEUF

Épilogue estival

I

Il était plus de neuf heures lorsque Dalgliesh fut demandé au téléphone. Il quitta les bureaux du Yard et traversa Victoria Street sous une brume matinale qui laissait présager encore une chaude journée d'août. Il trouva l'adresse sans difficulté. C'était un grand immeuble en brique rouge situé entre Victoria Street et Horseferry Road. La façade rectangulaire et fonctionnelle, trouée de petites fenêtres, sans être vraiment sordide, était d'une déprimante banalité. Il n'y avait pas d'ascenseur. Dalgliesh monta à pied l'escalier recouvert de linoléum jusqu'au troisième et dernier étage.

Le palier sentait une odeur aigre de transpiration. Devant une porte, une énorme femme d'un certain âge, avec un tablier à fleurs, abreuvait de protestations dites d'une voix nasillarde l'agent de police en faction. Lorsque Dalgliesh s'approcha, elle déversa sur lui un torrent de plaintes et de récriminations. Qu'allait dire Mr. Golstein ? En fait, elle n'avait pas le droit de sous-louer la chambre. Si elle l'avait fait, c'était uniquement pour rendre service à la dame. Et voilà comment elle avait été récompensée ! Les gens n'avaient vraiment aucun égard !

Il passa devant elle sans répondre et entra dans la pièce. C'était une boîte carrée qui sentait la cire, encombrée de meubles lourds et démodés. Bien que la fenêtre et les rideaux de dentelles fussent ouverts, la chambre manquait d'air. Comme si le médecin légiste et le policier, tous deux hommes corpulents, l'avaient vidée de son oxygène.

Encore un cadavre ! Mais celui-ci n'était pas sous sa responsabilité. Il lui suffit d'un coup d'œil sur le corps raide, étendu sur le lit, pour vérifier son souvenir. Il remarqua avec un certain détachement le bras gauche pendant mollement sur le côté, les doigts longs, recourbés, la seringue hypodermique toujours piquée dans l'avant-bras comme un insecte métallique, le dard enfoncé dans la chair. La mort ne l'avait pas défigurée ; en tout cas pas encore. Cela viendrait assez tôt, avec toutes les grotesques avanies de la décomposition.

Le médecin-légiste, couvert de sueur, manches retrousées, se confondit en excuses, comme s'il craignait d'avoir fait un impair.

« Étant donné que les nouveaux locaux de Scotland Yard sont tout près d'ici et que le second billet vous est personnellement adressé... »

Il s'interrompit, d'un air hésitant, puis reprit :

« Elle s'est fait une piqûre d'Evipan. Le premier billet est on ne peut plus explicite. Il s'agit évidemment d'un suicide. C'est la raison pour laquelle l'inspecteur n'a pas voulu vous téléphoner. Il trouvait inutile de vous déranger. Il n'y a vraiment rien d'intéressant ici.

— Vous avez bien fait de m'appeler », dit Dalgliesh.

Il y avait deux enveloppes blanches ; l'une, cachetée, lui était adressée ; sur l'autre, il lut : « A ceux que cela pourrait intéresser. » Il se demanda si elle avait souri en écrivant cette phrase. Sous les yeux du médecin-légiste et du policier, il ouvrit la lettre. L'écriture pointue, à l'encre noire, était parfaitement ferme. Il eut une sorte de choc en s'apercevant que c'était la première fois qu'il la voyait.

« On n'a pas voulu vous croire, mais vous aviez raison. J'ai tué Ethel Brumfett. Mais je n'avais jamais tué auparavant. Il faut que vous le sachiez. Je lui ai fait une injection d'Evipan, comme je vais bientôt m'en faire une à moi-même. Elle a cru que c'était un sédatif. Pauvre Brumfett, si confiante ! Elle aurait facilement avalé de la nicotine si je lui en avais donné et les effets auraient été les mêmes.

« Je pensais pouvoir vivre une vie qui ait une quelconque utilité. Cela n'a pas été possible et je n'ai pas un caractère à supporter l'échec. Je ne regrette pas mon acte. C'était la meilleure chose à faire pour l'hôpital, pour elle, pour moi. Et le fait qu'Adam Dalgliesh se considère comme l'incarnation de la loi et de la morale n'allait pas m'en empêcher. »

Elle faisait erreur. Ce n'est pas qu'on n'avait pas voulu le croire. On lui avait simplement demandé, en toute logique, d'apporter quelques preuves à son accusation. Or, il n'en avait pas trouvé. Ni alors, ni plus tard, bien qu'il eût poursuivi l'enquête comme une vengeance personnelle, en se haïssant, et elle avec. Jamais elle n'avait avoué ; jamais elle n'avait paniqué.

Bien peu de choses étaient restées inexpliquées au cours du procès. Sans doute le coroner avait-il estimé qu'il n'y avait eu que trop de rumeurs et de conjectures dans toute cette affaire. Il n'avait pas tenté d'empêcher les membres du jury de poser des questions aux témoins, ni même de diriger les débats. L'histoire d'Irmgard Grobel et de l'institution Steinhoff avait été évoquée. Sir Marcus Cohen, assis au côté de Dalgliesh au fond de la salle, avait écouté, imperturbable, le visage douloureux. Après les interrogatoires, Mary Taylor avait traversé la cour du tribunal pour lui tendre sa lettre de démission puis était sortie sans un mot. Elle avait quitté l'hôpital le jour même. Pour John Carpendar, c'est ainsi que les choses s'étaient terminées. Il n'y avait pas eu d'autres révélations. Mary Taylor était partie libre, libre de venir mourir dans cette chambre.

Dalgliesh s'approcha de la cheminée. Dans le petit foyer recouvert d'un carrelage d'un vert bilieux se trouvaient un ventilateur poussiéreux et un pot de confiture rempli de feuilles mortes. Il les enleva avec précaution. Il sentait posé sur lui le regard inexpressif du médecin légiste et du policier. Que pouvaient-ils penser ? Qu'il détruisait une pièce à conviction ? Pourquoi se seraient-ils inquiétés ? Ils avaient leur bout de papier, prêt à être enregistré et classé pour l'oubli. La lettre ne concernait que lui.

Il déplia la feuille dans l'âtre d'un geste sec et, après avoir gratté une allumette, en enflamma un des coins. Mais le tirage était faible et le papier épais. Il dut la secouer doucement, jusqu'à s'en brûler le bout des doigts, avant que la page noircie ne lui échappe des mains et disparaisse dans le sombre conduit pour s'envoler vers le ciel d'été.

II

Dix minutes plus tard, Miss Beale franchissait en voiture la grille principale de John Carpendar et s'arrêtait devant la loge. Un jeune portier inconnu, en bras de chemise dans son uniforme d'été, vint la saluer.

« Vous êtes l'inspectrice de la D.A.S.S. ? Bonjour, mademoiselle. Je crains que vous n'ayez pas choisi la meilleure entrée pour aller à la nouvelle école d'infirmières. C'est un bâtiment provisoire qui a été construit sur le terrain qui a brûlé. Pas très loin de l'ancienne école, en fait. Si vous tournez tout de suite à...

— Merci, je connais le chemin. »

Une ambulance stationnait devant l'entrée du service des urgences. Miss Beale, qui roulait lentement, vit Christine Dakers, avec la coiffe en dentelles et la ceinture bleue des infirmières diplômées, sortir et échanger quelques mots rapides avec les ambulanciers. Elle resta dehors à surveiller le transfert du malade. Miss Beale eut l'impression qu'elle avait gagné en assurance et en autorité. Il était presque impossible de retrouver, dans cette jeune femme sûre d'elle, l'élève infirmière terrifiée qu'elle avait connue. Christine Dakers avait donc obtenu sa qualification professionnelle. Ce n'était pas surprenant. Les jumelles, devaient, elles aussi, être en train de travailler dans une des salles de l'hôpital. Les choses avaient changé. Madeleine Goodale s'était mariée. Miss Beale avait lu le faire-part dans les journaux. Et d'après ce que lui avait dit Angela, Hilda Rolfe était infirmière quelque part en Afrique centrale. Elle ferait la connaissance d'une nouvelle monitrice principale, ce matin. Et d'une nouvelle directrice. Miss Beale se demanda ce qu'était devenue Mary Taylor. Sans doute, même si elle exerçait un nouveau métier, devait-elle bien gagner sa vie. Les Mary Taylor de ce monde se tiraient toujours d'affaire.

Miss Beale suivit la petite route familière bordée de pelouses desséchées par la chaleur et de massifs de roses fanées, puis s'enfonça sous le berceau vert des arbres. L'air était lourd et chaud et les rayons de soleil dessinaient quelques taches dorées sur l'asphalte. Après le dernier virage, elle se retrouva devant Nightingale House, ou ce qu'il en restait.

Elle arrêta la voiture et regarda. On aurait dit que le bâtiment avait été maladroitement coupé en deux par un couperet géant, créature honteusement mutilée, dont la nudité s'exposait avec impudeur à tous les regards. Un escalier privé de sa rampe, brutalement tailladé, ne menait nulle part. Sur un palier, au deuxième étage, une délicate ampoule était attachée par un câble souple à un lambris fissuré. Au rez-de-chaussée, les fenêtres en ogive de la façade, sans leurs vitres, formaient une élégante arcade de pierre sculptée laissant voir, au fond, un papier mural aux couleurs passées avec quelques taches plus claires, là où avaient été autrefois accrochés tableaux et miroirs. Des fragments de plafond pendaient des fils électriques, comme les poils d'une brosse. Devant la maison, contre un tronc d'arbre, était entassé un bric-à-brac de cheminées, de tablettes en marbre et de morceaux de lambris, visiblement mis de côté pour être réutilisés. Perchée sur ce qui restait du mur arrière, la silhouette d'un homme se découpait contre le ciel. Il ramassait une à une les briques qui tombaient dans les décombres avec une légère auréole de poussière.

Devant le bâtiment, un autre ouvrier, nu jusqu'à la ceinture et très bronzé, manœuvrait une grue à laquelle était suspendue une immense boule d'acier et des chaînes. Sous le regard de Miss Beale, les bras raidis contre le volant comme pour ne pas céder à un instinctif mouvement de recul, la sphère métallique prit son élan puis vint s'abattre avec fracas sur ce qui restait du mur de la façade. L'espace d'une seconde, il n'y eut que l'épouvantable réverbération du son. Puis le mur pencha doucement et s'effondra vers l'intérieur, dans un grondement de briques et de mortier, soulevant un monstrueux nuage de poussière jaune à travers lequel se dessinait vaguement la silhouette solitaire, dressée contre le ciel, tel un démon supervisant son œuvre.

Au bout d'un moment, Miss Beale embraya puis continua sur la droite. Entre les arbres, elle aperçut les lignes basses, nettes et fonctionnelles du bâtiment provisoire de la nouvelle école, évoquant cet univers normal et sain qui lui était familier. L'émotion si proche du regret qui l'avait envahie en assistant à la destruction brutale de Nightingale House était vraiment ridicule. Il fallait absolument qu'elle se reprenne. Cela avait été une maison horrible ; une maison maudite. Elle aurait du être abattue cinquante ans plus tôt. D'ailleurs, elle n'avait jamais fait une bonne école d'infirmières.

Table des matières

Achevé d'imprimer en décembre 1989
sur presse CAMERON
dans les ateliers de la S.E.P.C.
à Saint-Amand-Montrond (Cher)
pour le compte de France Loisirs
123, bd de Grenelle, 75015 Paris

Dépôt légal : décembre 1989.
N° d'Édition : 16121. N° d'Impression : 2544.

Imprimé en France